| 教师培训师丛书 |

（第2版）

教师培训师
专业修炼

余 新 著

教育科学出版社
·北 京·

余新教授基于长期开展学术研究的丰硕成果和系统组织教师培训的丰富积淀,撰写了这部既有深入理论阐述,又有大量实践案例的著作,夹叙夹议,生动流畅,受到广泛欢迎,让人开卷有益。

——王定华(北京外国语大学党委书记、教授、博士生导师、国家督学)

本书是我国教师培训师研究和实践领域的开篇之作,构建了教师培训师专业修炼的模型,提出了可实施的操作路径,有效促进了我国教师培训师培养的事业。

——朱旭东(北京师范大学教育学部部长、教授、博士生导师)

该书作为教师培训师培训的专业教材,既为传统的教师培训者向现代的专业培训师转型提供了理论指导,也为提升教师培训绩效提供了实践范式,是教师培训师职业生涯发展的必读著作。

——王冬凌(大连教育学院院长、教授)

余新教授作为教师培训师专业培养的领军者,敏而好学,善于借鉴企业培训的一些先进理念和方法,既博采众长,又独树一帜。本书就是他对于教师培训师专业培养深入思考与丰富实践的集大成者,内容上有理论、有方法,更有实操落地的工具指导,相信所有从事教师培训工作的伙伴都能从中大受裨益。

——孙波(林恩学习创始人、首席顾问)

自序(第2版)

现在我可以坦白承认了,作为教育工作者,我这一辈子最着迷的事情就是教师培训。在我职业生涯中,我曾做过中学英语教师和教育干部学历班讲师,也从事过学院行政管理工作,我的研究方向总在工作岗位变动的外部要求下不停变化,最早从"国际与比较教育"的学科理论逐渐聚焦到"国际理解教育"和"多元智能教育"两个专题领域,最后转到"培训项目管理"。直到2012年《教师培训师专业修炼》出版,我开始坚定我内心呼唤着自己要专注的事情——教师培训师的研究、开发和培训工作。

距《教师培训师专业修炼》第一版出版已经十年。在这十年期间,我国教师培训事业如火如荼,特别是教育部2010年正式实施的"国培计划"项目,不仅为中西部乡村教师专业发展雪中送炭,而且推动了全国各省、市、县、校各级教师培训的专业化进程。如今,多省已经把教师培训师的培养作为教师队伍建设的"母机"。在此期间,我在教师培训领域也亲历了太多事情,其中卷入最深、收获最大的包括以下几件。

一是参与"国培计划"项目政策推进工作。包括近几年作为全国中小学幼儿园教师培训专家组成员,承担过"国培计划"中西部项目的培训绩效调研、培训规划和实施计划询导、"国培计划"示范项目评估评审、精品项目的督导调研等任务,前几年还参与了《"国培计划"培训课程标准》和《全国中小学教师培训课程标准》专家组研讨工作。

二是开展教师培训专业化问题研究。包括"教师培训师胜任力标准""教师培训师的培训风格""教师培训一体化设计模型""改革开放四十年我国教师在职教育发展历程"" '国培计划' 十年发展走向""教师培训效果评估标准体系""精准培训、提质增效的国培政策认识"等研究成果。

三是实施多项教师培训项目。包括"国培计划"示范性培训的培训管理团队高级研修项目(2009—2021)、北京市中小学教师专兼职培训者培训项目(2008—2016)、北京教育学院协同创新项目——"以学生为本的教学设计与实施"(2016—2018)、北京市教师培训师胜任力提升项目(2017—2021),以及多个教师培训师培训的委托项目和"以学生为本的教学设计与实施"的校本培训项目。

四是开发和实施系列教师培训课程。其中包括 "教师培训项目的系统设计""教师培训课程的开发创新""教师培训效果的评估方法""以学生为本的教学设计与体验""校本培训项目的方案设计与有效实施"等核心培训课程,并长期实践情境式、体验式、参与式的培训工作坊,积极探索协同式、递进式、混合式的培训模式,不断创新适合成人学习的有效培训方法。

五是主持教师在职教育的学科建设工作。在北京教育学院"教师培训学"(2015—2017)的学科理论研究基础上,承担学院第二轮一级重点学科平台的建设任务(2018—2021),组织学科团队重点攻关"教师在职教育创新与发展"的一系列问题。

六是负责教育部"国培计划"培训团队研修项目执行办公室的组织管理和实施协调工作(2016—2021),组织来自全国多数院校的"国培计划"培训团队研修项目承训团队开展学术交流和绩效自评活动,总结年度培训经验,研讨新项目申报任务。

过去十年发生的事情使我对教师培训产生了新的认识,其中一些理论研究发现和实践经验有必要增补进这个新版本中,主要包括以下三个方面。

一、充实部分理论内容,力求教师培训师专业发展的理论依据更加精准和丰富。第一章的第五节"教师培训师培训风格"属于完全新增内容,其他更多地方则是在原有基础上的补充完善,包括对"教师培训理论依据""培训课程设计的框架结构""培训方案设计的定位",以及对"网络学习"和"柯氏评估模型"的重新理解。

二、增加"本章学习建议",为从事教师培训师职业的读者提供了学习和工作参考。针对过去版本被全国很多院校和培训机构作为培训教材的情况,新版本在每章末尾增加"学习目标""讨论题""应用题"和"本章培训活动示例",特别是在"本章培训活动示例"中,我从自己经常开展的培训活动中,挑选了"大使出游""关键事件时间轴""KJ 法""六顶思维帽""世界咖啡""沉默手势"和"出门条"等七个活动工具,帮助大家进一步理解和亲自尝试参与式培训方法。

三、完善书中一些具体细节。包括用新的培训案例替换了原版材料;对一些观点和内容细节反复推敲后做了修改;由于篇幅原因,删减了部分"链接",等等。

第二版修订内容一方面深受这些年来教师培训同行们研究成果与实践经验的启发,另一方面也是第一版本几万名读者激励的结果。北京教育学院领导和同事们的支持与帮助为我提供了温馨的工作环境与宝贵的研究资源。李方院长、黄贵珍秘书长等全国中小学幼儿园教师培训专家组成员在工作中给了我很多关于教师培训的专业灵感。北京外国语大学王定华书记、北京师范大学朱旭东教授、大连教育学院王冬凌院长和林恩学习创始人孙波培训师对本书的过奖赞誉更是一种极大鞭策。教育科学出版社闫景编辑为本书提出了宝贵意见与建议。在此一并表示由衷感谢!

最后,引用古代思想家荀子的一句话与教师培训师同行们共勉:"不闻不若闻之,闻之不若见之,见之不若知之,知之不若行之。"

让我们一起向未来!

余 新

2022 年 2 月 20 日于北京亦庄

序(第1版)

教育大计,教师为本。要把加强教师队伍建设作为教育事业发展最重要的基础工作来抓。围绕"教育事业发展最重要的基础工作",《国家中长期教育改革和发展规划纲要(2010—2020年)》将加强教师队伍建设作为"纲要"实施的重要保障措施;2011年《教育部关于大力加强中小学教师培训工作的意见》又明确提出,今后5年,对全国1000多万教师进行每人不少于360学时的全员培训;同时,通过"国培计划"起到示范引领作用,全面推动全国各省(区、市)教师培训呈现良好的发展态势。

面对繁重的培训任务和严格的规范要求,加强教师培训的师资队伍建设,不仅成为保障培训数量和质量的紧迫任务,也成为建立中国特色教师教育体系,实现内涵发展、人才强教的重大战略举措。为此,我们不妨做个简略的数据分析:5年360学时的全员培训,平均每年每位教师参训72学时;全国1000万中小学教师,按50人组成一个教学班,将有20万个教学班;20万个教学班均以72学时计算,全年需要提供1440万学时的培训课程;如按每位教师年均教学工作量为300学时计算,全国全年总计20万个教学班1440万培训学时,每年起码需要4.8万名专兼职培训教师。即便通过网络远程大规模培训的方式可极大缓解师资与课程资源的不足,但远程教学同样需要高质量的培训师资与管理者。显然,培训师资队伍建设成为影响教师培训质量的关键因素。

目前,教师培训的专职性、专任型与专业化的师资储备明显不足,且缺少对教师专业发展规律、在职教师工作与学习的特点和需求、教师培训的特性和规范等的专门研究，导致培训课程理论与实践脱节，培训形式与方法同教师专业发展需求不相适应。即便是专职培训师，也面临着培训专业化的挑战，需要在通晓"学科教学"本体性知识的同时，遵循成人教育规律，掌握培训教学与管理方面的条件性知识，具备教师培训的实践智慧。

近些年，经历"国培计划"与北京市中小学校长、教师培训重大项目的锻炼与洗礼，北京教育学院中青年学者余新同志基于教师培训的设计者、组织者、实施者、管理者与评估者的多重实践体验与深刻思考研究，撰写了《教师培训师专业修炼》一书，描述了教师培训师的角色特点、专业职责、能力素养和专业发展特征，并辅以教师培训师成长的实践案例，重点从培训需求分析、培训方案设计、培训课程开发、培训方法选择和培训绩效评估等方面阐释了教师培训师的五项专业能力，以全新的视角成功绘制了教师培训师专业化发展的路径。

书中提出了"教师培训师"的全新概念，着重阐述了以下观点。

第一，教师培训师是践行高素质专业化教师队伍建设的专业主力军。教师专业化需要教师培训专业化的支持，而教师培训专业化的重要条件是从事教师培训师资的专业化，即实现从兼职向专职、从专任向专业、从任务单一型教师向多重任务复合型培训师的转型。伴随着高等师范院校"职前职后一体化"内涵发展的大趋势，高师院校与地方培训机构亟待建立一支稳定的教师培训师队伍，并结合教师培训实践建立教师培训师的培养制度。

第二，教师培训师是现代教师教育与人力资源开发领域的跨界职业。目前的教师教育，无论职前的四年培养，还是入职后的数十年培训，其内容和形式都比较重视学科知识的传递与补充，缺少为成人专业学习与工作改进服务的绩效意识与行为发展引领。而教师培训与其他专业领域的专业技术人员培训乃至企业在职员工培训一样,同属于成人职业教育范畴,教师培训的目的与任务同企业培训所倡导的"促进学习与改进绩效"理念大致相同。作者把人力资源管理领域的培训师概念引入教师教育领域,研究教师培训师资的专业化发展新路径,不啻为一项创造性的探索。

第三,教师培训师承担着培训管理者、研发者和实施者等多重角色。既要立足于教育教学专家和学校管理专家的角色定位,担当教师的教师和学校管理干部的教师,把培训工作从学习的角度延伸到工作绩效的提高;又要肩负起培训管理师的角色,驾驭培训项目的设计、实施、管理与考核等完整过程,把培训工作从关注培训内容扩展到关注培训策略、方法和技术手段。可以预见,教师培训师将会扮演更多的新角色,如心理咨询师、课程设计师、课堂教学顾问、教育咨询师、课程资源开发与供应师等。本书提出的教师培训师的五项专业修炼,实际预示着教师专业角色的转变和素质能力的提升。

第四,倡导建立教师培训师的资格认证制度。《国家教育事业发展第十二个五年规划》在强调"实施五年一周期的教师全员培训。各地制定教师培训规划,以农村教师为重点,开展分层分类分岗培训"的同时,明确要求"改进教师培训体制机制。完善教师培训项目管理制度和质量评估制度,建立健全教师培训项目招投标机制","创新教师培训模式,采取短期集中、带薪脱产研修、远程教育、学术交流、海外研修和校本研修等多种方式开展教师培训","建立教师培训与教师考核、教师资格再注册和职务聘任等相挂钩的机制"。显然,教师培训的成效,取决于培训师资队伍的建设;教师培训师的队伍建设与专业发展,取决于相应制度(如资格认证、专业建制与编制、专业职称与进修培训等制度与机制)的确立与完善;而在职教师培训的高度专业化,决定了教师培训师的专业地位。

综上所述,本书涉及前沿理论的探索、培训经验的提炼和制度创新的倡导,为加强教师队伍建设、落实好"教育事业发展最重要的基础工作"提供了有益的借鉴,必将引起教师教育领域专家同仁的高度关注,进而促进教师培训的实践探索与理论研究;也必将有助于建立中国特色教师教育体系,进而推动教师培训师资与管理者的队伍建设与专业发展。

李　方

北京教育学院原院长

2012 年 8 月

目　录

第1章 何谓教师培训师

如果一个人是正确的，他的世界就会是正确的

牧师正在准备讲道的文稿，他的小儿子却在一边吵闹不休。

牧师无可奈何，便顺手拾起一本旧杂志，把一幅色彩鲜艳的世界地图撕成碎片，丢在地上，说道："约翰，如果你能拼好这张地图，我就给你2角5分钱。"牧师认为这样会使约翰花费整整一上午时间，这样自己就可以静下来思考问题了。

但是，没过10分钟，儿子就敲开了他的房门，手里拿着拼得完完整整的地图。牧师对约翰如此之快地拼好那份世界地图感到十分惊奇。他问道："孩子，你怎么这么快就拼好了呢？"

"啊，"小约翰说，"这很容易。在另一面有一个人的照片，我就把这个人的照片拼在一起，然后把它翻过来。我想这个人是正确的，那么，这个世界也就是正确的。"

牧师微笑起来，给了他的儿子2角5分钱，对他说："谢谢你！你帮助我准备好了明天讲道的题目——如果一个人是正确的，他的世界就会是正确的。"[1]

---

[1] 斯通.一个孩子告诉我们的 [J].世界中学生文摘，2006（6）：55.

如果一个人是正确的，他的世界就会是正确的！这个故事带给我们重要启示：如果教师是正确的，教育就会是正确的。同样的道理，如果教师培训师是正确的，服务于教师学习与工作的教师培训就会是正确的。教师培训就是倍增更多正确的教师和正确的教育活动，推动高素质专业化创新型教师队伍建设，从而更有效地服务国计民生。

　　教师专业化需要教师培训专业化的支撑，而教师培训专业化的重要条件是教师培训师的专业化——教师培训师通过接受过长期的专业教育和专门训练，掌握系统的培训专业知识和技能，具备教师培训工作所需要的专业性、自主性和不可替代性的专业能力。

第一节 教师培训师专业角色

社会发展和国家建设不断要求教育培养适应时代变化的人才,教育改革与发展的持续推进成为教师队伍建设和素质提升的动力引擎。教师培训工作既有着巨大的社会需求,也面临着极大的质量挑战。随着各级政府对教师培训的高度重视和培训经费投入的增大,教师培训项目日益增多,越来越多的中小学教师有机会参加各级各类的培训活动。教师培训规模与学习机会问题解决后,接踵而至的便是培训质量提升问题。以针对性和实效性为质量特征的教师培训工作,呼唤着教师培训专业化,由此要求教师培训者逐渐实现向教师培训师的角色转换:从兼职向专职转换,从专门向专业转换,从任务单一型教师向任务多重型培训师转换。

一、教师培训师的定义

当前,我国中小学教师在职教育,已经从以知识补偿为中心的成人学历教育逐渐过渡到以教师专业化发展为特征的成人非学历教育(培训),两类教育存在较大区别(见表1-1)。以往的学历教育模式显然不能照搬到现有的非学历教育之中,教师培训有其独特的规律。

表1-1 成人学历教育和非学历教育区别

类型	学历教育特征	非学历教育(培训)特征
施教者	学科教师	培训师
目标	通识性的学科素养与专业提升	有针对性的职业素养与工作能力提升
内容	以系统性、基础性的知识补偿为中心	以精准性、实用性的问题解决为导向
方式	渐进式、间接经验积累	裂变式、直接经验生成
时间	阶段性、稳定性、学时较长	终身性、灵活性、学时较短
预期结果	面向未来发展、学以致用	指向现实岗位、用以致学
评价方式	以通过作业、测试、论文的他评为主	以通过体验、反思、改进的自评为主
结果认定	学历、学位证书	学习状态与成果、行为转化、业务结果

教师培训与企业培训同属成人职业教育范畴，教师培训的目的和任务与企业培训所倡导的"促进学习和改进绩效"理念日益趋同。因此，我们不妨把企业培训师的概念引入教师培训领域，以塑造教师培训师的角色，探寻教师培训师资的专业化发展新路径，为教师培训专业化奠定基础。

"培训师"职业在国外是一个比较成熟的金领职业。我国培训师行业初步形成。① 国家层面与一些地方的劳动和社会保障部门，已经把培训师正式列入国家职业大典和职业资格证书体系，并先后颁布了相关的职业标准和能力鉴定要求。

2002 年，劳动和社会保障部发布《企业培训师国家职业标准》，这意味着培训师作为一种新的职业在企业中正式登台亮相。根据《企业培训师国家职业标准》，企业培训师的职业定义是"能够结合经济、技术发展和就业要求，研究开发针对新职业（工种）的培训项目，以及根据企业生产、经营需要，掌握并运用现代培训理念和手段，策划、开发培训项目，制订、实施培训计划，并从事培训咨询和教学活动的人员"②。

2004 年，上海市劳动和社会保障局开发了《培训师职业标准（试行）》，对培训师职业做出以下界定："在任何类型的组织中，能够运用现代培训理念和手段，策划开发、营销培训项目，制订、实施培训计划，从事培训教学、培训管理和培训咨询活动的人员。"③

本书把教师培训师界定为：在教师教育机构中接受过长期专业教育和专门训练，掌握系统教育科学知识和专业培训技能，能够运用现代教育培训理念和方法，开发与管理教育培训项目，设计与实施教师培训课程和教学，监测与评估教师培训质量，从事教师培训的需求分析、课程设计、教学组织、管理服务、领导咨询活动的专业人员。这类专业人员通过接受教师培训方面的专业训练，达到教师培训专业化工作标准要求，获得教师培

---

① 黄健.培训师（管理师）[M].北京：中国劳动社会保障出版社,2008:13-15.
② 张敏,王晓平.培训师制度的国际比较[J].继续教育,2006(6):60-61.
③ 黄健,熊燕.培训师:21 世纪的职业新宠[J].教育发展研究,2005(3):45.

训胜任力。

　　教师培训师将来应获得普通教师资格和培训师资格的双重认定,或得到具有教师培训师资格认定权利的权威机构的统一认定。教师培训师的职业特征体现出教师培训工作的专业性、自主性和实效性,他们作为教师的教师,对学习者的教育教学工作发挥着示范引领作用,同时也是学校学习共同体建设的参与者、组织者和促进者,成为普通教师、企业培训师或社会其他领域工作人员不可替代的教育者角色。

二、教师培训师的角色

(一)传统培训师的基本角色①

　　传统培训师的基本职业角色主要包括三种:培训管理者、培训开发者和培训实施者(见图1-1)。

培训管理者:
组织培训政策与制度的制定;培训需求的调查;培训项目的组织、实施与评估;培训活动的协调等

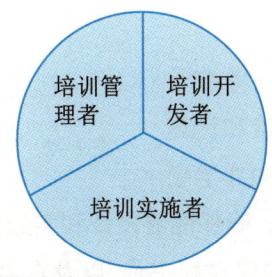

培训开发者:
学习需求的分析;培训项目的开发;学习材料、学习媒体、学习过程、评估手段与学习环境的设计等

培训实施者:
学习需求的分析;课程的实施;学习过程的促进;学习成果的评估等

图1-1　传统培训师的基本职业角色

　　在培训实践中,一位培训师可能担任一个或兼任两个、三个角色的多重工作。随着培训专业化的推进,三大角色分工将更加明显,会逐渐产生更加细分的专业角色,如培训课程设计师、专职培训讲师、培训咨询师和

　　① 参见:黄健.培训师(管理师)[M].北京:中国劳动社会保障出版社,2008:5.

(二)现代培训师的角色特征①

英国培训专家罗杰·贝内特(Roger Bennett)从培训的"实施与促进"和"维持与变革"两个维度对变化中的现代培训师角色及其他角色之间的相互关系做了精准分析,较好地呈现了现代培训功能的发展趋势(见图1-2)。

"培训实施者"即培训讲师,主要任务包括课堂教学、实验室工作、小群体工作、个人工作计划执行情况监督和其他直接影响学习过程的活动。

"培训提供者"角色的主要任务是设计和实施培训计划,涉及培训需求分析、学习目标设定、课程设计、培训方法的选择、培训课程和活动的评估等。该角色还要帮助培训实施者开展培训活动,促进学习的有效发生。

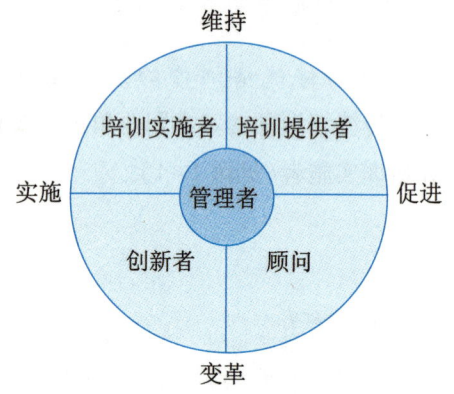

图1-2 变化中的培训师职业角色

"管理者"角色主要任务涉及培训目标的设计、培训政策和计划的制订,以及与上级部门和高层领导建立广泛而密切的联系,确保能够设计和实施恰当而有效的培训活动;还涉及培训工作者队伍的建立和完善,以及在培训部门建立有效的领导体制和顺畅的信息交流渠道,并建立一定的培训质量监督标准和良好的控制流程。

"创新者"角色强调变革,强调培训应与学员单位的组织长期发展战略建立紧密的联系。

"顾问"角色的任务是帮助学员单位分析组织各方面现存的问题,提出和评估最终解决这些问题的培训对策。作为顾问,应该与培训提供者、培训实施者等角色密切合作,以确保每个培训项目的有效实施。

---

① 参见:黄健.培训师(管理师)[M].北京:中国劳动社会保障出版社,2008:5-7.

根据贝内特的研究,"培训实施者"和"培训提供者"侧重于培训的"维持"维度,其作用是维持既定培训绩效。"创新者"和"顾问"主要处于"变革"的维度,他们关注变化,引领变化,并致力于提出解决问题的对策。"管理者"角色处于两个维度的中间,与其他四个角色的关系相当密切,主要对组织内整个培训体系进行计划、组织、控制和改善。

美国培训专家伊莱恩·比斯(Elaine Biech)博士指出,培训师的角色是不断变化的,在培训舞台上经常出现新的角色。这些角色包括职业生涯指导者、首席学习官、能力专家、计算机培训设计者、持续学习指导者、企业培训师、课程软件设计师、课程开发专家、执行指导者、工作绩效咨询员、工作绩效技能专家、工作绩效改进专家、推动者、教育设计者、教育技术专家、讲师、知识经理、领导培训师、战略规划经理、媒介设计师、多媒介工程师、组织发展专家、工作绩效分析家、技术培训师、培训领导者、劳动力差异性指导者等。[①]

针对时代变化,美国培训专家吉列·爱格兰(Gilley Eggland)就培训师的职业角色进行了系统研究,并高度概括了现代培训师的四类职业角色,即管理者、教学设计专家、实施者、咨询顾问,并规定了每种职业角色相应的职业任务(见表1–2)[②]。

表1–2 培训师的四类职业角色及其职业任务

管理者	教学设计专家	实施者	咨询顾问
培训战略	学习理论	活动设计	企业发展与变革
培训规划	需求分析	课程实施	培训战略
培训营销	教材编写	学习促进	需求分析
培训政策与制度	媒体设计	行为改变	团队协作
培训评估	培训评估	成果评估	培训咨询

① 比斯.培训师手册[M].叶盛龙,译.北京:机械工业出版社,2006:14–15.
② 黄健.培训师(管理师)[M].北京:中国劳动社会保障出版社,2008:7.

不难看出,现代培训师的职业角色是多重的、动态的、立体的。他们不仅要充当传统的讲师,而且兼任培训项目开发、管理、咨询、领导和技术服务的部分角色;不仅要确保学习者获得知识、技能或是转变态度,而且要使培训体现出提升学习者工作绩效的效果;不仅要帮助组织制定战略构想和开发人力资源,而且要参与、领导组织变革与战略决策。

现代培训作为人力资本元素已经成为重要的生产力,培训师在现代社会的知识服务、知识管理和知识产品的创造过程中作为智力资源的生产者而存在。

(三)教师培训师的角色特征

教师培训师的工作横跨"教师"与"培训"两个交叉业务领域。"教师"维度由"教师学习"和"教师工作"两个关键节点构成;"培训"维度包含"培训内容"和"培训方略"两个关键节点。两个维度和四个关键点形成教师培训师的四大角色空间,即培训讲师、培训管理师、学校管理专家、教育教学专家(见图1-3)。

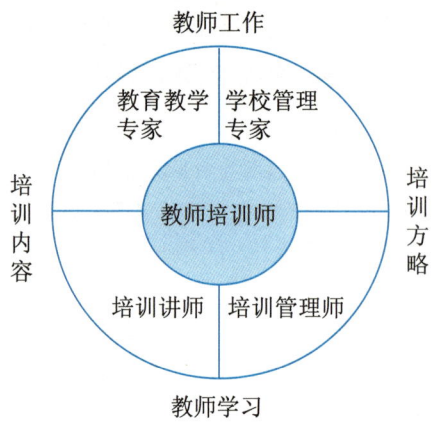

图1-3　教师培训师职业角色

(1)培训讲师角色。培训讲师主要是在理解学生、理解课程、理解教材、理解教法的基础上理解中小学教育教学,并掌握教师学习特征与成长规律,以此开发和实施教师培训课程。其主要任务是围绕教师培训专题内容,诊断教师学习需求,设计培训教学内容与方法,提供教师学习资源,组织教师学习活动,监测教师学习质量和指导教师有效学习与迁移转化。

(2)培训管理师角色。培训管理师主要是从培训方略角度,对培训活动进行规划、组织、控制和改进,其任务主要包括制订培训计划、政策和制度,开发、设计和完善培训项目,安排、组织、协调培训需要的(人、财、物)资源,监测和评估培训质量,以及提供与培训管理活动相关的支持。

(3)学校管理专家角色。学校管理专家主要把教师培训服务延展到与教师工作紧密相关的学校人力资源开发与管理的咨询和指导。其任务包括:为学校组织发展与人力资源开发提供咨询,指导教师制订职业生涯规划,帮助教师开发校本培训项目,协助建设教师学习共同体,以及为学校人力资源发展提供其他专业指导和帮助等。

(4)教育教学专家角色。教育教学专家主要是把教师培训服务延展到为教师工作提供教育教学专业咨询与指导。其任务包括诊断教师工作问题、指导教师教学活动、评价课堂教学效果、促进教师将学习成果转化为工作行为,以及提供其他有关学校教育教学专业方面的咨询与帮助等。

在以上四个角色中,有的培训师可能担任一种角色,但更多的培训师可能兼任两种、三种甚至四种角色。随着教师培训专业化标准的要求越来越高,教师培训师的专业知识与技能将朝着纵、横两个方向发展,既要把教师培训工作从教师学习角度延伸到教师工作绩效提高——站位于教育教学专家角色高度担当培训讲师和站位于学校管理专家角色高度担当培训管理师,又要把教师培训从关注培训内容延伸到关注培训方略——兼任教师培训师和培训管理师双重角色,贯穿学校教育教学与学校管理两大专业领域。

可以预见,随着教育改革日渐深入,教育事业发展步伐加快,教师培训师将会扮演更多新的角色,除了心理咨询师、课程设计师、课堂教学顾问、教育咨询师等这些已经存在的工作角色以外,教师培训师还将引领着传统学科教师身份和角色的转变与发展。例如,如果中小学教师将来如同医生、律师、工程师等专业工作者那样进一步细化分工,除了在学科分类基础上的学科教师外,学校教育还将需要更多解决学生学习兴趣培养、学习方法指导、学习习惯养成、学习质量评价、学习生涯规划等问题的学习指导类的"专科"教师，能够从事学生网瘾、课堂违纪、校园暴力等不良行为矫治和社会情感教育类的"专科"教师，以及专门解决"后现代"不可预知的教育异化类问题的"专科"教师。那么，这些"专科"教师的培训就需要大量的"专科"教练和教育专家。

教师培训师作为教师的教师，要引领教师的专业化发展，就需要在教育培训工作的变革与发展上有所作为，从仅仅关注教师学习情况，转变为从更广意义上注重教师学习和知识的创造与共享。未来，教师培训师会继续致力于开发培训项目，向教师传授具体的知识和技能，同时也会更加关注教师工作绩效的提升，帮助教师适应社会发展和学校教育变革带来的各种机遇与挑战。

第二节 教师培训师专业职责

教师培训师的专业职责主要体现在项目管理、课程开发和培训的教学传递三个业务领域，工作内容具有多样性、交叉性、系统性、综合性，而普通行政管理人员、课程研究人员和一般教师的工作职责相对比较单一。

一、承担教师培训的项目管理职责

教师培训师需要学习项目管理理论，掌握项目管理方法和工具，积极探索教师培训项目开发与管理的规律，开展教师培训项目的规划、开发、实施、管理和创新工作，主要承担以下项目管理职责。

（1）项目规划。研究社会发展和教育改革需要，调研教师队伍现状和学校组织发展需求，制订教师培训规划和设计教师培训体系。

（2）项目开发。掌握教师队伍建设政策，遵循教师专业发展规律，开发分层、分岗、分类的系列教师培训项目，编制各种培训项目的实施指南与管理计划。

（3）项目实施。承担项目组织实施任务，负责指导、组织和协调项目团队制订项目实施方案、招生计划、教学计划、管理计划和经费执行预算。

（4）项目管理。对内负责项目的进度控制和质量监测，对外负责与相关部门的沟通协调工作，履行项目经费管理和业务审批的一定职责。

（5）项目创新。负责项目团队建设与发展任务，组织项目团队开展研究和工作经验交流活动，不断探索培训项目的理论创新、制度创新和实践创新之路。

二、承担教师培训的课程开发职责

教师培训师需要积极开展教师培训课程的研究工作，掌握课程开发流程、技术和工具，善于根据变化中的学员需要调整和完善培训课程，承担以下工作职责。

（1）开展培训需求分析。运用有效的调研方法了解学员学习需求、学习风格、学习兴趣和学习基础，为培训课程设计做好准备。

（2）设计培训课程。设计课程目标，明确预期学习结果；编写课程大纲，设计专题内容和培训方法；编写详细课时计划和学习活动计划，准备培训手册和学员手册；设计培训场所和学习环境，准备培训工具等。

（3）开发课程资源。包括开发培训课程需要的师资资源、观摩实践和临堂学习资源、参观考察资源、网络学习资源、培训教材与阅读资料以及培训需要的相关物质资源。

（4）评价课程效果。分别从评价教师教学和学员学习的角度，运用多种方式有效监测和评估课程实施效果。

（5）不断完善课程。研究培训课程理论，综合运用各类反馈信息，反思和总结课程实践经验，探索新的学习需求，完善课程内容，改进课程实施方法，促使课程在实践中持续发展。

三、承担教师培训的教学传递职责

教师培训师需要根据项目安排和课程设置承担备课、上课、课后跟进、培训研究等培训工作，兼任学员的师德师风教育，具体承担以下教学职责。

（1）备好课。全面了解培训项目目标和任务要求，主动了解成人学员学情，积极开发多种培训资源，认真准备教案和有关教学材料。

（2）上好课。把握学员学习需求和成人学习规律，创新培训模式，掌握专业培训方法，运用多种培训技巧和现代培训技术，有效组织课堂教学与培训实践活动，保障培训质量和教学效果。

（3）课后跟进。认真指导学员的结业论文或设计，为学员提出有价值的指导意见；开展培训后的追踪指导活动，促进学习成果有效转化到工作实践之中；采取可能的措施，为学员学习提供其他的持续性帮助。

（4）教学研究。积极参加项目团队组织的集体备课活动，开展教学研究，总结培训与教学经验，并不断学习，更新专业知识，提高专业能力。

第三节　教师培训师专业素质

一、教师培训师的素质结构

关于专业人员素质的含义，可谓仁者见仁，智者见智。《辞海》对"素质"一词的定义为：（1）人的生理上的原来的特点；（2）事物本来的性质；（3）完成某种活动所必需的基本条件。这里从人才学和人力资源管理的角度将"素质"定义为驱动员工产生优秀工作绩效的各种个性特征的集合，它反映的是员工通过不同方式表现出来的知识、技能、个性与驱动力等。素质是判断一个人能否胜任某项工作的起点，是决定并区别绩效差异的个人特征。

美国著名心理学家、哈佛大学教授麦克利兰（D. C. McClelland）于1973年提出了著名的"胜任力"概念及其分类和模型。1993年，美国学者斯潘塞博士等人（Lyle M. Spencer & Signe M. Spencer）设计的"素质冰山模型"（Iceberg Competence Model），对人的素质做了非常深刻的研究，为我们研究教师培训这类复合型人才提供了理论支持（见图1-4）。

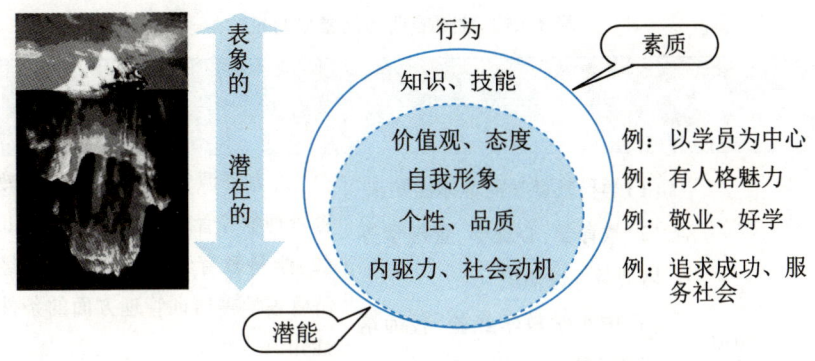

图 1-4 教师培训师素质要素的冰山模型

根据胜任力的显现程度不同,可以将胜任力分为两类,即外显胜任力和内隐胜任力。

外显胜任力主要包括知识和技能等,是胜任力冰山结构中的水上部分。这部分胜任力容易被感知和后天培养,是对胜任者基础素质的要求,是有效执行工作所必需的。所以外显胜任力也被称为基准性胜任力(Threshold Competence)。

内隐胜任力主要包括价值观、态度、自我形象、个性、动机等,是胜任力冰山结构中的水下部分。它们不易被感知并且难以培养,是区分绩效优异者和绩效平平者的关键因素。因此,内隐胜任力也被叫作鉴别性胜任力(Differentiating Competence)。

胜任力模型是针对职业表现优异要求组合起来的胜任力结构,描述有效完成特定企业的具体工作所需要的知识、技能和特征的独特组合。它描绘能够鉴别绩效优异者与绩效一般者的动机、特质、技能和能力,以及特定工作岗位或层级所要求的组织行为特征。[①]

在此,我们基于教师培训师素质要素的冰山模型来描绘教师培训师的以下素质特征(见表 1-3)。

---

① 张兰霞,闵琳琳,方永瑞.基于胜任力的人力资源管理模式[J].东北大学学报:社会科学版,2006(1):16.

表 1-3　教师培训师的素质特征

维度		角色	
		教师培训讲师	教师培训管理师
表象的	知识	(1)学科教育学的本体性知识 (2)教育学、心理学、管理学等培训条件性知识 (3)中小学教学经验、教师培训经验等实践性知识 (4)与教师培训相关的广域性知识	(1)人力资源管理、项目管理、教育管理学等管理学的本体性知识 (2)学科教育学、成人心理学、经济管理学等培训管理方面的条件性知识 (3)教学经验、培训经验、管理经验等实践性知识 (4)与教师培训管理相关的广域性知识
	技能	(1)信息技术应用、人际交往、自我学习、语言表达等基础技能 (2)学习需求分析、课程设计、教案编写、课堂教学、学习指导等培训专业通用技能 (3)培训专项、专门学科、专题内容或特别方式等不同领域涉及的个人技能特长	(1)信息技术应用、人际交往、自我学习、语言表达等培训管理需要的基础技能 (2)运用项目开发、组织协调、质量监测、效果评估涉及的方法和工具来解决培训管理问题的专业技能 (3)在培训管理活动中体现的个人技能专长,如团队建设办法、工作流程开发、信息化管理手段等
潜在的	价值观和态度	(1)自我方面:严谨、谦虚、好学等 (2)对待他人方面:鼓励、尊重、宽容等 (3)工作职业方面:敬业、专业化、持续创新等 (4)对待集体:团队合作、做贡献、守望等 (5)对待社会方面:守法、服务等	(1)自我方面:示范、以身作则、好学等 (2)对待他人方面:鼓励、尊重、宽容等 (3)工作职业方面:敬业、专业化、持续创新等 (4)对待集体:团队合作、做贡献、守望等 (5)对待社会方面:守法、服务等

维度		角色	
		教师培训讲师	教师培训管理师
潜在的	自我认知	(1)自信乐观 (2)善于学习 (3)尽职尽责 (4)热爱专业 (5)求知欲强等	(1)善待他人 (2)效率高 (3)尽职尽责 (4)以身作则 (5)善于学习等
	个性品质	(1)亲和力 (2)灵活性 (3)严谨细心 (4)创造力 (5)幽默等	(1)亲和力 (2)计划性 (3)思维敏捷 (4)灵活性 (5)幽默等
	内驱力社会动机	(1)为人师表 (2)关爱学员 (3)追求卓越 (4)创造培训影响力 (5)服务和回报社会等	(1)组织利益最大化 (2)守住质量生命线 (3)追求卓越 (4)开发教育人力资源潜能 (5)服务和回报社会等

知识是指个人在某一特定领域拥有的事实型与经验型信息。教师培训师的知识可以分为本体性知识、条件性知识、实践性知识和广域性知识。

技能是指结构化地运用知识完成某项具体工作的能力，即对某一特定领域所需技术与知识的掌握情况。教师培训师的技能可以分为基础技能、培训专业通用技能和个人技能特长。

价值观和态度体现出人们稳定的行为方式与风格。在此，我们把教师培训师的价值观和态度分为自我方面、对待他人方面、对待工作职业方面、对待集体方面和对待社会方面五个维度。

自我认知是指一个人对待自我的认识和看法及由此形成的自我印象,如教师培训师认定的自信乐观、善于学习、尽职尽责、热爱专业、求知欲强等自我认知概念。

个性品质是指个性、身体特征对环境和各种信息所表现出来的持续反应。品质与动机可以预测个人在长期无人监督情况下的工作状态。对教师培训师来说,养成具有亲和力、处事灵活、办事严谨细心、计划性强、创造力强、富有幽默感等个性品质非常重要。

内驱力与社会动机是指在一个特定领域中的自然而持续的想法和偏好,它们将驱动、引导和决定一个人的外在行动。为人师表、关爱学员、追求卓越、坚守质量生命线、创造培训影响力、组织利益最大化、服务和回报社会等,都是教师培训师走向专业化的重要支撑力量。

素质冰山模型对人的素质、对我们研究教师培训师的素质具有巨大的参考价值。冰山水面以上的部分是知识与技能,水面以下的部分则是通常我们所说的"潜能",从上到下,随着深度的逐渐增加,每一种素质对人的行为的影响逐渐增强。潜在的素质不易被人感知,培养和挖掘潜在素质很困难,而且成本很高,收效周期很长。但是高素质人才的培养本身是一个长期的过程,千万不能急功近利。我们绝不能因为人的潜在素质不易被察觉、开发困难,就放弃进一步的研究,就不投入大量的精力去开发和培养。因此,作为复合型人才的教师培训师开发与培养,既要注重对学员专业知识、技能和工作行为方面的专门培训,又要重视对学员价值观、态度、自我认知、个性品质、社会动机和职业内驱力的长期培养。

二、教师培训师的专业能力结构

能力是指人们顺利完成某种活动的心理特性,分为一般能力(如观察力、判断力、想象力等)和专业能力。

教师培训师的专业能力是指培训师在从事教师培训工作的过程中,有效解决工作问题所必备的培训与管理能力,可以被视为培训师的知识、技能、态度、个性品质、动机等素质要素在执行工作任务过程中的综合体现。

下面我们在了解欧美培训师专业能力结构的基础上,分析教师培训师的专业能力结构。

（一）欧美培训师的专业能力结构

美国劳工部汇编的《职业能力分类辞典》（*Dictionary of Occupational Title*）根据岗位分类的策略，把培训师职业分为三个子类：培训讲师、培训课程设计者、培训管理者。根据从业人员主要职责的不同，美国培训、绩效、讲授标准国际委员会（The International Board of Standards for Training, Performance and Instruction）从从业基础素质、分析与规划、教学方法与策略、设计与发展、评估、管理等六个方面提出不同的职业能力要求（见表1-4）。①

表1-4　美国培训师的专业能力要求

职业能力	角色		
	培训讲师	培训课程设计者	培训管理者
从业基础素质	(1)有效的沟通 (2)遵守法律法规和职业道德 (3)及时学习更新职业所需的知识与技能 (4)建立并保持职业声誉	(1)有效的沟通 (2)遵守法律法规和职业道德 (3)及时学习更新职业所需的知识与技能 (4)应用已有的研究成果来设计培训课程 (5)基本的调查、研究能力	(1)有效的沟通 (2)遵守法律法规和职业道德 (3)及时学习更新职业所需的知识与技能 (4)维护支持培训运作的关系网络
分析与规划	(1)准备教学材料和方法 (2)教学准备	(1)进行需求评估分析 (2)明确目标人群和环境特点 (3)设计课程体系和所需辅助讲授技术手段 (4)课程体系和培训需求、环境要求紧密联系	(1)发展并研制培训战略规划 (2)利用绩效分析以改善组织 (3)促进并管理组织变革

---

① 张敏,王晓平.培训师制度的国际比较[J].继续教育,2006(6):60-61.

职业能力	角色		
	培训讲师	培训课程设计者	培训管理者
教学方法与策略	(1)激发学习者热情 (2)良好的演讲技巧 (3)有效的提问技巧 (4)及时给予反馈并厘清疑问 (5)促进对知识与技能的灵活掌握和应用 (6)利用媒体丰富学习过程和效果		
设计与发展		(1)根据培训选择合适的设计架构 (2)根据培训内容选择合适的培训方法 (3)选择合适的培训方法	(1)在培训项目设计中应用教学设计原理 (2)应用现代科技手段监测培训效果
评估	(1)评估学习过程与效果 (2)评估教学效果	评估教学效果	评估培训效果
管理	(1)能够管理教学环境,处理各种突发问题 (2)通过合理使用技术管理教学过程	(1)规划并管理培训设计项目,并负责其具体实施 (2)团队内部协作能力	在培训过程中应用领导力、管理技能和商业经营技能

在英国,培训师也有实施者、管理者和协调者之分。英国的国家职业资格(National Vocational Qualification, NVQ)一般分为5个等级。由于培训师的专业性较强,不设一般简单职业所共有的1和2两个较低的等级,而只有3、4、5三个等级。每个等级的职能及其能力要求如下(见表1-5)。[①]

表1-5　英国培训师专业能力要求

等级	目标岗位	职能	能力要求
3	培训课程直接提供者	(1)培训的具体实施 (2)培训设计与评价	(1)确认学习者个人学习需求 (2)设计培训与开发计划 (3)准备培训材料 (4)创造良好的学习氛围 (5)促进个体的学习 (6)评价培训项目 (7)评价自己的绩效
4	培训课程与培训服务的提供者、咨询者、组织人力资源开发的顾问	(1)实施学习计划 (2)开发学习计划 (3)学习与培训咨询 (4)评估学习结果和学习计划 (5)实施组织人力资源 (6)开发人力资源项目 (7)实施咨询与评估人力资源项目与战略	(1)确定不同个体的学习目标、学习需求以及学习风格 (2)设计学习计划 (3)创造良好的学习环境 (4)与学习者协调学习计划 (5)监控和评价学习者学习过程 (6)评价和改善培训与发展计划 (7)明确组织的培训需求 (8)为实现这些需求制订计划 (9)提供平等的学习氛围 (10)评价和完善培训与开发计划 (11)评价自己的工作绩效

① 张敏,王晓平.培训制度的国际比较[J].继续教育,2006(6):61.

（续表）

等级	目标岗位	职能	能力要求
5	培训与人力资源开发的战略家(领导或顾问)	(1)管理组织的人力资源开发与培训 (2)进行组织战略的咨询	(1)将人力资源开发纳入组织战略 (2)明确组织人力资源需求 (3)制订人力资源政策与计划 (4)实施人力资源开发计划 (5)评价人力资源开发的有效性,并提出改进的建议 (6)监督和控制资源使用 (7)建立和改进组织文化 (8)遵循职业道德准则 (9)评价和提高自己的绩效 (10)选择性单元 (11)开发培训与开发新方法

欧盟职业教育专业人才的能力结构标准,对职业教育中培训师的能力结构标准进行了明确的说明,重点关注其所从事的活动和相应的必备能力,主要包括行政管理、培训、发展与质量保障以及网络协作四个部分(见表1-6)。[①]

表1-6　欧盟培训师的能力标准

一级领域	二级分类	所从事的活动	必备能力
行政管理	组织、计划	(1)计算成本 (2)预算 (3)参与学校招生工作 (4)对学习者成绩、组织计划进行持续评估	(1)了解公司的主要业务流程和管理规定 (2)具备预算知识和能力 (3)具有系统性和组织性 (4)具备评价、评估知识和能力 (5)具备信息与通信技术能力

---

①　罗尧.欧盟职业教育培训师能力结构新框架解析[J].石油教育,2010(6):58-61.

一级领域	二级分类	所从事的活动	必备能力
行政管理	项目管理	(1)撰写工作计划 (2)为培训活动准备资料 (3)与职业技术培训学院协调、合作	(1)了解公司的主要业务流程和管理规定 (2)具有项目管理知识和技能 (3)具备团队精神和沟通能力 (4)具有项目培训的知识,了解其流程
培训	计划与准备	(1)分析学习者和公司的培训需求 (2)为接受学习者准备工作场所 (3)制订个人培训方案 (4)用不同的方法制订培训方案	(1)了解课程目标和学习结果 (2)了解学习理论和教学方法/策略 (3)了解培训设计方法和原则 (4)了解培训需求的工具,分析方法和进程 (5)在专业领域更新发展
	学习指导	(1)熟悉对学习者的组织、安排和原则 (2)组织团队合作 (3)实行以培训师为中心的学习 (4)指导学习 (5)个体培训 (6)扮演和接受作为指导者和教练的角色 (7)协调工作场所的矛盾 (8)指导、支持、激发学习者学习动机	(1)了解课程目标和学习结果 (2)具备工学结合的能力 (3)了解学习理论和教学方法/策略 (4)有效使用不同的教学工具 (5)了解教室管理理论和实践 (6)了解职业领域 (7)在专业领域更新发展 (8)具备激发学习者学习主动性的能力 (9)了解指导技能 (10)具备个体指导的能力 (11)具备处理矛盾、多样化管理的能力 (12)具备社交能力

一级领域	二级分类	所从事的活动	必备能力
培训	评估与评价	(1)对学习者的学习成绩进行评估 (2)计划和组织考试 (3)对学习者需求做出反馈	(1)了解职业领域和相关法律法规 (2)了解评估原则、工具和技术 (3)使用和开发有效的评价/评估工具 (4)具备人际交往能力
发展与质量保障	个人发展	(1)关注专业领域最新发展 (2)制订长期的专业发展计划 (3)参与持续职业发展活动 (4)跟踪最新的教学发展趋势	(1)意识到专业发展对自身工作的重要性 (2)满足个人专业发展需求(职业、教育学、教学法) (3)能够将新知识融入培训活动
	工作场所/公司发展	(1)参与有利于部门和机构发展的活动 (2)为公司开发培训条件	(1)了解和培训相关的法律法规 (2)知道机构发展的重要性 (3)知道开发培训条件对培训质量的重要性 (4)具备交际能力
	质量保障	(1)致力于公司的质量管理 (2)报告学习者的学习进程 (3)致力于质量管理工具的设计	(1)了解与培训相关的法律法规 (2)了解质量管理准则、体系、理论和工具 (3)了解评估原则和技能 (4)能够将质量管理的结果运用于工作和公司培训活动中

一级领域	二级分类	所从事的活动	必备能力
发展与质量保障	质量保障	(4)监控培训 (5)参加同行评议 (6)评估培训进程和培训项目 (7)自评	(5)有系统性、有计划性 (6)具备认定和分析培训进程的能力 (7)了解如何运用自评和质量保障结果,改进自我行动 (8)具备交流、交际能力
网络协作	内部协作网络	(1)公司内发起和参与内部网络协作与合作 (2)参加内部会议 (3)与同事合作开展培训	(1)了解如何开展团队合作与协作 (2)具备交流、交际能力 (3)能够与他人合作并给予他人支持 (4)积极主持、参加会议
	外部协作网络	(1)与本地和全国的机构(公立学校和劳动力市场)合作 (2)与职业教育培训机构合作 (3)致力于与外部教育机构的合作 (4)致力于专业领域合作 (5)参加国际性网络协作,进行项目合作	(1)能够识别并找到应该保持联络的国内、国际机构进行合作 (2)了解如何将国际性视野整合到培训中 (3)懂外语和外国文化 (4)了解欧盟项目和相关工具 (5)具备交际、交流能力 (6)积极主持、参加会议

从欧美国家的培训师职责和专业能力要求来看,现代培训师职业能力具有复合型特征,远远超越普通教师和一般行政管理人员所应具备的基本职业能力,不仅包括学习需求分析、课程开发、教学设计、活动组织、学习指导等培训课程与教学实施能力,而且涵盖培训需求分析、项目设计、资源开发、质量监控和评估等培训项目开发与实施所需要的培训管理能力。随着培训功能的"战略化"和培训方式的"技术化",培训师的专业能力将逐渐向组织发展、业务咨询、团队领导和现代技术开发与应用等方面延伸。

(二)教师培训师的专业能力结构

如前所述,教师培训师主要承担四类专业角色(培训讲师、培训管理师、教育教学专家、学校管理专家)和三项领域工作职责(项目管理、课程开发和培训教学),借鉴欧美国家的培训师职责和专业能力要求,在此提出教师培训师应该具备的十项专业能力。具体如图1-5所示的教师培训师专业能力网状结构。

教师培训师专业能力网状结构以"需求分析—效果评估""方案设计—课程开发""教学实施—管理实施"和"团队建设—个人学习研究"四个能力轴线为基础,建构了培训师的十项专业能力,即培训需求分析能力、培训方案设计能力、培训课程开发能力、培训教学实施能力、培训管理实施能力、培训效果评估能力、培训团队建设能力、培训师个人学习研究能力、教育教学咨询指导能力和学校管理咨询指导能力。

其中前八项专业能力被设定"四级"标准:"1"为初级能力标准,"2"为中级能力标准,"3"为高级能力标准,"4"为专家级能力标准。

现实中,每位教师培训师的专业能力状况都存在差异,形成培训师的个人专业特征和风格。从图1-5中以最深线条描绘的培训师能力案例中可以看出,该培训师是典型的培训讲师而非培训管理师,其特长主要在于培训课程开发、培训教学实施和学习研究能力方面,但是培训管理类能力相对较弱。

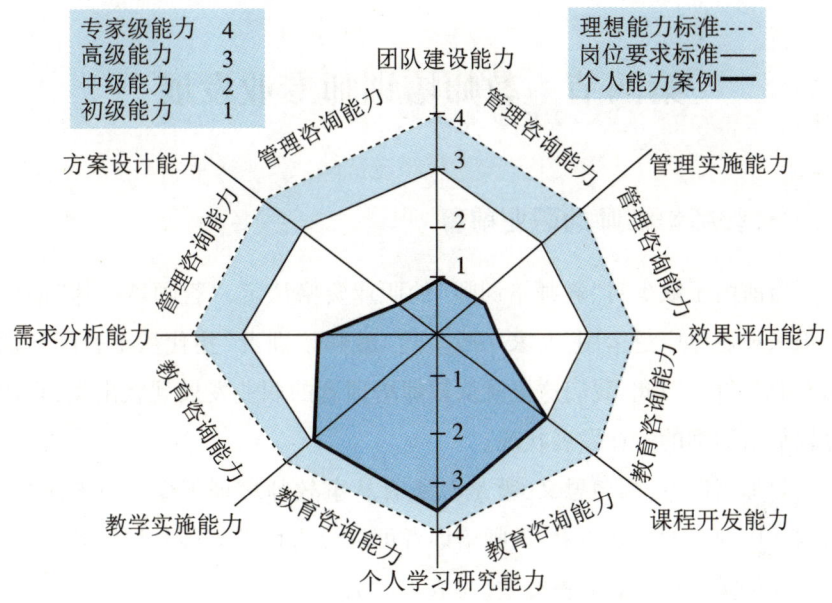

图1-5 教师培训师专业能力雷达图

教师培训师十项专业能力从内容维度来看又可分为三种类型:第一类是基础专业能力,这里指培训团队建设能力和培训师个人学习与研究能力,是很多行业和工作领域的专业人员必须具备的,本书不再单独阐述;第二类是通用专业能力,这里指培训需求分析能力、培训方案设计能力、培训课程开发能力、培训教学实施能力、培训管理实施能力和培训效果评估能力,本书后面各章节将重点介绍教师培训师的这六项能力;第三类是专家咨询能力,指的是教育教学咨询指导能力和学校管理咨询指导能力,是教师培训师在专业发展巅峰阶段体现的专业特长。今后,随着"战略化"培训理念的推广和深入研究,教师培训界同行将逐渐关注教师培训师的专家咨询职责和能力。

第四节　教师培训师专业发展

一、教师培训师的职业前幕

当前由于缺少对"教师培训师"的职业资格认定，"教师培训师"的概念仍未被业界广泛运用，大家一般多用"教师培训者"指代从事教师培训的专业人员。因此，我们这里就从教师培训者的职业发展现状出发，来探讨教师培训师的专业发展状况。

教师培训者，顾名思义，就是对所有从事教师培训工作人员的统称。从教师培训者的现状来看，教师培训者可以分为培训教师和培训管理者，每类人员实际存在着五种类型（见表1-7）。

表1-7　教师培训者分类

教师培训者	
培训教师	培训管理者
传统教学型	行政事务型
学术研究型	教学业务型
学校实践型	培训经验型
培训师型	培训管理师型
咨询专家型	咨询专家型

在教师培训实践中，存在五种类型的教师培训者，即传统教学型、学术研究型、学校实践型、培训师型和咨询专家型。他们来自高等学校教育学院、教师进修学校和中小学校等不同类型的教师教育机构与教育实践一线。在实际工作中，五类人员的培训风格和专业化程度体现出较大差异。

◆传统教学型。传统教学型培训教师受学历教育或传统的中小学授课方式影响，将教师培训课堂仅视为知识补充场所，将讲座作为教学主要方式。虽然普通课堂教学经验丰富，但缺乏对成人学习规律的关注和把握，培训方式单一，且对培训内容研究的学术深度不够、培训效果有限。

◆ 学术研究型。学术研究型培训教师大多来自大学和科研机构，学历较高,培训内容主要是把自己从事的学科建设或教育课题研究成果转化为专题讲座或报告。他们对教师学习和工作所涉及的某个学科或专题领域有较深研究,培训内容理论性强,但在培训课堂上容易以自我讲授为中心,比较注重表达自己的学术理论观点,相对缺少对培训对象需求的把握和学习效果的关注,是典型的重视培训内容、忽视培训方法的培训者代表。

◆学校实践型。学校实践型培训教师大多来自中小学专家型的教师、校长和教研员队伍。他们有着丰富的中小学教育教学一线实践经验,善于运用教育教学实践案例,关注教师工作绩效,并通过组织研修活动解决学校和课堂教学的具体实践问题,但往往对培训的专业化和教师学习内容的系统性、前沿性、全面性和发展性等方面把握不够。

◆培训师型。培训师型培训教师把教师培训视为专业化工作,既关注培训内容的学习价值,又关注教师作为成人的学习规律,他们在长期专业训练和培训实践经验积累的基础上,能对以上三类工作风格扬长避短,使教师培训工作超越一般培训意义上知识补偿性的学科教学范畴,是兼顾培训内容与培训方法双重有效性的培训者代表。

◆ 咨询专家型。咨询专家型培训教师是培训教师的最高专业发展境界,兼备"教育专家""管理专家""培训师"等多种角色专业特征,为教师专业发展提供诊断性、教练式、个性化的"知识产品",扮演着"咨询顾问"和"专业教练"双重角色。

以上五种类型的培训教师角色风格构成矩阵,培训师型和咨询专家型培训教师代表着当今培训教师的专业化发展方向(见图1-6)。

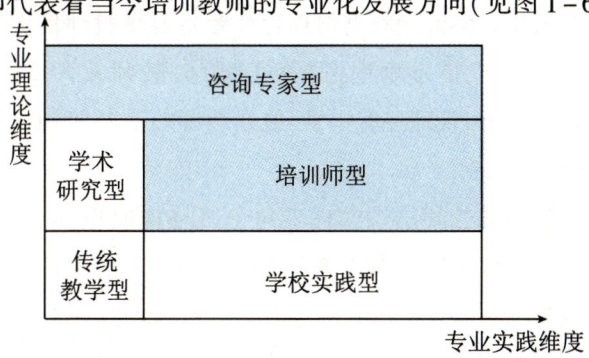

图1-6 培训教师的矩阵角色风格

随着教师培训的专业化发展,项目管理制被引入教师培训行业。教师培训管理者在教师培训的项目规划、开发、实施、质量监测与评估等活动中面临着管理专业化的挑战。同时,也逐渐产生具有不同管理风格的教师培训管理者,主要存在着五种类型的角色风格,即行政事务型、教学业务型、培训经验型、培训管理师型和咨询专家型。

◆行政事务型。行政事务型培训管理者以培训项目秘书、班主任和其他普通行政人员为主,其主要任务是协助培训项目主管或负责人,承担培训项目的日常教务和行政事务方面的管理与服务工作,例如,通知培训活动,预订和准备培训场地、交通、食宿、活动用品,服务和管理培训学员,整理培训档案等方面的具体任务。

◆ 教学业务型。教学业务型培训管理者多为从教师转岗到培训管理的工作人员,或教学与行政管理双肩挑的管理干部。其主要任务是参与或负责课程开发、制订教学计划、设计培训活动、遴选和聘请培训教师、观察和测评教学效果等教学管理事务,有的还兼任具体教学任务。

◆ 培训经验型。培训经验型培训管理者长期从事教师培训行政管理工作,具有丰富的教师培训经验。他们主要负责开展教师培训的行政组织、协调和管理工作,落实培训项目计划和完成培训任务。

◆ 培训管理师型。培训管理师型培训管理者把教师培训管理视为专业化工作,通常以专业化的项目管理的理念和方法管理教师培训工作。他们具备较强的培训体系规划、培训队伍建设、培训需求分析、培训方案设计、培训课程开发和培训项目质量监控与评估等培训专业化能力。

◆咨询专家型。咨询专家型培训管理者主要是教师培训领域的专家型领导和领导型专家,能准确地把握教育教学、教师教育、培训与管理等方面的发展规律,培训管理经验丰富,能在教师培训与管理活动中发挥专业引领和咨询指导作用。

以上五种类型的教师培训管理者角色风格构成矩阵,培训管理师型和咨询专家型教师培训管理者代表着当今教师培训管理者的专业化发展方向(见图1-7)。

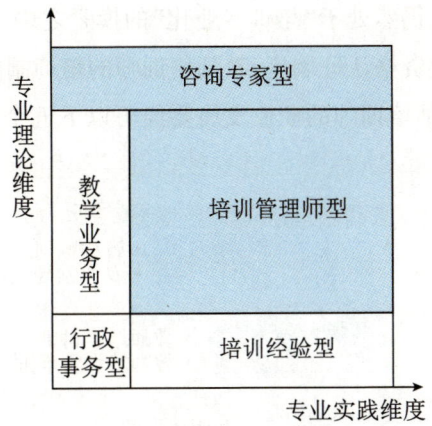

图 1-7　培训管理者的矩阵角色风格

二、教师培训师的职业发展阶段

我国高等师范教育和教师继续教育领域有着庞大的教师培训师资队伍,其中孕育着教师培训师的后备军。

随着高等师范院校对教师职前职后一体化内涵发展和教师培训"专门化"的关注,高等师范院校亟待建立一支稳定的教师培训师资队伍,并在教师培训工作实践中建立教师培训师的培养制度,以填补这类社会急需人才的空白。只有其承担教师在职教育的部门或二级学院逐渐建立起一支稳定的教师培训师资队伍,"教师培训师"这一职业才有可能进入高等院校"服务社会"的人才培养视野。如果高等院校的教师培训师资依旧处于培训"雇佣军"或"游击队"状态,那么,教师培训师的职业角色将长期被标榜知识创新的学术殿堂拒之门外,其后备期将会无限延长。

近几年,各级政府高度重视教师继续教育,培训经费逐年增多,特别是项目管理制已经被引入国家级和部分省市地方的教师培训工作之中,教师培训专业化和管理专业化备受关注。随着教师学历教育向非学历教育的转型,以独立设置的成人高等师范院校和地方教师研修学院为主的教师培训专门机构,已经建立起一支稳定的教师培训师资队伍,专门承担教师培训工作,为教师培训师提供了成长的土壤。一部分教师培训者在实践经验中"自学成才",逐渐朝着"教师培训师"角色转换,但是还有相当一部分教师培训者仍然处于"培训专业化"的摸索之中。我国目前尚未建立教师培训师职业资格认证制度,教师培训师的培训制度也亟待建立。

一般来说,教师培训师的职业发展要经历以下五个重要发展阶段(见图1-8)。

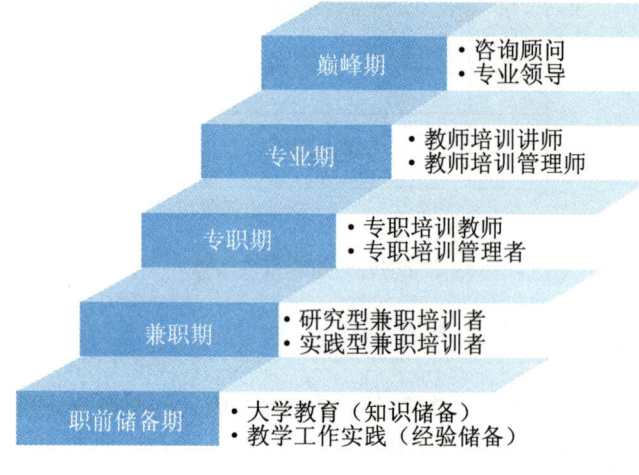

图1-8　教师培训师的职业发展阶段

◆ **职前储备期(阶段1)。**职前储备期主要是为今后从事教师培训工作储备有关培训内容方面的本体性知识和培训方法方面的教学实践经验,包括在学校期间完成高等教育,掌握学科教育、教育学、教育心理学等方面系统知识,以及在高等院校和中小学任教,积累课堂教学的实践经验。由于教师培训师职业尚未得到专门认证而独立出来,所以,大多数将来走向培训师行业的人员无论在大学期间,还是在开始走上普通课堂教学讲台时,都是在无意识地为将来可能从事教师培训工作而储备知识和经验。

◆ **兼职期(阶段2)。**这个时期把教师培训作为第二职业或兼任工作任务。

从人员来源来看,有两类兼职培训者:一类是高校教师和研究人员,其主要工作是从事学术理论研究和学历教育;另一类是来自中小学教育教学实践一线的教研员和优秀教师、校长。

从培训内容和培训方法两个维度来看,兼职培训者的培训水平可分为四类。第一类是胜任型。其培训内容和培训方法都深受学员们欢迎,培训效果较好,初步显露出教师培训师的才能。第二类是学究型。他们拥有教师学习所需要的知识和技能,面对学习动机和学习能力较强的学员,培训会取得较好的培训效果。但是在普通学员面前,其培训方法往往不注意按照成人学习规律要求而调整,尽管其培训内容有一定专业水平,但培训方法不当也会导致学员学习效果不好。第三类是经验型。其培训内容聚焦中小学教师工作现场和学员关注的实践问题,培训方法也能照顾到教师作为成人学习者的发展特征,但是其学术水平的局限性,导致培训效果只能满足教师学习者短时需求,无法解决实践背后的深层次问题。第四类是平庸型。其培训内容和方法皆与中小学教师学习需求存在差距,需要大幅度提升与改进。

前三类兼职培训者如果得到培训师方面的专业训练,在工作实践与个人学习交替中加强专业反思与工作改进,将来都可能成为专业的教师培训师。

◆专职期(阶段3)。专职期的培训者是把教师培训作为第一职业和专门工作任务。有两大因素将教师培训者从兼职阶段推向专职阶段。

第一是组织机构变革因素。其中包括三种情况。其一是部分省级教育学院从学历教育向教师培训业务转型,使得机构内部分人员专职从事教师培训与管理工作。其二是高等院校因为承办教师培训任务量增大,逐渐形成一支专职培训管理人员和培训教师的队伍。其三是随着县级教师发展机构建设与改革逐步推进,实现了培训、教研、电教、科研部门有机整合,重组教师培训与管理专职人员,教研员与培训者整合起来向承担教研和培训双重任务的研训员或研修员角色转变。

第二是人才流动因素。一方面,来自高等院校的高学历毕业生流入教师培训机构,成为专门从事教师培训工作的专职培训者;另一方面是少数中小学优秀教师调入教师培训机构专门从事培训工作。这两类专职培训者各有专业特长与不足,在培训工作初期表现出类似兼职培训者的四类水平,但是,在专门的培训组织氛围和专业同伴的影响下,他们在教师其一是专业分工逐渐明显。他们按工作分工归属到培训项目管理团队(项目负责人、项目业务助理、项目行政秘书、培训班主任等)和专职讲师团队(首席专家、团队骨干教师、助教等),并承担各自不同的工作任务。

其二是专业能力逐渐形成。他们能根据项目操作与管理规律开展教师培训活动,在工作实践中掌握了培训需求分析、方案设计、资源开发、组织实施、质量监控与评估等基本专业技能,并初步具备培训管理能力。他们的培训方法有了极大改进,能有意识地基于成人学习规律开发和设计教师培训课程,组织教学和培训活动,深入学员工作现场追踪指导和转化培训成果。

其三,专业归属感逐渐增强。他们逐渐认同教师培训师作为教师的教师——这个教育界不可替代的职业角色;他们崇尚教师培训者"顶天立地""理论实践化、实践理论化""做教育理论与教育实践的桥梁""崛起于中间地带"等职业理念;他们在制订、实施、遵守和完善有关教师培训规划、政策、管理办法与管理制度中成长。

然而,专职期教师培训者由于缺少专门的培训技能训练和专业机构资质认定,仍然处于教师培训师的职业前期。

◆ 专业期(阶段4)。这个时期教师培训者的培训专业化能力基本形成,达到培训师的职业角色标准要求。其职业特征如下:职业稳定,把教师培训作为专业任务完成;专业兴趣浓厚,具有积极的专业情感和职业奉献精神;专业知识系统,专业技能全面,问题解决能力强,工作得心应手;善于学习和吸收培训同行经验,保持专业持续发展;具备引领和指导培训者同行能力,不断积累培训的实践性智慧和拓展教师培训的工作视野;等等。

◆ 巅峰期(阶段5)。这个时期教师培训师的培训专业化能力达到巅峰阶段,具备超越"学科"抵达"培训开发"领域的能力,能够从"全科"角度准确把握教师专业发展和教师培训的双重规律,在教师培训规划、培训系统设计、培训质量控制与绩效评估等方面,具有系统的专业知识和技能、丰富的实践性智慧和专业领导力,成为贯通教育教学、学校管理、教师培训等领域的咨询专家和专业顾问。

　　教师培训师的职业发展阶段体现出教师培训师资队伍成长与发展的层级（见图1-9）。从塔底到塔尖，每级培训者的成长因素，既有外因的作用，如培训机构用人机制改革、高等院校培养项目创新、高校教师和培训师资格认证体制发展等；又有内因的作用，如培训者善于学习和总结反思培训规律与经验等。

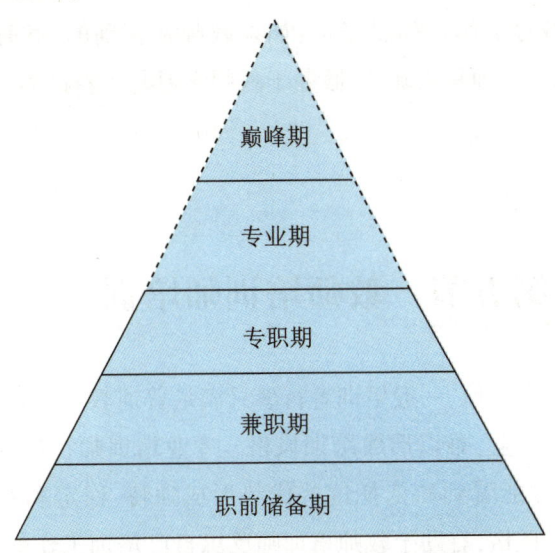

图1-9　教师培训者队伍专业成长与发展层级

　　就教师教育来说，职前培养阶段历经4年本科教育和2—6年研究生教育，但是职后专业发展需要经过10年、20年、30年，甚至更久。

　　教师培训师专业发展的"专业期"和"巅峰期"需要尽快度过"冬眠"状态。铸造教师培训师的发展母机，为中小学教师几十年的学习建设一支专业化教师培训师队伍，需要教育主管部门加快观念转变和制度创新，建立教师培训师职业标准和资格认证制度，为教师培训师的专业发展提供制度保障；也需要教师教育机构加强培训专业化研究和培训实践创新，建设有利于教师培训师专业成长与发展的培训文化和组织环境。

　　令人欣慰的是，在推进"国培计划"十年来，越来越多的普通师范院校和综合大学参与教师培训工作中，并承担着国家级教师培训的重要任务，一些高校教师开始从"兼职期"步入"专职期"和"专业期"。特别值得关注的是北京、湖南、广东、河南、四川等省市在"十三五"期间率先推出教师培训师培训、培养和认定制度，勇于开拓教师培训师专业队伍建设工作。

如果你是一位教师培训者，请你不要等待，行动起来，加入那些成功的前辈教师培训师队伍里，朝着自己选择的专业发展方向前进。

每一个教育工作者都要坚信：如果教师是正确的，教育就会是正确的；如果教师培训师是正确的，服务于教师学习与工作的教师培训事业就是正确的。

第五节　教师培训师培训风格[①]

在教师培训领域，一般培训者行事只满足普通教育的教学常规要求，不把培训当作专业，难以形成培训风格。专业培训师在培训过程中都有其独特优势，并能看到和依托这些优势形成独特、稳定和专业的培训风格。认识培训风格，有助于教师培训师反思自己培训工作的优势与劣势，学习借鉴他人培训经验，推动教师培训走向专业化。本节基于培训风格的四维模型，阐述教师培训风格类型和特征，以期助力广大教师培训师发扬长处，做好自己，加速步入优秀培训师之列。

一、培训风格内涵

"风格"一词可溯源于拉丁文的"Stilus"，最初的含义是指罗马人用以书写和刺戮的一种钢刀。其后，其一度用于系指修辞学、文体论中文章写作的方法或文体的意义[②]。现在，"风格"一词已被广泛用于一切艺术领

---

① 余新.认识教师培训风格[J].教师发展研究,2020,4(3):74－80.

② 刘和平.教学风格辨析[J].沈阳师范学院学报(社会科学版),1994(2):108.

域,用以说明艺术作品达到高度成功时方具备的重要标志①。"风格的形成是艺术家成熟的标志,也是一个教师成为一个教学艺术家的标志。教师只有找到并形成适合于自己的教学风格时,才能成为一个真正的教育艺术家。"②培训风格概念大体上更加接近教学风格③的概念。但是,就"风格"而言,可以看作类似于美国社会语言学家海姆斯(Hymes)对"演讲风格"所界定的意义。海姆斯认为风格"更大程度上是一种结构(configuration),而不是一种水平(level)"④。具体的风格取决于对比单位(contrasting units)出现与否,以及它们出现的频率和比例。⑤ 也就是说,培训行为的"要素与结构"决定某种培训风格。

　　教师培训风格是指教师培训师在集中面授、现场教研和网络学习指导等各种研修活动中的培训行为模式,包括其对培训任务、培训内容、培训对象、培训过程、培训效果等各培训要素的认识和理解,运用培训技术、方法、策略和程序的特定教学方式,以及在培训活动中所扮演培训师的角色特征。

二、培训风格模型

　　模型是对特定系统中各要素关系和特征的简洁性表述。⑥ 培训风格

---

① 李如密. 教学风格的内涵及载体[J]. 上海教育科研,2002(4):41.

② 卢真金.教学艺术风格发微[J]. 现代中小学教育,1991(2):57.

③ 关于教学风格的内涵观点不一,可谓"仁者见仁,智者见智"。国外学者多将教学风格同教学方法、教学策略相联系,同时又强调了教学风格的独特性和稳定性的特点。我国学者李如密认为"所谓教学风格,是指教师在长期教学实践中逐步形成的、富有成效的一贯的教学观点、教学技巧和教学作风的独特结合和表现,是教学艺术个性化的稳定状态之标志"。参考:李如密. 教学风格的内涵及载体[J]. 上海教育科研,2002(4):42.

④ HYMES, D H. Qualitative/Quantitative research methodologies introduction:A linguistic perspective[J]. Anthropology and Education Quarterly,1977:8, 168.

⑤ 谢元花.外语课堂学生沉默与教师的教学风格[J]. 广东外语外贸大学学报,2006(1):30−31.

⑥ 袁维新.论基于模型建构的概念转变教学模式[J]. 教育科学,2009,25(4):31.

模型是培训诸要素的结构化、简洁化和可视化的表达。这里借用美国知名培训专家伊莱恩·碧柯（Elaine Biech，亦有出版物将其译作比斯）的培训风格模型，以理解教师培训师的教学风格类型。

伊莱恩·碧柯从四个维度（内容、任务、过程和对象）、两个连续体坐标轴（内容—过程、任务—对象）建构培训风格模型，由此呈现了四种培训风格：演示型（presenting）、指导型（guiding）、引导型（facilitating）和教练型（coaching）（见图1-10）。①

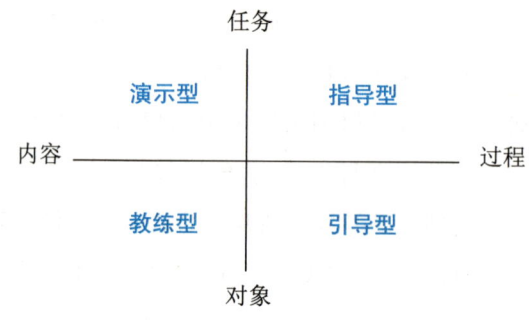

图1-10　培训风格模型

（一）"内容—过程"连续体

水平轴是一个左端为"内容"、右端为"过程"的学程连续体。培训师要么关注学习的"内容"，要么关注学习的"过程"。每个培训师都会根据他们个人的不同偏好表现在连续体的某一位置②。

"内容"是指为了实现培训目标，要求学员系统学习的培训课程总和。教师培训内容包括专业知识、专业技能、专业态度、专业能力和专业工作行为规范五个核心要素。③ 关注"内容"的培训师会在内容正确性、学术性、系统性上下功夫，并确保向学员传递尽可能多的信息量。这种偏好培训内容远远超过培训过程的培训师被称为"内容专家"。他们可能会运用

① 碧柯. 培训就是答案［M］. 顾立民，译. 北京：电子工业出版社，2016：179.

② 同①180.

③ 余新. 教师培训内容的五大核心要素［J］. 北京教育学院学报，2012，26（4）：12-17.

一些比较深奥的概念和抽象的观点,较少运用基础的和实践的内容,容易使学员感到困惑。[①]

"过程"是一个培训项目以及包含这个项目中所有事件的整体流程。[②]教师培训过程具体是指为完成培训任务,培训师与学员之间各种活动状态及其时间流程,如提问、讨论、小组合作等不同活动设计与安排。喜欢"过程"明显甚于"内容"的培训师被称为"过程专家"。他们正确地坚信培训方式往往会影响培训内容的吸收程度,而培训的过程决定培训结果的质量。[③] 但是,"过程专家"也容易滑向连续体的另一个极端:为了让学员获得最佳体验,他们可能会放弃没有完成的培训内容,甚至为活动而活动。

(二)"任务——对象"连续体

垂直轴是一个顶端是"任务"、底端是"对象"的情境连续体。同样,根据偏好不同,培训师可能表现在情境连续体的某一位置。

"任务"是指培训师为顺利构建学习环境所需要的所有活动细节,如培训场地和学习环境的布置、培训教具和资料的准备、活动时间表设置、学习活动进度调控等。"任务"在教学活动中的价值在于,"任务"作为学习的桥梁,由"任务驱动"完成任务,从而达到学习的目的。"任务"可以诱发、增强和维持学习者的成就动机,而成就动机则是学习和完成任务的动力系统。[④] 但是,一个极端偏好"任务"超过"对象"的培训师,为了完成培训任务可能会放弃讨论或休息时间,让学员感觉到他/她在赶进度、为培训而培训。

---

① HINDS P J, PATTERSON M, PFEFFER J. Bothered by abstraction: the effect of expertise on knowledge transfer and subsequent novice performance[J]. Journal of Applied Psychology, 2001(6):1232–1243.

② 碧柯. 培训就是答案[M].顾立民,译. 北京:电子工业出版社,2016:180.

③ 陈向明.在参与中学习:成人培训方式的更新[J].教育理论与实践,2003(4):63.

④ 张俊文,李玉琳,董长吉,等.协同式任务导向教学模式理论体系及实践[J].高等理科教育,2013(4):23.

关注"对象"要素的培训师,在培训活动中会用较多精力去观察、激发和调控学员的学习参与度。[①] 这类培训师关注教师作为成人学习者的学习特征[②],特别是成人学习动机与儿童的差异。[③] 他们为了满足学员需要可能会调整课程,鼓励学员深度参与学习任务、内容和过程之中。处于连续体"对象"一端的培训师,往往不能很好地执行进度,经常表现出不得不"赶进度"或"课程缩水"现象。

(三) 四类培训风格

那么,究竟需要关注四个维度的哪个方面呢? 对于一节有效培训课程来说,每个维度都很重要。有经验的培训师会在"内容—过程"学程连续体和"任务—对象"情境连续体之间,根据学习需要进行游刃有余的调整,而不是僵化停滞在某端。这种变化结果即培训风格的表现,形成以下四种培训风格偏好(见图1-11)。

---

① 学习参与度的内涵在基础教育、高等教育和教师教育研究领域中有着不同解释。中学生学习参与度被理解为包括了动机、态度、兴趣、喜好、价值观、参与相关学科学习活动的频率和广度,参考:陆璟.PISA 学习参与度评价[J].上海教育科研,2009(12):4-5.大学生学习参与度一般是指学生在课堂内外、有效教育活动中所付出的时间和精力,以及大学所创造的促进学生参与这些教育活动的服务和条件,参考:朱红.高校学生参与度及其成长的影响机制[J].清华大学教育研究,2010(12):35-37.教师培训项目中学员参与度是指教师(学员)在整个培训过程中所体现的不同层次的投入程度,包括学习者克服障碍、完成基本任务、参与互动反思、作为实践主体的参与、培训外的拓展和辐射,参考:严加平.教师在培训项目中的学习参与度及其考察[J].上海教育科研,2012(12):44-47.

② 教师作为学习者有着自身的学习特征,如,基于专业成长的自主学习、以案例为支撑的情境学习、以问题解决为基点的行动学习、以群体为基础的合作学习以及基于实践经验的反思学习。参考:黄英.教师的学习特征与在职培训[J].教育探索,2008(1);关于诺尔斯成人学习者特征的论述,参考:诺尔斯,等.成人学习者(第7版)[M].龚自力,等译.北京:北京师范大学出版社,2016:10.

③ 与儿童相比,成人的学习动机更应该来自自身的兴趣和需要,而不是外部的刺激、压力和干涉。因此不论是在课堂上还是在实地培训中,培训师都要想办法激发和挖掘他们的学习动机。参考:陈向明.在参与中学习——成人培训方式的更新[J].教育理论与实践,2003(4):61-62.

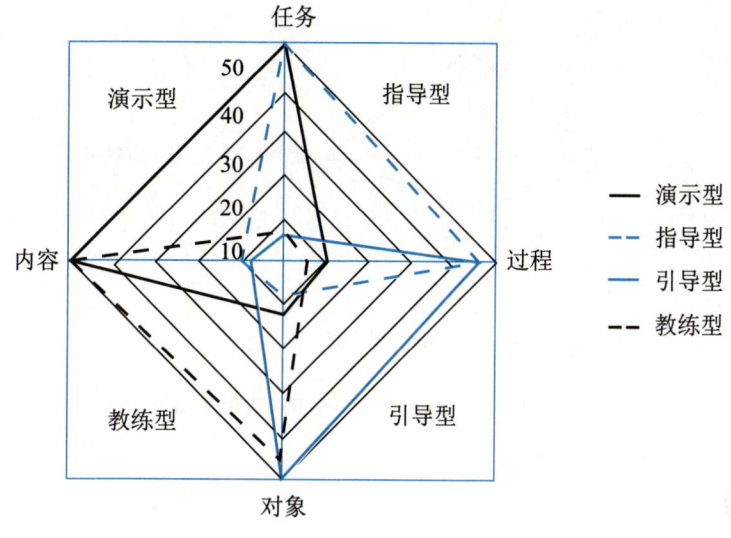

图 1-11　四类培训风格

1.演示型培训风格

演示型培训风格与"高内容""高任务"紧密相关。培训师主要采取讲授法和视听法,通过语言、媒体向学习者传递知识信息,包括事实、过程和解决问题的方法。[①] 其价值在于成本低,节省时间,培训对象和信息量都容易扩大。但是,由于它处于"低对象""低过程"环境条件,如果忽视了学习者的学习条件和缺少培训过程干预,那么也会存在培训效果不理想的风险,如晦涩的内容和赶进度的 PPT 使得学员昏昏欲睡,表现出自娱自乐的消极演示风格。然而,有经验的培训师可能展现出演示型风格的超强魅力:娓娓道来、引人入胜、如临其境、激情四射、妙语连珠、豁然开朗、醍醐灌顶等。两类极端的演示型培训风格,在教师培训的专家讲座或课堂上都有可能出现。如图 1-12 所示,实线表示的是高效的演示型培训风格案例,而虚线表示的是低效的演示型培训风格案例。

---

① 诺伊. 雇员培训与开发(第三版)[M].徐芳,译. 北京:中国人民大学出版社,2007:196.

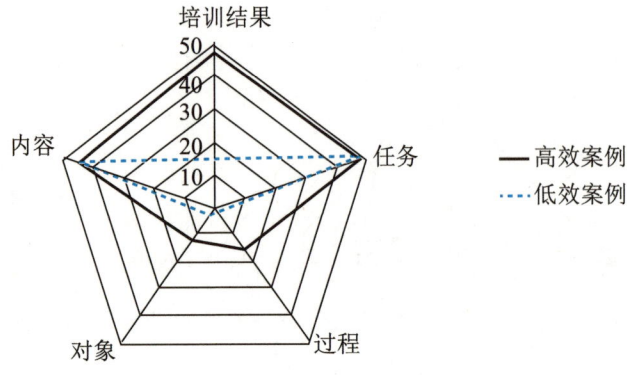

图1-12　演示型风格的培训效果对比

2.指导型培训风格

指导型培训风格与"高任务"和"高过程"紧密相关。培训师有明确的预期,应用系统的展示和有逻辑的方法掌控培训活动。这种培训风格常常在专家点评、观摩交流、学习成果评价等多种现场研修活动中表现出来。其价值在于发挥培训师的专家特长和指点、引导、示范作用。培训活动计划性强,便于突出培训主题的针对性,适合有挑战性和较难的技能学习。但是,由于它处于"低对象""低内容"环境状态,容易产生培训师的强势话语、主观臆断和指导过度,从而限制了学员的自主性、参与性。另一方面,学习内容的系统性也面临着极大挑战。因此,"指导型"培训风格同样也会存在着培训效果不理想的风险。如图1-13所示,实线表示的是高效的指导型培训风格案例,而虚线表示的是低效的指导型培训风格案例。

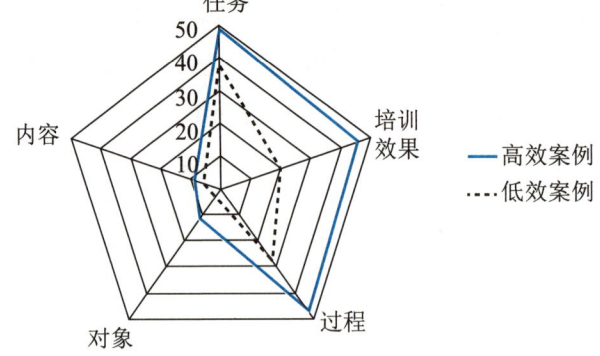

图1-13　指导型风格的培训效果对比

3. 引导型培训风格

引导型培训风格与"高对象"和"高过程"紧密相关。培训师站在学员角度选择引导方法，鼓励学员积极参与，表现出很好的倾听能力，运用提问、复述、归纳总结等方法，调动群体动力，体现出成人学习的核心原则、在此背景下的个体和情境的差异，以及学习目的目标设定。① 他们娴熟于参与式方法②、体验式培训③和工作坊模式④，其培训风格受到很多人关注，形成了相对独立的培训风格，被称为"培训引导师"。引导师把"关心别人、愿意帮助别人和将自我意识放到一边"当作工作灵魂，他们既关注学习对象特征与学习规律，努力调动学习者学习动机，同时致力于开发出一系列引导的策略与技术，帮助团队获得学习与工作成功。⑤ 他们强调管理好"过程"，把"内容"留给参与者。⑥ 由于学习对象的个体差异性、参与式培训条件限制和对培训师引导技术的专业化要求较高等原因，形成引导型培训风格对普通培训师来说是一个很大的专业挑战。如果培训师引导得不合适，学员参加这种培训会感到乏味。他们在刚刚接触这种方式

---

① 诺尔斯，等. 成人学习者（第 7 版）[M]. 龚自力，等译. 北京：北京师范大学出版社，2016(10)：1-96.

② 参与式方法指的是那些能够使个体参与到群体活动中与其他个体合作学习的方法。在教师培训中，通常使用的方法有小组讨论、案例分析、观看视频、看课、评课、角色扮演、填写图表、画图、相互访谈、辩论、小讲座以及其他根据培训内容而设计的游戏和练习。参考：陈向明. 参与式教师培训的实践与反思[J]. 教育研究与实验，2002(1)：66.

③ 体验式培训强调的是"先行后知"，是一种通过人在活动中的充分参与来获得个人的体验，然后在培训师的指导下，团队成员共同交流，分享个人体验，提升认识的培训方式。参考：吴卫东. 体验式培训：教师培训的新视角[J]. 教育发展研究，2008(Z4)：57-60.

④ 工作坊是一种参与式、体验式、互动式的学习模式，通常由 10—20 名成员组成一个小团体，以一名在某个领域富有经验的主持人为核心，成员在其指导之下，通过活动、讨论、短时演讲等多种方式共同探讨某个话题的组织模式。参考：王雪华. 工作坊模式在高校教学中的应用[J]. 当代教育论坛（管理研究），2011(8)：29-30.

⑤ 威尔金森. 引导的秘诀[M]. 甄进明，等译. 北京：电子工业出版社，2014：6.

⑥ 本斯. 引导：团队群策群力的实践指南[M]. 任伟，译. 北京：电子工业出版社，2016：4.

的头一两天感觉很新鲜、很兴奋,但如果内容不充实,活动形式不丰富,很快就会有部分学员感到倦怠、"不过瘾"。"表面上看起来很热闹,但真正的学习并没有发生。"①因此,引导型风格要确保"内容"和"任务"的底线,不要为活动而活动,避免低效或无效的"引导"。如图1-14所示,实线表示的是高效的引导型培训风格案例,而虚线表示的是低效的引导型培训风格案例。

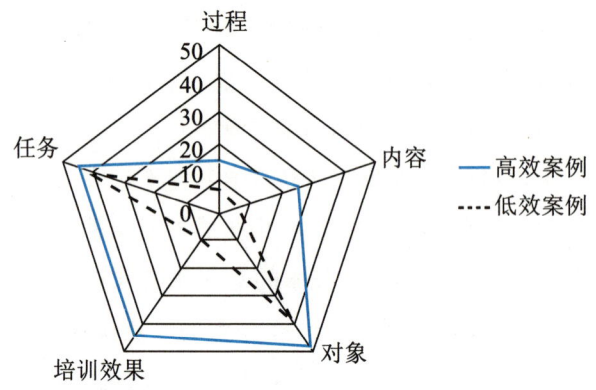

图1-14　引导型风格的培训效果对比

4.教练型培训风格

教练型培训风格与"高对象"和"高内容"紧密相关。培训师在培训过程中支持个人互动,表现出真挚的热情和积极的态度,将参与者引入正确的方向。如同引导师那样,教练已经成为一种独立的培训师角色。国际教练联盟(International Coach Federation)把教练定义为"与对象合作,在一个发人深省和富有创造性的过程中,激发他们最大限度地发挥个人和职业潜力"。与传统培训不同,教练有可能不是服务对象行业领域内的专业人员,他们把对象视为专家,教练的工作就是通过聆听、观察和有效提问,为对象提供一面镜子反思自己独立破解不了问题。

然而,从教师培训风格来看,这里所言的教练仍然属于培训师角色范畴,只不过是借鉴教练技术实现培训目标。教练型培训师在培训中通过

---

① 陈向明.参与式教师培训的实践与反思[J].教育研究与实验,2002(1):71.

建议、辅导、训练、比赛指导等方式,帮助学员提升某领域的高级知识和高级技能。[①] 教练不能像在企业领域那样被定义为"内容外行",相反,他能驾驭教师培训"内容",甚至要是"内容专家";否则,可能会因为"不懂内容瞎指挥"而导致教练型培训效果不佳。如图 1-15 所示,实线表示的是高效的教练型培训风格案例,而虚线表示的是低效的教练型培训风格案例。

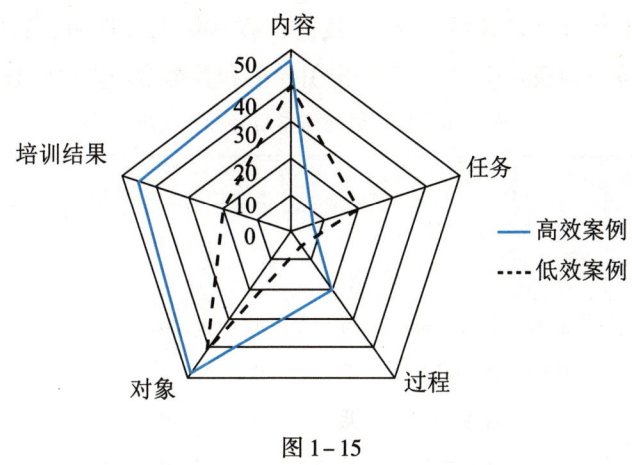

图 1-15

三、培训风格的共同特征

以上介绍和分析了培训师的培训风格类型及其差异性特征。但是,我们也要看到这些不同培训风格存在于培训规律统一体之中,有其共同特征,认识这些有利于我们深入理解培训风格形成的内在机理,进而优化教师培训风格。

(一)独特性与丰富性

教师培训风格成熟的重要标志就是它的独特性。每种培训风格都有其优势与劣势,体现出培训功能与适应范围的独特性,与不同学习目标存

① 简晶,马小强.教练式培训在人力资源管理中的应用研究[J].人才资源开发,2016(14):143.

在匹配度差距(见表1-8)。由于每一个培训师在知识背景、经验阅历、生活经历、个性特征等方面都存在着差异性,所以,他们都以自己独特的面貌呈现在培训课堂上。即使同属于一种培训风格,教师培训师也会表现出个体行为方式的独特性。例如,同样属于演示型培训风格的培训师,有的表现得激情四射,有的是娓娓道来,有的擅长有效的肢体表达,也有的借用实物道具展现出独特的演示风格。引导师和教练独特的培训风格,更是影响着教师培训领域。当今,我们在教师培训工作坊、名师工作室、师徒结对等培训模式中,都能识别出引导型和教练型培训师的独特风格。

表1-8 培训风格与学习目标匹配度

特征风格	最大优势	最大劣势	学习目标匹配度				
			知识获取	技能习得	态度转变	行为调整	能力提升
演示型	信息量大	参与度低	高	低	低	低	低
指导型	针对性强	被动支配	中	中	低	中	低
引导型	参与度高	深度局限	低	中	中	高	中
教练型	个性化强	规模局限	低	高	中	高	高

　　培训风格具有丰富性,远不止本文列举的四个典型类型。如果改变培训风格的维度与分类方法,那么,我们会发现存在着五彩缤纷的教学风格类型。关于国内外教学风格研究近三十年持续不断,提出多种教学风格分类方法与结果,我们可从国内外对教学风格分类研究中窥视一斑。①②③④ 实际上,教师培训所面临的学习要素比大学和中小学复杂得多,教师培训风格更加丰富。比如,就培训形式而言,培训师究竟选择何种培训形式,通常需要考虑学习目标、培训时间、培训条件、学员人数和学

---

① 卢真金.外国教学风格研究述评[J].教育理论与实践,1990(3):4,58-61.

② 李如密.教学风格综合分类的理论探讨[J].教育研究,1995(5):66-71.

③ 王坤庆.关于大学教师课堂教学风格的探讨[J].高等教育研究,2008(10):61-64.

④ 王默,屈静如.中外教师教学风格意蕴和视域的比较研究[J].上海教育科研,2016(7):9,14-17.

习基础以及相关技术和实践资源的支持等很多因素变量,由此演绎出丰富多彩的培训活动及其方式方法。① 再如,从学员对象来看,同一个培训班中既有个体学习特征差异,又有较大群体类型差异,如年龄、学科、岗位角色、专业水平、工作区域等,由此要求培训师培训风格具有灵活性、可调整。一个指导型风格的培训师,为了达到有效指导效果,面对经验丰富的中小学骨干教师学习群体,可能要通过工作坊式培训引导其打破自身经验盔甲并建立新的认知框架,借助引导技术,把自己指导型风格发挥得淋漓尽致;而他面对新教师技能训练与学习时,可能要借鉴教练技术,适当采取示范、练习、纠正的培训方法,使得指导型培训更加有效。

如果说培训风格的独特性由培训师这个培训主体决定,那么,培训风格的丰富性则受诸多培训客体要素影响。没有独创就没有风格。但独特不是整齐划一、单一。只有具备多样性的独特才能避免刻板单调。②

(二)稳定性与发展性

四类风格之所以呈现稳定性,主要是由于每个培训模型与其中两个要素紧密相关。对于成熟的培训风格来说,相对稳定是必不可少的特性。这不仅是因为任何成熟的东西都是相对"稳定的",更主要的是由培训功能和培训规律决定的。

由于每种培训风格各有其适合的培训情境与条件,培训师无论应用哪种培训风格,都需要扬长避短,彰显自身风格优势,充分实现风格的价值功能。同时,每种风格都有"万变不离其宗"的特征,都需要遵循成人学习的共同规律,如在旧知与新知之间建立联结,激发培训对象的内在动机,满足学习发展和工作改进需求。

培训风格稳定性要求培训师不能违背培训规律随意展示风格,更不能机械照搬、故步自封。稳定性是相对的,发展性是绝对的。一种培训风格需要在保持相对稳定的同时,具备活跃的局部变化,通过不断接受时代

---

① 诺伊. 雇员培训与开发(第三版)[M]. 徐芳,译. 北京:中国人民大学出版社,2007:214 – 215.

② 程少堂. 教学风格论[J]. 教育科学,1988(2):19.

的挑战,适应多变学习情境和工作发展的需要,从而推进培训风格的迭代更新、优化改进和持续发展。

稳定性和发展性之间是互相依存、对立统一的关系。只讲稳定性,不讲可变性,稳定性就会失去发展的前景。同样,只讲发展性,不讲稳定性,就会使可变性成为毫无秩序的一团乱麻。①

(三)专业性与示范性

工作的专业性体现在专业人员在专业组织中凭借着专业知识、专业技能、专业精神和专业能力,从事着专业性劳动,在社会发展中发挥着的独特作用。教师培训属于专业性工作,培训风格作为培训师专业高度成熟的标志,绝非一蹴而就,需要历经一个较长时期的专业化探索和实践过程才能逐步形成。教师培训师通过把握学科规律、教师专业发展规律和培训自身规律,形成教师培训行业所要求的独特职业能力和工作模式,这既不同于综合大学和师范大学的培养方式,也不同于企业界的员工培训。② 教师培训师多是来自某个任教学科或领域,缺少系统的培训专业化训练,非常有必要参加培训师培训项目(Training the Trainer to Train,TTT),系统学习掌握演示、指导、引导和教练等不同培训风格背后的专业知识与培训技术。

从教师专业发展角度来说,教师培训风格具有示范性。苏联美学家尤·鲍列夫在《美学》一书中深刻指出:风格能对人的意识施加强有力的影响。教学风格对学生的影响是隐性的、非强迫的、长期的,其影响主要以暗示、感染、复现等方式传递③。教师培训师是教师的教师,教师培训的

---

① 程少堂.教学风格论[J].教育科学,1988(2):20.

② 余新.教师培训的本质、功能和专业化走向[J].教育科学研究,2010(12):41-42.

③ 李如密,黄慧丽.教师教学风格对学生的影响机制探析[J].上海教育科研,2013(5):60.

重要任务是教会教师如何有效教学、引导和助力教师形成独特的教学风格。① 教师培训风格与学员的教育教学工作风格具有相似性、模仿性和迁移性特征。当前在改革高中育人方式和提高义务教育质量的教育改革政策背景下，提倡中小学教师优化教学方式，"积极探索基于情境、问题导向的互动式、启发式、探究式、体验式等课堂教学"②，为教师培训师带来了机遇与挑战，需要思考如何运用教师培训中"互动式""启发式""探究式""体验式"等丰富多彩的风格元素去示范引领和有效影响学员(教师)的教学风格。

专业性是示范性的前提条件和重要基础，示范性是专业性的价值方向和导航目标。以境启智，以身示范，"风格即内容"，这是教师培训师培训风格的最高追求。

四、教师培训师的培训风格偏好与改进

归纳来说，没有哪种风格比其他风格更好，教师培训师没有理由去刻意改变自己的风格，要去扬长避短，根据自己的能力决定自己的风格象限。然而，这并不意味着我们不要提升我们的培训能力和反思自身的培训风格偏好。

在教师培训工作实践中，每一位培训师都需要进一步追问以下问题：我的培训风格偏好是什么？适合解决学习者哪些方面的问题和达成何种类型的学习目标？我能平衡应用四个象限吗？我能避免特定风格中的培训效果低的风险吗？在具体培训项目情境中，我的培训风格偏好与长处

---

① 魏红和申继亮通过实证研究发现，教师对教学工作认真负责、有自己的教学风格和特点是所有有效教学教师最基本的特征，参考：魏红，申继亮. 高校教师有效教学的特征分析[J]. 西南师范大学学报(人文社会科学版),2002(3):33-36. 闫德明和古立新研究了教学风格的形成机制，提出"教学风格不能等同于知识，但却离不开知识的滋养"，参考：闫德明，古立新. 教学风格形成的内在机制研究：基于知识创新的模式分析[J]. 课程·教材·教法,2013,33(10):29-33.

② 国务院办公厅. 国务院办公厅关于新时代推进普通高中育人方式改革的指导意见[Z].2019-06-11;中共中央国务院.关于深化教育教学改革全面提高义务教育质量的意见[Z].2019-06-23.

能够发挥作用吗? 还需要做哪些调整和改进?

　　教师培训风格的形成和改进需要个人具备饱满的专业热情、强烈的学习意识和持久的实践升华,但是,更离不开外部工作环境影响和教师教育政策支持。当前,我国亟待建立教师培训师制度,推动教师职后教育创新与发展;从教师培训专门化步入专业化;实现教师培训范式转型,由理论专家的知识独白转为专业共同体的知识分享;回归教师专业发展初心,从为培训而培训走向有效支持教师学习和工作改进。[①] 如此,教师培训风格才能获得其形成的专业场域与环境条件。

本章学习建议

一、学习目标

通过本章学习,你应该能够:

1. 了解教师培训师的角色特征及专业职责。

2. 理解教师培训师的职业特征,列举出教师培训师与大学、中小学和幼儿园教师的角色异同。

3. 根据胜任力模型,分析自己所熟悉的优秀教师培训师在工作中表现出的素质特征。

4. 描述教师培训师职业发展的五大阶段含义。

5. 认识和判断自己的培训风格特征。

6. 根据本章内容开发一例关于培训师角色认知的专题培训课程。

二、讨论题

1. 教师培训师与大学、中小学和幼儿园的教师相比,其特征角色有何

---

① 余新. 教师培训的本质、功能和专业化走向[J]. 教育科学研究,2010(12):43-44.

共同性和差异性？

2.教师培训师在培训管理、培训课程开发与设计和培训实施领域分别承担哪些专业职责？这些职责与传统的行政管理职责有何差异性？

3.如果高等院校理论专家、中小学幼儿园一线骨干教师和校长园长要成为专业的兼职培训师，那么他们需要在哪些能力方面获得专业训练？你如何助力其专业成长？

4.何谓胜任力？如何理解教师培训师胜任力？

5.当前，教师培训师亟待获得的关键能力是什么？为什么？

6.若要成为一名教师培训师，如何为自己做好专业发展规划？

7.教师培训师的四类培训风格有何差异性？如何扬长避短地发挥个人培训风格特长？

三、应用题

1.与一位培训管理者进行邮件、微信沟通或现场谈话，请他/她谈一下自己主要工作职责以及履行该职责遇到的最大挑战是什么。基于该案例，请你给出培训管理者工作改进建议。

2.参照图1-5，为教师培训师十项专业能力构建理想能力标准和岗位要求标准的评价指标，并绘制本人（或你比较熟悉的培训同行）的培训专业能力网状结构雷达图。

3.访谈2—3位兼职培训者（大学、中小学或幼儿园教师），了解他们在培训课堂上遇到的主要挑战是什么，在激发学员学习动机方面具有哪些经验。

4.对自我培训风格开展剖析，列举自己的培训风格类型、特征和优化方向。

四、本章培训活动示例

活动名称

大使出游。

活动主题

发现教师培训师胜任力的核心要素。

活动概述

参与者每人分别说出一位自己认为本单位的(或自己熟悉的)最优秀培训师名字,提炼出这位培训师在培训工作中所表现的最显著个性特征,然后对这些优秀培训师的共同特征进行分类,最后归纳出教师培训师胜任力的 5—7 个核心要素。

活动目标

掌握"大使出游"的活动方法,寻找教师培训师胜任力的核心要素,讨论优秀培训师具有的共同个性特征,确定自己专业发展的近期目标。

参与对象

30—50 位有过教师培训经验的培训讲师或培训管理者。

活动流程

1.个人独立活动。培训师安排每位学员在即时贴上写下一位自己认为本单位的(或自己熟悉的)最优秀培训师名字,然后写出这位培训师在培训工作中所表现的最显著的几项个性特征。

2.小组内部讨论。由组长负责组织本组学员交流观点,然后把大家写下的培训师个性特征进行分类,通过讨论,找出本组公认的 3—5 项个性特征,并进行重要性排序,完成海报纸。

3.各组之间交流。各组选派 1—2 位成员作为本组成果展示"大使",带着本组海报纸上的讨论结果按顺时针走动到其他小组并进行展示汇报;接待小组认真聆听"大使"介绍,记录与本组相同要素,适时提问。每个小组停留3—5分钟。

4.集体展示。教师组织各组在借鉴其他小组观点基础上再进一步提炼本组关于优秀培训师个性特征的 2—3 项重要因素,并在全班展示。

5.培训师归纳。培训师基于全班展示结果和自己的研究情况,点评各组观点,引导大家达成集体共识,确定教师培训师胜任力的核心要素,并对每个要素进行界定与解释。

6.个人行动计划。每位学员根据教师培训师胜任力的核心要素对照自己作为培训师的特长与短板,反思如何在自己培训工作中扬长避短,并制定个人培训师专业发展三年学习计划。

支持条件

1. 参与式场地,方便小组之间走动、交流和作业展示。

2. 提前准备即时贴、海报纸、马克笔等活动材料。

3. 活动时长 30—60 分钟,可根据需要调整。

效果检测

1. 现场观察各活动流程中任务完成进度与学员参与状态。

2. 对照教师培训师胜任力的相关文献研究,评价本次培训产出结果。

3. 一周后应用问卷或访谈测试学员对这些核心要素的记忆和保持程度。

补充说明

如果学员人数超过 50 人,甚至接近 100 人,那么可以扩大培训空间来组织现场培训活动;如果学员人数多到几百人,那么可以通过线上和线下结合的混合式或单一的线上方式组织该培训活动。

洞穴囚犯

有一群人世世代代居住在一个洞穴里，他们在出生时就被铁链锁在固定地点，犹如囚徒，甚至连脖子也被锁住，不能回头或环顾，只能面壁直视眼前的场景。在他们身后，有一堆火，在火与囚徒之间有一堵矮墙，墙后有人举着各种各样的雕像走过，火光将这些雕像投影在囚徒面对的洞壁上，形成多元的、变动着的影像。囚徒们的一生都犹如在看皮影戏，他们不能相互观望，不知道自己的模样，也不知道造成影像的原因，他们都以为眼前晃动的影像就是真实的事物，用不同的名字称呼它们，仿佛这些影像就是真实的人、动物和植物。

有一个囚徒偶然挣脱了锁链，他移动脚步，回过头来，生平第一次看到炫目的光亮，火光会使他感到刺眼的痛楚，使他看不清原先已经习以为常的影像。经过一段时间的适应，他终于能够分清影像和雕像，明白雕像比影像更真实，影像是火造成的投影。他不顾刺目的疼痛，逼近火光，走向洞口。后来有人把他从陡峭的洞口拉出洞外。当他第一次看到阳光下真实的事物时，再次眼花缭乱，甚于初见火光时所受的痛苦。他只能慢慢适应阳光的照耀，先看阴影，再看水中映像，进而看事物本身，抬头看天上的月亮和星辰，最后直接观察太阳。

为了解放他的同胞，这个解放了的囚徒义无反顾地回到洞穴里。他从光明处来到黑暗处，已不能适应晃动的影像。别人会因为他看不清影像而嘲笑他，说他在外面弄坏了眼睛不合算。没有人相信他在外面看到的东西，他不得不与他们争论幻觉和真理、偶像和原型的区分，因此激起众怒，人们恨不得把他处死。

以上是柏拉图在《理想国》第七卷里举出的洞穴囚犯寓言①，以隐喻来告诉我们，"形式"其实就是那阳光照耀下的实物，而我们的感官世界所能感受到的不过是那白墙上的影子而已。缺乏理性的人能看到的只是那些影子，而哲学家则在真理的阳光下看到外部事物。

柏拉图认为，自然界中有形的东西是流动的，但是构成这些有形物质的"形式"或"理念"却是永恒不变的。他指出，当我们说到"马"时，我们没有指任何一匹马，而是称任何一种马。而"马"的含义本身独立于各种马（"有形的"），它不存在于空间和时间中，因此是永恒的。但是某一匹特定的、有形的、存在于"感官世界"的马，却是"流动"的，会死亡，会腐烂。

今天，当我们在从事教师培训工作时，主要是针对某门学科、某个学段和特定学习对象的教师开展培训。如果培训师只关注教学对象在该学科领域的知识、教学技能或能力的培养与培训，而缺少对教师作为成人所需要的"培训"与"学习"的本质特征和内在规律的重视，那么，就会导致学员在培训期间的心理震动往往是暂时感受，所获得的知识技能也只是短时的记忆碎片和难以迁移的技术经验，而无法获得那些终身受益、长期迁移的教育教学理念与方法。

对教师培训师来说，一个特定的培训项目和培训活动是可见的、短暂的、个性化的，但是，培训本身是终身的、持续的、有规律的。本章与大家共同探究培训的几个基本问题：培训是什么？为什么要培训？培训谁？培训什么？依据什么培训？

---

① 柏拉图.理想国［M］.张竹明，译.上海：译林出版社，2012：242-276.

第一节　培训是什么

"培训"意为"培养和训练"。在当代,"培训"已经成为广义教育的一个重要概念,是学历教育的一种补充形式,其内涵从早期强调技能训练,扩展到个体知识和技能提升、工作态度和方式转变乃至人力资源开发与管理手段等所需要的学习支持活动。

英国官方的培训委员会给培训下的定义是"通过正式的、有组织的或有指导的方式,而不是一般监督、工作革新或经验,获得与工作要求相关的知识和技能的过程"[1]。

教师培训是有目标、有计划、有指导地组织教师参加与教育教学工作相关的学习活动,旨在改进和发展他们的专业知识、专业技能、专业态度、专业能力和工作行为,从而开发教师人力资源潜能,以适应教育改革和发展需要。这是一个有计划的系统行为。"让教师听一次专家讲座就是教师培训",这种理解是狭义的。教师培训应确定针对性主题和明确性目标,选择和设计培训方案,组织有效学习和迁移应用指导活动,并对培训效果进行检测评估,进而反馈、修正和改进。

教师培训在有效支持和促进教师学习与专业化成长过程中,有效实现了教师个体专业发展和学校组织发展的双重目标。教师培训具有专业性、实践性、终身性、生产性、针对性与实效性等重要特征。

一、教师培训的专业性

工作的专业性体现在专业人员在专业组织中凭借着专业知识、专业技能、专业精神和专业能力,从事着专业性劳动,在社会发展中发挥着的独特作用。教师培训的专业性应体现出以下几方面特征。

第一,从社会功能来看,教师培训应为开发教育人力资源发挥先导

---

[1]　黄健. 助理培训师[M]. 北京:中国劳动社会保障出版社,2008:3.

性、保障性、持续性的作用。它通过提供专业性服务，提升教师专业化水平，进而促进教育改革和发展，在推动社会发展中具有不可或缺的社会功能。

第二，从专业组织来看，教师培训应在各级教育行政体制中设有专门管理机构负责教师培训管理工作，并通过权威性专业培训机构承担培训任务。我国综合性大学、师范院校、教师研修机构、中小学幼儿园等共同构成合作、开放的教师培训机构体系，各自在教师培训领域中发挥独特的作用。

第三，从专业知识和专业技能来看，教师培训应形成完善的教师培训专业理论和成熟的教师培训专业技能，并且被从业人员所掌握。教师培训师通过把握学科规律、教师专业发展规律和培训自身规律，所形成的教师培训行业要求的独特职业能力和工作模式，应既不同于综合性大学和师范大学的职前培养方式，也不同于企业界的员工培训。

第四，从专业精神和专业理想来看，教师培训应该成为一项由教师教育、现代人力资源开发与管理两大职业领域交叉的朝阳行业。随着教育优先发展战略深入实施和教师培训专业化的推进，教师培训师作为教师的教师将会成为现代社会有声望的职业。

第五，从教师培训专业性的"实然"特征来看，教师培训师的专业性面临着诸多困境与挑战。以上四个方面体现着教师培训专业性的"应然"特征，而从"实然"特征来看，教师培训专业性正遭遇着业余性、半专业性、非专业性的困境，主要体现在以下方面。

◆教师培训师的入职标准缺失，行业标准不清，兼职培训者超过专职培训者，教师培训师专业标准和认证制度尚待建立。

◆教师培训师的知识体系有待完善，培训专业化能力亟待提高，还需要接受更多的专业训练和教育培养，以便实现从培训者向培训师的角色转变。

◆教师培训师的专业自主性不足，对行政管理部门过分依赖，缺少专业组织归属，有必要在教育专业协会体系或人力资源管理体系建立教师培训师专业研究与合作共同体。

◆教师培训理论在教育学或管理学领域尚未成为独立的分支学科，教师培训的实践工作还未能充分满足教师学习需求，教师教育学科建设应该关注教师职后教育的研究与发展，有必要开辟"教师培训学"或"教师职后教育学"等专门学科研究领域。

二、教师培训的实践性

某些知识的掌握需要和实践结合，而另一些知识需要长期的专业理论学习，也就是说，学习和工作可以相互促进。

教师的某些专业技能既需要知识，又需要经验，而这些又可以分别从学校学习和工作中获得。教师在教育教学活动中用到的数学、语文、英语、物理学、化学等学科知识，以及教育学、心理学等条件性知识，需要在职前教师教育阶段投入集中性、系统化、专业化学习。关于教师专业发展的培训应该主要在教师工作中进行，把培训所提供的在职学习嵌入教师的实践工作中，体现出学习"既从实践中来，又到实践中去"。但是，就这点来说，当前的教师培训工作做得还不够，如何促进学习者转化应用还有着较大的拓展空间。

中国的大学每年培养大批量的新教师，按照严格标准来说还是"准教师"。

无论是来自综合性大学，还是来自师范院校，且不论这些学过了数学、语文、英语等学科知识的大学生是否掌握了该学科的知识，我们需要质问的是：掌握了数学知识就等于会教数学学科了吗？从掌握一门学科到会教一门学科之间的距离究竟多长？需要多长时间才能把这个差距缩短到可以忽略不计的程度？通常，我们习惯把一个学习过某一专业的毕业生安置在一个学校中，他在第一天进校门时就被领进教室，推向讲台，于是他便回忆着当年他的老师是怎么教他的，凭借着自己的灵感开始了他的职业生涯。长期以来，教师资格培训和新教师岗位胜任力培训在一些地区到了被忽略不计的地步。还有另外一种情况是新教师培训项目安排了大量的理论讲座，由于培训内容与方式缺少实践性，新教师在教师职业定向、学校组织文化认同、教学技能提升等方面培训效果不大明显。

教师培训不是脱离实践的填鸭式的知识灌输,也不是无视学习者需求的独白式讲座,而是一种基于教师工作实践需求的学习共同体活动。教师培训师作为学员的学习合作伙伴和支持者,通过开发和实施教师学习项目,在教师专业化成长实践中发挥着引导、促进、帮助和咨询作用。脱离教师工作实践需要的培训,其针对性和实效性是很难得到保证的。

三、教师培训的终身性

教师培训为教师的终身学习提供全程专业服务与支持,"师范教育管一个教师养成初期的四年,而教师培训则要管教师成长的四十年"[1]。教师培训已经建立了一个由三阶段构成的制度系统:就职前培训、就职培训和在职培训。就职前培训主要是指大学生在获得规定学历后接受的教师资格训练;就职培训指获得教师资格证书后进入教学工作岗位时接受有经验同行的指导和引领;在职培训是在职前教师教育、教师入职辅导基础上的专业继续教育(见图2-1)。[2]

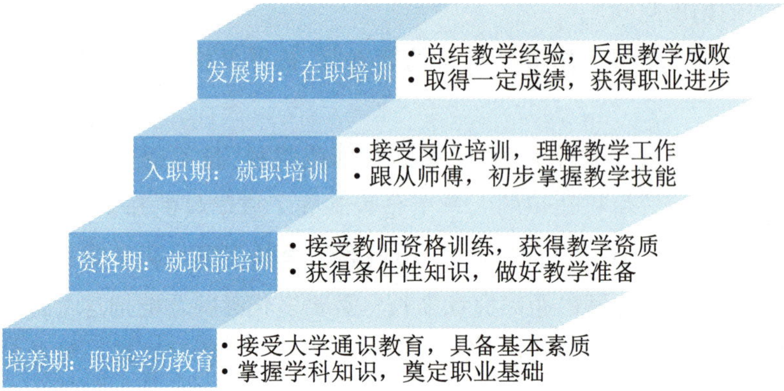

图2-1 中小学教师专业发展台阶

---

① 王红.四年与四十年:教师培养与教师培训的关系[J].北京教育(普教版),2018(8):29.

② 胡森.国际教育百科全书:第5卷[M].贵阳:贵州教育出版社,1990:16-19.

国内不少业内人士把这个系统的就职前培训往前延伸到职前培养阶段，倡导"教师教育职前、职后一体化"制度①。实际上，教师培训"职前、职后一体化"的本质不是简单追求培训机构与培训形式的统一化和大学化，而是要基于教师培养和发展的周期规律，加强研究职前培养与教师培训三个阶段学习内容的有机联系与差异，特别是要在制度和实践层面，进一步把握好它们在教师教育每个阶段的内在规律及其差异性需求，通过走内涵发展之路，实现教师培训"职前、职后一体化"，从而推进教师教育发展。② 反过来看，教师教育学科发展的终极目标是有效支持和促进教师终身学习，而不是仅仅局限在某个阶段。

　　通常，我们走进餐馆吃饭会首先选择喜欢的菜肴，然后由厨师帮助我们选择盛装菜肴的各类不同功能、不同样式的餐具，而非先订餐具后点菜。如果我们只是注重"教师教育职前、职后一体化"的机构与形式，而不去深入探究一体化需要解决的内容问题，那与就餐前先订餐具再根据餐具做菜有何区别？

　　教师培养与培训的不同阶段既要相互衔接，又要区别定位。职前培养阶段的师范毕业生在学科素养和基本素质方面需要打下坚实的基础，把大学本该获得的相关知识和能力储备起来；就职前教师资格证书培训需要给予未来后备教师教育学、心理学、学科教学法等条件性知识，使之具备与教师基本资格相符的教育教学专业能力基础；就职培训需要教师在学校工作岗位上跟从专门的指导教师，获得教育教学岗位的基本胜任力；在职培训是为了适应社会发展和知识更新的再学习、再变化、再发展，而不只是对前面几个职业发展阶段的再补课。如果有这样的教师，工作几年后发现大学时期没有把学科知识基础打牢，或者教师资格证书的专业含金量不足，或者还搞不清楚如何开展教学设计等基本问题，那么，这

---

　　① 参见：朱旭东，胡艳. 中国教育改革 30 年：教师教育卷［M］. 北京：北京师范大学出版社，2008：68 – 70.

　　② 余新. 影响教师培训有效性的五个基本环节［J］. 北京教育学院学报，2009（6）：71.

些问题就不是完全依靠教师继续教育所能解决的,而要追溯深究教师培养、聘用与管理体制自身的根源。

法国教育家保罗·朗格朗(Paul Lengrand)提出终身教育思想后,"持续性教师教育"理念被普遍接受,发达国家把"终身教育"思想引入教师教育领域,将职前教师培养和职后教师培训终身化有机结合,教师教育贯彻教师职业生涯的全部过程。

随着教师终身教育思想的不断深入,教师通过职前阶段学习就能应对一生职业挑战的时代已不复存在。教师在职教育对教师终身学习的系统化支持已成为世界各国的共识与行动。我国教师在职教育取得了显著成绩,并形成了分类、分岗、分层的全员培训体系。①

四、教师培训的生产性

教师培训属于知识生产活动。知识生产是指在人类活动中,各种类型的知识,如真理、原则、思想和信息等的发明、创造、创新和复制过程。它不仅包含原创性新知识的创造,同时也包含在已有知识基础上,通过复制和传递过程而产生的知识。② 教师培训更多体现在后一种情况。

教师培训的生产性体现在知识生产过程的投入与产出。知识生产过程与其他生产过程一样,需要有各种要素的投入,生产过程结束以后,会有不同的产出形式存在。知识的生产过程有两种形式:一种是专门从事知识产品生产的形式,如大学科研机构和企业所设立的研发部门;另一种是按照马克思主义所强调的知识来自生产实践的说法,知识的生产来自人类的生产实践活动。所有生产实践活动的结果都有两种产出存在:第一,具体的物质产品;第二,关于生产活动的信息。③ 教师培训需要多种要素的生产投入,其产出不是具体的物质产品,而是知识信息的传递、加工

---

① 余新,王婷.改革开放40年我国教师在职教育的回顾与前瞻[J].课程·教材·教法,2018,38(7):23.

② 傅翠晓,钱省三,陈劲杰,等.知识生产研究综述[J].科技进步与对策,2009,26(2):155.

③ 袁志刚.论知识的生产和消费[J].经济研究,1999(6):60-61.

和迁移应用。

从知识生产投入来看,教师培训是一种对教师进行人力资源开发的智力投资活动。"智力资源"是教师培训的核心资源投入,其载体主要为专业化的培训师资、培训课程、培训技术,以及支持、保障和推动教师培训专业化的培训制度与政策。在加工资源(培训场地、设施和教具等硬件)得到基本保证的前提下,它主要通过智力资源的投入、应用和转换的方式,实现以人影响人、以智力资源再生智力资源的目标。

知识生产过程对教师培训师的智力资源投入有两方面的要求。一是高智力的投入,从事培训类知识产品生产研发的培训师要比一般培训讲师有更多智力投入和更强的培训专业化能力,他们不仅具有知识传播能力及在具体实践情境中指导、促进和帮助学习者解决问题的能力,而且具有培训产品研发和设计能力。另一个是智力投入的质量,即培训师必须具备成人教育、人力资源管理、教育技术、学科教育等跨学科领域的知识基础,这种基础知识有两种储存方式:一是储存于学术文献中,这就要求培训师必须对这些文献相当熟识;二是储存于培训师的大脑中,要求培训师随时根据培训情境应用自己的默会知识有效解决问题,产生认知自动化。

从知识生产的产出来看,"智力资源"也是教师培训的核心产品产出。"人影响人、以智力资源再生智力资源",不仅体现为培训师对培训学员的长期专业影响和学员获得的可视化培训收获,而且体现为学员把自己的教育经验和实践智慧带到培训情境之中,通过培训师与学员以及学员之间彼此分享、交流和学习,生成新的学习资源和创造性工作迁移成果。

在职教师教育与职前教师教育在知识生产方式上存在明显差异。吉本斯(Gibbons)等人把传统的以学科和大学为中心的知识生产模式称为模式Ⅰ,把新出现的知识生产模式称为模式Ⅱ。模式Ⅱ与传统的模式Ⅰ相比有以下新的特点:第一,知识生产更多地置身于应用的语境中;第二,知识生产由于更多地源于实际问题,因此具有天然的跨学科性质,这些知识有独特的理论结构、研究方法和实践模式;第三,知识生产的场所和从业者呈现出"社会弥散"和"异质性"的特征;第四,知识的生产直接关系到公众的利益,社会问责渗透到知识生产的整个进程之中;第五,对知识质量的关注已经不限于知识（学术）本身，而要兼顾社会、经济或政治的因素，质量成为综合的和多维度的概念①。相比较而言，教师培训的生产性更加具有模式Ⅱ的特征，与传统的以学科和大学为中心的职前教师教育的知识生产模式相比，知识生产越来越多地在教师学习与工作的特定应用的情境中，围绕教育实践具体问题进行的；参与教师培训工作的主体是多方协作者，包括政府的多级教育主管部门、不同类型承训院校机构、中小学幼儿园等，知识生产者以及生产单位都具有异质的特点。

　　总之，教师培训是通过投资于教师而受益于学生、倍增学校教育力量、促进社会和人的发展的知识生产活动。教师培训已经成为知识社会的重要生产力，是我们今天为明天需要的"巧智力"（smart intelligence）做出的最有价值的智力投资。

五、教师培训的针对性与实效性

　　教师培训本质是要回答"教师培训是什么和不是什么？"的问题。首先还需要澄清教师培训与演讲、讲座、教研指导的区别。

　　培训不是演讲。培训师在传播知识和技能时有演讲的成分，但不是滔滔不绝地独白讲授，而是将其渗透在训练之中，更加关注学习者的理解、掌握、保持和应用。

　　培训也不同于讲座。讲座是报告人针对某一专题进行观点的陈述、系统论证与解答分享。培训不是为了理论证明，而是为了让学员掌握经过实践检验的新知识和新观点，并能应用于实践工作中。从目的和方式上看，如果说演讲和讲座以专家主导的信息传递和单向式沟通为主导，那么，培训则强调以更多的参与互动方式，帮助学习者在获取信息过程中理解掌握知识，建构生成知识的意义，以及应用知识创造价值。

　　培训和教研具有共同的工作对象与任务使命，即面对作为成人学习者的教师群体，通过支持和促进教师学习，与教师们合作寻找工作改进办

---

　　① 陈洪捷.知识生产模式的转变与博士质量的危机[J].高等教育研究,2010,31(1):58.

法,以提高教师工作水平。两者在中小学教师队伍建设和学校内涵发展方面所提供的专业支持与服务都发挥着重要作用,只是工作任务重心不同。教研扎根于课堂实践,更需要高于课堂、再生课堂,侧重课堂教学具体行为的指导、调整和完善。它更关注解决教师专业发展眼前出现的"一时"问题,便于即时迁移,虽然属于短线和最为急需,但是容易步入一叶障目的误区,因此,教师教研贵在将即时迁移与长远迁移相结合。培训则着力学科,注重系统知识与技能的传递和对教师工作情感、态度、价值观的引导,凸显课堂价值引领与教师专业发展的应然走向。它强调解决教师专业发展的根基问题,预见、设计、教会教师专业发展"一世"所需的知识、技能、态度等内容,虽然属于长线和最为根本,但是容易步入隔靴搔痒的误区,因此,教师培训贵在将长远迁移与即时迁移相结合。培训与教研在教师专业发展中相得益彰,因此,这里倡导学校和教师专业发展机构通过组织制度改革和工作机制创新的途径走向研训一体、资源整合、使命共担,避免研训工作分离、学校顾此失彼、教师学习负荷超重等问题。如何在"培训"与"教研"工作中扬长避短,发挥"研训一体"的整合效应,值得教师培训师深入思考与研究。

总之,培训与演讲、讲座、教研的根本区别在于:培训是针对最合适的对象,以最合适形式传授最合适的内容,以获得可评估的效果,强调对象、内容和形式等学习要素的高度统一下产生的实用效果,要求针对性和实效性,而不是仅仅关注单一要素的"科学性"。

第二节 为什么培训

一、教师培训的历史发展

在古代官学和私学等教育实体中,教师无须经过专门的教师培训机构培训,当时也没有从事专业化训练的教师培训机构或师范教育。"在早期的欧洲教育中,退伍军人、家庭主妇甚至有了一点儿文字知识的社会闲杂人员都可以充任教师。"①

出于近代普及义务教育的需要,许多国家设置专门的师范学校,采用"学徒制",对教师开展短期职业训练。可以说,这是正规化教师培训的起源。

如果说17世纪的教师培训是"1.0版本",那么,18世纪末期大大改观的教师培训专业化可谓升级到"2.0版本"。这时教育理论有了长足发展,教学方法渐成体系,教学经验积累丰富,教师培训除了学科文化知识的相关课程外,还开设了教育学、心理学、教学实习等方面的课程。②

从19世纪末期到20世纪中叶,第二次工业革命把师范学校推向师范学院发展阶段,教师培训专业化再次升级,我们将之称为"3.0版本"。这一版本呈现出以下特征:大学和学院承担着培养教师的重要角色,通过师范学院培养教师的"定向型师范教育"和通过普通大学培养师资的"非定向型师范教育"并存;强调学科专业水平的"学术性"和教育专业水平的"师范性"争鸣;兼顾职前正规教育的"培养"和职后非正规教育的"培训"。"3.0版"教师培训制度形成,主要由三个重要阶段构成:就职前资格培训、就职岗位能力培训和在职专业继续教育。

师范教育制度所提供的专业训练,为教师职业初步确立了专业地位。然而,20世纪60年代以后,发达国家在教师数量扩展问题得到解决的同时,质量问题日益凸显。教师的专业地位受到质疑。有人认为教师培训时间短,社会地位低,团体专有权难以确立,特有专业知识少,专业自主权缺乏,因此教师职业是"准专业"或"边际专业",不像医生、律师那样达到完全专业化水准。

20世纪中叶以前,教学工作已经发展到由兼职到专职,再由专职到初步专业化。教师培训经历了由"1.0版"到"2.0版",再到"3.0版"的两次升

---

① 教育部师范教育司.教师专业化理论与实践[M].修订版.北京:人民教育出版社,2003:19-20.

② 同②21.

级。人们期待教师培训完成第三次升级——进入完全专业化阶段,通过"4.0版"的教师培训促进教学工作完成专业化升级,达到完全专业化程度。

"4.0版"的教师培训意义在于教师因得到专业化培训而获得专业资格和能力,不仅掌握教育教学必要的专业知识,而且具备教书育人方面的专业能力和专业精神,能够不断适应教育改革和发展的需要,最终作为成熟的专业人员,承担不可或缺的社会责任。

二、教师培训发展的社会背景

现代管理学大师彼得·德鲁克在《后资本主义社会》中提出,我们正进入知识社会,知识像农业社会的土地、工业社会的资本一样,已经成为第一生产要素和社会进步的核心力量。

知识在不断更新。英国科学家詹姆斯·马丁(James Martin)认为人类的科学知识在19世纪每50年增长1倍,20世纪中叶每10年增长1倍,20世纪70年代每5年增长1倍。目前,专家估计科学知识每3年增长1倍。在许多领域,知识的"半衰退期"约为5年,即在学校学到的东西有一半在5年内就会过时。

知识社会也是一个学习型社会——人类学习意识普遍化和学习行为社会化的新型社会。社会成员在一生的任何阶段,都能按照社会要求和个人意愿,利用各种教育资源,享受各种学习和训练机会。学习型社会具有四个基本特征。[①]

第一是学习性。学习成为个人生活和社会生活的重要组成部分,各种社会组织和群体都成为"学习组织"。

第二是主体性。学习是一种生活方式和生活习惯,是学习者自身需要的、主动的、自愿的活动。

第三是终身性。社会与人的发展变化是无止境的,学习活动延续于人的一生。

第四是服务性。学习的途径、方法、手段多样,社会有组织地为公民

---

① 张敏.教师学习理论与实践[M].杭州:浙江大学出版社,2008:12-13.

提供各种学习机会和条件。

教师学习是指在人为努力或外部干预下的教师专业能力的一种相对持久的变化过程，体现出知识获得、技能提升、态度转变、行为转变、经验反思等变化状态。知识化、学习化社会对教师发展与培训提出了期望。首先，教师要成为终身学习者，培训为其提供适合的学习环境和条件；其次，教师要把工作、学习一体化，培训致力于解决教师实际工作中的问题，在解决问题中实现学习；再次，教师从被动接受培训项目转化为主动参与学习项目，培训基于教师学习需求而开展；最后，教师要树立自主学习习惯，培训师要能唤起教师学习的内驱力。

学校是知识传播的场所，更是把知识作为第一生产要素提供给教育服务对象的机构。走出大学校门、走上教学岗位一段时期的中小学教师如果不经常更新自己的知识和教育观念，必定要落伍。

教育变革对教师职业带来巨大冲击与挑战。改革所倡导的理念反映了新的人才素质观，社会要求教师能拥有这些观念，并在实践中落实。在新课程改革背景下，教材的改变、教法的调整和观念的转变，要求教师"必需步出自己实践的舒适地带，接受对自己信念和价值的挑战，并最终改变它们"①。

然而，教师并不会顺利地接受和完成教育改革赋予他们的使命。相反，许多发展中国家教师排斥改革。归纳起来主要有以下五种原因：第一，教师没有看到问题；第二，教师拒绝增加自己工作复杂性的改革；第三，改革的设计者和教师对"什么是有效教学"的看法不一致；第四，教育系统的组织结构不利于改革；第五，改革本身存在的问题只有在大规模实施时才能表现出来。②

中国教师在参与教学改革时更加尴尬和艰难。很多教师成长于传统

---

① 操太圣,卢乃贵. 抗拒与合作:课程改革情境下的教师改变[J]. 课程·教材·教法,2003(1):72.

② 陆瑾. 教师排斥改革怎么办?:发展中国家教改的一个两难问题[J]. 上海中小学管理,1999(10):33-34.

的教育环境,自己却承担着变革教育的使命;由于传统学习评价体系与新课程改革的不协调,教师处于两难境地。另外,新课程改革涉及大量教育教学理念,但是教师工作繁忙,难以系统地学习和掌握这些理论,同时,教师自己所信奉的实践性知识被边缘化。教师需要得到改革设计家们的理解,并在学习方面得到培训组织方的切实帮助,才能逐步由愿意积极参与改革,到掌握新方法适应改革,成为改革的排头兵,甚至发展为改革的推动者和引领者,改变过去一直作为改革被动者的角色。有实效的教师培训体现了对教师的理解和关怀,为教师成长提供"助推器""加油站""高速路",通过帮助和促进教师学习来推进教育改革从理想转变为现实。

21世纪初期的新课程改革,留给我们很多关于教师培训的经验教训。尽管我们在课改中提出了一个重要理念——"先培训,后上岗;不培训,不上岗",但是,这种培训内容是否切合教师实际工作的需要?培训方式是否关注教师作为成人的学习心理规律?培训是否真正有助于广大教师科学理解新课程理念、及时掌握新课程所要求的教学方法和技能、有效实施新课程标准?如果我们仅仅用"命令""制度"或"条件"等外在压力驱使教师走进培训课堂,但培训课程又不能有效地帮助他们解决眼前的问题,培训理念、内容和方式等本身与新课改理念相悖,那么,这种培训很难为这场新课程改革运动发挥积极支持和促进作用。

在今天的教育改革与发展时期,我们对教师培训的期望超过过去任何时代。高素质、专业化、创新型的教师队伍是高质量教育的根本保障,是从人力资源大国走向人力资源强国的奠基石。百年大计,教育为本;教育大计,教师为本;教师大计,学习为本。教师培训为教师学习搭建了重要的智力平台,责无旁贷地承担着新时代赋予的重要使命。

三、教师培训的主要功能

教师培训具有积极的"正向功能",我们可以从教师个体发展、学校组织发展、教育自身改革与发展、社会人力资源开发等角度去认识,但也不能忽视低效和无效的教师培训所带来的"负向功能"。同时,教师培训还存在着"显性功能"与"隐性功能"。

（一）教师培训的正向功能

1. 对教师个体发展的促进功能

教师从入职资格的获得到教育教学工作岗位的定向,再到职后专业发展的不同阶段,都经历着一个学习和变化过程。培训就是为教师不同阶段的学习和变化提供专业服务和支持,促进教师获得必要的专业知识、专业技能、专业能力和专业精神,并不断调整自己的工作行为。在国际师范教育实践中,"专业化"的培训大约经历了知识范式、能力范式、情感范式、"建构论"范式、"批判论"范式和"反思论"范式等六种范式的变迁。[①]每种范式都在强调教师培训对促进教师专业发展的差异价值取向和不同服务重心。

2. 对学校组织发展的保障功能

教师是学校发展的第一资源——人力资源的主体,教师培训是通过对人力资源的投资为学校组织获取有价值的智力资源提供保障。教师就职前培训成为保证学校人力资源质量的首要关口,排除学校聘用不合格教师的可能性;教师就职培训是新教师岗位定向的主要途径,由此获得学校的组织文化、核心价值观、基本工作技能,帮助新教师加快适应学校组织环境和岗位工作要求。教师在职培训目的是保持教师"持续的专业发展"(continuous professional development),为学校教育教学带来变革元素和发展活力。

3. 对教育改革和发展的推进功能

改革和发展是现代教育事业的永恒主题,教师成为实现教育改革和发展目标的一个重要影响因素。教育改革是为一个理想结果而推进变化的过程,如果教师不理解这个理想,对教育改革措施感到迷茫,甚至产生消极排斥情绪,那么教育改革对他们而言就可能只是一张难以施工的图纸。教师培训就是要让教师理解这张图纸并学会积极实施,有效参与教育改革过程,并发挥中流砥柱的作用。

---

① 朱小蔓. 谈谈"教师专业化成长"[J]. 南通师范学院学报(哲学社会科学版),2001(1):87-92.

4.对社会人力资源的开发功能

如果说"教育和培训是人力资本最重要的投资"①,那么,毋庸置疑,教师培训在基础教育改革和发展中发挥先导性作用,具有人力资本投资的双重价值。它既是对社会特定专业技术人群——教师的人力资源开发的资本投资,又是对国家实现从人口大国向人力资源强国转变的重要措施——发展基础教育的人力资本投资。所以,教师培训是生产力。

(二)教师培训的负向功能和隐性功能

以上四点无疑是教师培训的"正向功能",体现的是对教师个人和各类组织发展的"贡献性"作用。然而,这种作用的产生是有条件的,现实中并不是所有教师培训项目或活动都能有效发挥"正向功能"。正如上文提到的"培训无用论"观点,虽然比较偏激,但确实反映出培训机构存在着教师培训质量问题,不仅低效而且产生"负向功能"的现象,如培训带来的工学矛盾,加大教师心理压力;学术权威霸占培训活动的话语权,损害教师作为学习者的积极性和创造性;技术理性权威湮灭教师们实践性智慧的创生;等等。

教师培训的"隐性功能"与"显性功能"是相对的,是伴随着"显性功能"所出现的非预期结果。例如,某一连续 10 天的培训团队研修项目,预期目标是帮助学习者获得教师培训管理的知识和技能,但是,部分学习者的最大学习收获实际却体现在该项目管理团队和培训教师的专业精神对其深远影响。这是培训的非预期结果,属于一种积极的"隐性功能"。又如,某一农村教师培训项目的预期结果是提高教师的专业水平,开阔他们与同行交往的视野,但是,该项目加速了优秀教师在培训后从农村流向城市、从普通学校流向较好学校,给教育均衡发展带来新的问题。这也是非预期结果,属于负向的"隐性动能"。

"显性和隐性功能的区分是相对的,一旦隐性的潜性功能被有意识地开发、利用,就转变了显性教育功能。"②

---

① 贝克尔. 人力资本理论[M].郭虹,等译. 北京:中信出版社,2007:2.
② 全国十二所重点师范大学. 教育学基础[M]. 北京:教育科学出版社,2002:32.

第三节　培训谁

对于一个有效教师培训项目来说,"培训谁"的问题背后蕴含着需要对"谁"的意义再认识。为此,培训师需要在培训前对学员情况展开以下深度调研与分析:第一,根据学员工作岗位要求进行岗位角色划分,分析其岗位职责要求与其胜任力的差距;第二,根据学员专业素质特征进行水平层次划分,分析其学习能力基础和个体学习特征的差异性;第三,根据学员的专业发展任务进行学习项目分类,分析不同学习群体所适宜的学习内容与学习方式。

就普遍意义的教师培训而言,培训师可以从以下三个方面广义研究培训对象。

一、分岗、分层、分类的培训对象

从岗位分类看,培训对象包括学科教师、班主任教师,以及年级组长、教研组长、大队辅导员、团队干部等专兼职教学管理者。他们因岗位职责和工作任务差异,对培训产生不同需求,同时,还共同面临着如何更好地适应当前教育改革和发展的共同要求。

从层次差异来看,教师专业发展水平可以分为入职阶段、成长阶段、成熟阶段和发展阶段。[①] 他们在不同专业发展阶段面临着不同的挑战和学习需求,教师培训应体现出培训层次的针对性,例如,针对入职阶段的教师,开展岗位适应培训;针对成长阶段和成熟阶段的教师,根据学习其需求开展各类专业拓展培训;而针对发展阶段的教师,通常设计高级研修班,帮助他们提炼教育教学经验,促进其教学领导力的发展。

从培训内容分类来看,培训对象打破岗位和层次界限,主要是基于某

---

① 关于教师职业专长发展阶段研究存在着不同理论,专家们提出不同划分阶段。参见:张学民. 教师职业发展与培训[M]. 北京:知识产权出版社,2007:45－64.

项专题学习任务或为了推进某项教育教学改革计划而参与专题培训项目,如新课标、新教材、新教法、信息技术、师德师风、劳动教育、法制教育、安全教育等方面的培训。

在终身学习理念和全员教师培训政策背景下,教师培训对象已经从制度上扩大到全域范围。如何根据培训对象特征,科学建构分岗、分层、分类的教师培训体系,成为教师培训制度建设的重要内容(见图2-2)。

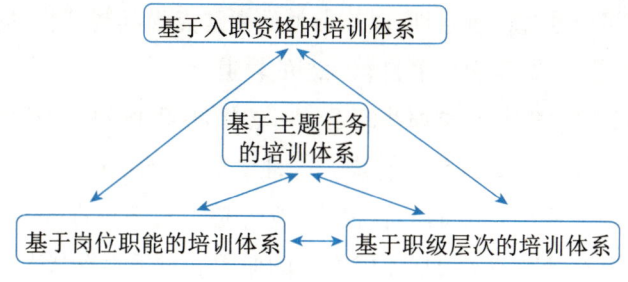

图2-2 教师培训体系的金三角

二、自燃、易燃、可燃、不燃的学习者

孔子认为学习者存在四种状态,"生而知之者,上也;学而知之者,次也;困而学之,又其次也;困而不学,民斯其为下矣"[①]。与此对应,在教师培训对象中也存在处于自燃状态、易燃状态、可燃状态和不燃状态的学习者。

自燃状态的学习者,指那些求知欲强烈、学习积极主动的学习者,他们习惯于自学和工作反思,善于寻找和把握适合自己专业兴趣和职业发展的学习机会,把培训视为专业成长平台,并擅长通过培训生成自己的专业智慧。

易燃状态的学习者,指那些易于受培训环境和学习氛围影响的学习者,他们具有较大的学习潜力和拓展空间,虽然不像前者那样积极主动寻找学习机会,但是,一旦给予阳光,他们就会发出灿烂光辉,需要组织部门

① 陈晓芬,徐儒宗.论语·大学·中庸[M].北京:中华书局,2011:202-203.

为他们提供更多的培训机会。

可燃状态的学习者,指那些具有学习潜力,但没有得到充分激发的学习者。这可能是培训出了问题,或者因为培训的方式不适合学习者,或者因为培训的内容远离学习者需要,或者因为培训的环境和条件具有约束性,扼杀了其学习动机,结果学习者容易处于待燃状态。他们需要培训师为其精心设计适合的培训项目,以促进其专业进步。对于可燃状态的学习者,我们可以通过改善培训,以培训师的智慧点燃其智慧将其待燃状态转化为易燃状态,甚至引导上自燃状态的轨道。

不燃状态的学习者,指那些缺乏学习热情和职业发展动机的学习者。任凭培训怎么激发,他就是不燃烧。这种情况完全由于学习者自身的缘故,或者是缺少积极学习的心智模式,或者是不具备培训要求的基本条件,或者是存在着其他不愿或不能学习的原因。对于不燃状态的学习者,我们要认识到培训不是万能的,培训不能替代管理。今天,教师退出机制、教师资格再认证制度等就在某种程度上昭示着那些不燃状态的学习者将被管理机制所淘汰,离开教师队伍。

实际上,上述四类学习者在教师群体中呈现"枣核"状分布,即两头人群较少,中间群体较大。教师培训师要坚信绝大多数教师学习者是可燃的,关键是我们要学会用培训智慧去点燃他们的学习火焰,助力其教育教学智慧的生长。

三、专家型、经验型、帮助型和问题型学员

从培训对象的专业水平来看,在实际培训工作中经常出现以下四类学员:专家型、经验型、帮助型和问题型。他们在专业特征和学习需求上存在明显差异,适合在不同的培训项目中学习(见表2-1)。

表 2-1　学员类型

类型	专业特征	学习需求	学员来源
专家型学员	显示出自己的教学专长和实践性智慧,但其辐射力和影响力有限	希望进一步提升研究能力和培训能力,发展教学领导力	高端培训项目中的骨干教师、学科带头人、特级教师
经验型学员	已经具备专门的教学知识与技能,但不擅长经验提炼和理论构建	需要在知识、技能、能力、思维、心理、行为等方面获得拓展,提炼自己的工作经验	拓展性培训项目中的熟练教师、学校骨干教师等
帮助型学员	具备良好的工作态度,但缺少足够的知识和技能。需要提供有针对性的培训,使其达到教学岗位和学校组织的基本要求	需要得到教育教学的基本方法、基本技能上的培训,以胜任工作岗位基本要求	上岗培训项目中的新入职教师或担任新学科、新任务的教师
问题型学员	既没有与培训主题相关的经验,也没有积极的培训学习动机,同时缺少专业发展和工作改进的愿望	被动地为培训而培训,是培训工作中尽量避免面对或需要重点转化的对象	唯继续教育学分、唯行政摊派和其他缘由被动参加培训的学员

以上四类学员特征为教师培训师在培训目标设定、培训课程开发、培训方法选择、培训组织管理等方面提供了参考。

第四节　培训什么

教师培训的目的是促进教师学习和工作,培训内容一方面应关注如何提高教师专业化素养,另一方面还要考虑如何引导教师工作行为的积极变化与提高教育教学工作绩效。因此,培训内容应观照现代教师在专业知识、专业技能、专业态度和专业能力等方面的缺失,同时考虑培训要能引导教师行为变化与发展(见图2-3)。

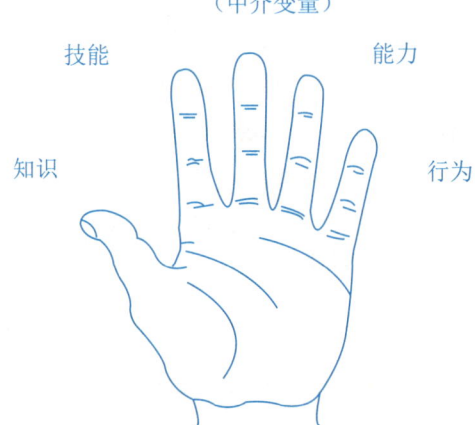

情感、态度与价值观
(中介变量)

技能　　　　　　　能力

知识　　　　　　　　行为

图2-3　教师培训内容五要素

一、知识(Knowledge)

知识是由概念、定义、原则、方法、公式等构成的体系,是人类对已知过程和事件的认识成果,可以通过培训形式传播,帮助学习者在短时间内掌握。

在发展中国家,过去由于教师的文化程度不高,知识成为教师培训的主要内容。我国曾经组织的以学历补偿为目的的中小学教师进修,学习内容主要为(学科)知识。

20世纪80年代,在西方发达国家,教师专业化运动兴起,很多学者提出教师"知识基础"的命题。为强化教师行业标准,人们思考教师应该具有怎样的知识基础、教师培训的核心知识内容应该是什么。

美国舒尔曼教授认为教学需要七种知识的支撑:(1)学科内容知识;(2)通用教学法知识;(3)课程知识;(4)学科教学法知识;(5)学生知识;(6)教育情境知识;(7)有关教育目的和宗旨等知识。舒尔曼强调学科内容知识、通用教学法知识和学科教学法知识是师范教育和教师职业教育培训的基础,也是专家教师必备的知识结构。[1]

---

[1] 张学民. 教师职业发展与培训[M].北京:知识产权出版社,2007:1,28.

我国学者林崇德、申继亮、辛涛认为教师的知识结构包括三类知识：本体性知识、条件性知识和实践性知识。[①] 教师本体性知识是其从事教学活动的基础，也是教师在课堂教学中传授的核心内容。尽管很多研究认为教师本体知识与有效组织课堂教学活动之间不存在直接相关，但事实上教师的学科知识必须达到一定的水准，丰富的学科知识是有效组织课堂教学活动的必要条件。教育学和心理学等条件性知识，可促进学科知识转化到课堂教学之中，使教师的教学活动符合教育学规律和儿童青少年的身心发展规律。实践性知识是教师在其教学实践中积累的经验性知识，具有情境性、个人性、综合性、缄默性和内容特定性的特征，在解决实际问题时发挥了很大的作用。

国外学者研究表明，专家教师和新手教师在教学专长方面的主要区别在于掌握知识的数量和经验的积累，以及各自大脑对知识的组织和加工方面的差异。巴恩斯（Barnes）认为，经过系统的知识培训对教师的职业发展是非常重要的，经过知识培训的新手教师通常能够建构系统的知识结构，这对其教学实践也有很大帮助，而没有经过系统知识培训的新手教师在实际教学工作中的表现就差一些。[②]

教师知识基础和知识结构的研究为教师知识培训提供了认识条件，但是，就一个特定的培训项目来说，培训什么领域的知识、如何选择培训的知识内容、怎样处理培训中新旧知识之间的连贯性和新知识之间的逻辑性、培训的知识与学员已有经验有何联系、这些知识对学员改善实际工作的价值何在、如何设计培训才能保障知识的有效学习、保持、推广和迁移，这些关于知识培训的问题，既是每位教师培训师长期研究的重要课题，也是每个培训项目在实践中选择内容时需要慎重考虑的。

二、技能（Skills）

技能是习得的、与实践相关的动作或操作方式，体现做事的熟练程度

---

① 林崇德,申继亮,辛涛.教师素质的构成及其培养途径[J].中国教育学刊,1996(6):17.

② 同①2.

和技巧。

教学技能是指教师运用自己的专业知识和经验顺利完成某种教学任务的活动方式,包括一般教学技能(口语、观察、体态、书写、朗读等)、基本教学技能(导入、提问、讲解、强化、变化等)、综合教学技能(组织、指导、反应、评价等)和教学技巧、风格四个层次。关于教学技能的类型,各国存在着不同的分类(见表2-2)。

表2-2　四国教学技能分类①

国别	英国	美国	日本	澳大利亚
研究来源	安德鲁·特洛特(Andrew Trott)	斯坦福大学	东京学芸大学	悉尼大学
教学技能分类	(1)变化技能 (2)导入技能 (3)强化技能 (4)提问技能 (5)例证技能 (6)说明技能	(1)变化的技能 (2)导入的技能 (3)总结的技能 (4)非语言性启发的技能 (5)调动学生参与的技能 (6)频繁提问的技能 (7)探索性提问的技能 (8)高层次提问的技能 (9)分散性提问的技能 (10)确认的技能 (11)例证的技能 (12)运用资料的技能	(1)导入的技能 (2)展开的技能 (3)变化的技能 (4)总结的技能 (5)例证的技能 (6)确认的技能 (7)演示的技能 (8)板书的技能 (9)提问的技能	(1)强化的技能 (2)一般提问的技能 (3)变化的技能 (4)讲解的技能 (5)导入与结束的技能 (6)高层次提问的技能 (7)课堂管理与组织的技能 (8)小组讨论指导的技能 (9)个别指导的技能

---

① 孟宪凯. 教学技能有效训练[M].北京:北京出版社,2007:13-14.

国别	英国	美国	日本	澳大利亚
教学技能分类		（13）有计划地重复技能 （14）交流的完整性技能		（10）发现法指导及创造力培养的技能

　　以上各个方面的教学技能又包括若干子级教学技能,构成复杂的教学行为系统。它既包括在教学理论基础上,按照一定方式进行反复练习或由于模仿而形成的初级教学技能,也包括在教学理论基础上因多次练习而形成的达到自动化水平的高级教学技能,即教学技巧。

　　教师教学技能一方面可以通过教师经验积累、反复实践、自觉控制和校正而形成,另一方面也可以在培训师的指导下借助有策略的练习和操作而习得。

　　技能培训是我国教师培训的重要内容。我国通常采用微格教学、课例研修、教学基本功训练、教研观摩与指导等方式,对师范生和在职进修教师进行技能训练,行之有效地促进了教师专业能力发展。

三、能力（Abilities）

　　能力是指人们顺利完成某种活动的心理特性,分为一般能力(如观察力、判断力、想象力等)和专业能力。

　　教师能力是指教师在从事教育教学工作过程中,有效解决工作问题必备的教育教学能力,可以被看为教师知识、技能和态度的综合体。

　　从教学论的理论逻辑来看,教学能力包括教学设计能力、教学实施能力、教学评价能力,教学改进能力;从教师专业发展的实践逻辑来看,教学专业能力包括备课能力、说课能力、上课能力、讲课能力、评议课能力。另外,中国教师在学校中承担的角色是多样的,所以还需考虑教师的教育能力,包括班级管理能力、班会组织能力、与家长和社区沟通协调的能力等。[①]

美国国际培训、绩效、教学标准委员会(International Board of Standards for Training, Performance and Instruction)提出较为宽泛的教师能力概念,统合了教师必备的专业知识、技能与态度。2004 年修订的《教师能力标准》(Instructor Competencies: Standards for Face-to-Face)从专业基础、计划与准备、教学方法与策略、评估与评价、教学管理等五个能力维度,描述了教师能力标准的 18 项能力以及 98 条具体绩效指标[②],在教师教育目标和内容方面提供了重要参考。

对于教师培训来说,重要的是在认识教师基本专业能力的基础上,考虑教育改革与发展对教师岗位提出的新的能力要求与教师专业能力现状之间的差距,以及培训填补此类差距的可能性。一方面,培训师需要具有对能力培训需求的敏感性,明确哪些能力对教师改进工作绩效来说是最重要、最紧急的;另一方面,应该研究学习者的潜能或能力倾向性,知道哪些能力是在现有培训条件下能帮助学习者形成与达到的。

四、情意内容——中介变量(Intervening Variables)

现代教师培训越来越关注培训绩效,不仅要看培训后教师掌握的知识、技能和能力,还要看培训给教师工作行为带来的影响与变化。知识、技能和能力要转变为行为,还需要一系列的中介变量的作用。这些中介变量更多地被认为是由情感、态度、价值观组成的情意内容。

情感是人脑对客观现实与个人需要之间关系的一种反映,是对客观事物是否符合自己的需要而产生的主观体验。[③] 情感不仅指学习热情和

---

① 朱旭东. 教师教育标准体系的建立:未来教师教育的方向[J]. 教育研究,2010(6):30.

② 克莱因,等. 教师能力标准[M]. 顾小清,译. 上海:华东师范大学出版社,2007:18 - 23.

③ 沈德立,阴国恩. 非智力因素与人才培养[J]. 北京:教育科学出版社,1991:120 - 121.

学习兴趣,还包括爱、快乐、审美情趣等丰富的内心体验。① 情感培训的主要目标是解决"爱"的问题,旨在促进教师认识情感教育的意义,体验情感教育的价值,掌握情感教育的方法,为教师形成情感教育的工作习惯和能力提供认知、情境和方法方面的学习支持。

近年来,教师的社会情感学习(Social Emotional Learning, SEL)与能力培训受到关注。2012 年以来,教育部教师工作司与联合国儿童基金会合作,在我国西部五个省(市、区)的五个项目县 250 余所中小学校实施了为期五年的"社会情感学习与学校管理改进项目"②。2013 年,在广西师范学院举行了"社会情感学习"项目教师培训者培训。③ 教师作为与学生直接接触并且关系密切的教育者,培养具有良好社会情感能力的学生,需要同样具备良好社会情感能力的教师。④ 由此,教师社会情感能力作的独立研究内容与专题培训项目进入教育工作者视野。

态度是人们在自身道德观和价值观基础上对事物的评价和行为倾向,包括学习态度、工作态度、生活态度、人生态度等。教师以什么样的态度面对学生,决定着学生的成长;以什么样的态度对待工作,决定着工作的成败。倘若教师掌握了扎实的知识和过硬的技能,但缺少积极工作态度,那么,教学工作很难取得成效。

态度培训主要目标是解决"愿"的问题,旨在促进教师认识自己的社会角色,明确自己的职业道德规范;正确看待学生,学会建立良好的师生关系;正确看待自己与同事的关系,学会团队合作;正视生活生存环境和工作压力,学会心理调适;正确看待教育教学工作面临的挑战、变化和责

① 赵德成.新课程实施中的情感、态度与价值观评价[J].课程·教材·教法,2003(9):11.
② 毛亚庆,杜媛,易坤权,等.基于学生社会情感能力培养的学校改进:教育部－联合国儿童基金会"社会情感学习"项目的探索与实践[J].中小学管理,2018(11):31-33.
③ 石义堂,李守红."社会情感学习"的内涵、发展及其对基础教育变革的意义[J].当代教育与文化,2013,5(6):46.
④ 吴际.教师社会情感能力提升的"一体化"模式探析[J].中小学心理健康教育,2020(21):4.

任,愿意积极努力改善工作。

价值观是主体针对特定的客观事物(包括人、物、事)以及自己行为的总体性的好的、有益的评价,是推动以及指引主体采取决定和行动的原则、标准体系。

价值观培训的主要目标是解决"魂"的问题,旨在促进教师形成正确的价值观念,培育他们的价值理性,丰富他们的价值情感,激励他们树立积极的价值信念,为教师将价值观念有机融入日常工作和生活中,形成优秀的价值品质奠定基础。

从横向上看,情意内容三要素具有相对的独立性,它们描述了人的情意领域的完整画面;而从纵向上看,这三个要素具有层次递进性,它们构成了一个由低级到高级的情意发展连续体。[①] 情感影响态度,是态度形成的重要支撑力量,如果将某个特定对象与某种感觉形成稳定的联结后,就会形成对该事物稳定的态度;态度的核心是价值,价值是理性判断的结果,长久稳定的价值判断就成了价值观。反过来看,价值观影响着人们态度和情感的形成,如果没有对事物价值的权衡,根本无所谓产生何种情感、形成何种态度。

心理学研究和大量成功培训案例表明,情感、态度与价值观是可以改变的。培训能促进教师形成积极工作态度,培训能点燃教师热爱教育的激情,培训也能帮助教师调整不当的价值观念。但需要注意的是,积极的态度、情感与价值观不能仅靠培训,更关键的要靠管理工作本身,体现管理育人。因为培训能激发动力,但维持持久的动力要靠管理,专业化和人性化的学校工作环境、教育制度环境、社会文化环境是良好师德品质形成的保障,否则,培训得来的态度、情感与价值观会"来得快,去得快",甚至让教师更加失望,更加消极。

"师德为先"是我国教师专业标准的重要理念之一,教师培训要在师德教育上有更新突破、更大作为、更多贡献。在一个学习化的社会,在一

---

① 赵德成.新课程实施中的情感、态度与价值观评价[J].课程·教材·教法,2003(9):11.

个终身学习的时代，在一个归根结底任何学习都以学习者为主体的时代，我们更需要去研究的是人究竟是怎样发生道德学习的，人是否有道德学习的潜能，怎么对待、怎么开发、怎么去呵护、怎么去发掘这种道德潜能。①培训作为教师学习的一个重要途径，是单独开发有关态度、情感、价值观方面的培训项目，还是在各种学科知识、技能、行为和能力培训项目中渗透这些中介变量元素？如何将教师的专业知识、专业技能、专业行为与这些中介变量通过培训的嫁接作用，促进教师专业能力和专业精神在实际工作中获得提升，为高素质、专业化、创新型教师队伍做出贡献，这些应是我们教师培训内容的重中之重。

五、行为(Behavior)

行为是指人们一切有目的的活动，它是由一系列简单动作构成的、在日常生活中所表现出来的一切动作的统称。

从培训绩效来看，行为变化是培训最关心的事情。在教师培训的观念上，我们却陷入了这样的误区：认为教师获得了知识会自然导致教学行为的改变，教学的质量与效果就会随之提高和改善。② 教师在培训中获得的知识、技能、能力，在积极的态度、情感与价值观等中介变量作用下，需要转化为教育教学中的实际工作行为，体现出对学生学习进步、教师同行成长、学校组织变革与发展的持续的积极影响和有效作用。

缺少行为培训，培训中容易出现只有"感动""激动"和"心动"，而没有"行动"的现象，这样从长期看培训效果将会弱化、衰竭甚至消失。

泰勒主张"工作可以被研究，可以被分析，可以被分割成为一系列的简单重复动作，每个分割动作都要以最好的办法，用最节省的时间，使用最适当的工具去完成"。培训诞生了！在此前，人们都崇尚技艺的师徒、

---

① 朱小蔓. 道德学习与脑培养[J]. 沈阳师范大学学报(社会科学版),2005(2):8.
② 张立昌. 自我实践反思是教师成长的重要途径[J]. 教育实践与研究,2001(7):2.

父子传授。①

学校教学工作能否这样？或者某些工作环节是否可以被研究，找出规律，总结经验、案例，提供工具，进而通过行为培训使教师改进教育教学？

教师培训的五大培训内容要素即知识、技能、能力、情意和行为，犹如拳头中的五指，单独一个要素产生的力量是有限的，只有紧紧攥在一起，形成合力，才能有效解决教育教学中的问题。很多优秀教师之所以优秀，正是因为善于凭借经验将这五大元素整合，生成自己独特的教育教学智慧。教师培训师要有意识地帮助学员运用系统思维学习和整合这些培训内容要素，拓展他们创造性思维方法和问题解决能力。

由于知识、技能、能力、情意和行为五要素的学习目标定位不同，教师培训师必须掌握各要素的差异性培训策略。

知识学习贵在有效提取，培训师要善于帮助学员体验和运用多种记忆方法有意义地理解和建构知识，而不是机械地灌输。这些记忆方法包括左右脑记忆、多线索记忆、分类记忆、精加工记忆、重复记忆等。

技能学习的关键是通过刻意练习形成自动化反应。培训师可以采取观察模仿、分解练习、完整试做、反馈纠正和反复练习的技能训练策略，像教练那样指导学员掌握技能。单一的讲授很难让学员学到技能。

无论是知识学习还是技能训练，都需要学员具有学习意愿，乃至情感、态度与价值观方面的情意基础。因此，在知识和技能学习中要伴随着情意学习元素的调控与支持。情意学习的目标定位在于"改变"，情感、态度与价值观的学习不同于知识"记忆"和技能"练习"，权威的、可信的、感人的说教策略有时候会发生积极作用，但是有时候面对"心灵盔甲"强硬的学员，其影响力是有限的，这就需要培训师掌握价值引导、榜样示范、认知冲突、情境感染等多管齐下的学习引导策略。② 有关人的情意方面的改变策略，培训师可以进一步查阅当代社会心理学的研究成果，通过学习和

① 德鲁克. 后资本主义社会[M]. 傅振焜，译. 北京：东方出版社，2009：18.

② 田俊国. 精品课程是怎样炼成的[M]. 北京：电子科学出版社，2014：46－99.

研究人类社会心理特征,掌握更多影响力武器。① 行为培训策略既包括培训期间的行为训练和活动指导,又包括培训后的工作行为跟踪和指导。只有行为培训与知识、技能和情意三个要素培训整合起来,才能保障"能力"培训的有效性。培训师要避免步入知识、技能、情意或行为等单一要素的变化等同于"能力提高了"的培训误区。

今天,企业界售后服务的理念值得教师培训师反思与借鉴。我们的教师教育,无论是培养还是培训,如果变成售后概不负责,那么,我们的顾客就不会满意。遗憾的是教师教育问责制度还未形成,我们作为教师的教师,需要在职业道德上加强自我约束,强化社会责任感,不停反思究竟培训什么才能有助于教师工作做得有效。

第五节　依据什么培训

对教师培训师来说,学科和学科教育学属于从事教师培训工作的本体性知识。涉及培训专业化方面的知识,如人力资源管理、成人教育学、学习心理学、社会心理学等则属于条件性知识,它们帮助培训师更有效地设计、开发、传递学科和学科教育学知识与赋能。教师培训师在培训与管理工作中长期积累下来的经验非常重要,是培训师实践性智慧的重要部分。成功的教师培训师不仅具备这些条件性知识和实践经验,而且善于针对培训中的具体问题,遵循教师培训原则,统合理论知识与实践经验,最终寻找到解决问题的有效方法。

一、教师培训遵循的原则

(一)实效性原则

实效性原则体现出教师培训要追求切实效果,包括三个层面的意义。

---

① 西奥迪尼.影响力[M].闫佳,译.杭州:浙江人民出版社,2015.

一是对于委托方和承训机构来说的工作效率，即培训产出与培训投入之比，通俗地讲就是在完成培训任务时，取得的绩效与所用时间、精力、金钱等的比值。教师培训属于智力投资，其投入成本不仅仅包括可以明确计算的会计成本，还应将机会成本纳入进去。培训产出不能仅仅以即时的学习成果来衡量，更不能单纯以传统的经济核算方式来评价，它包括多层的学习效果和长期潜在发展的因素。二是对学员来说的学习效果，即学员的学习收获与成果。教师培训本质上是促进教师有效学习与工作，学习效果表现为学员良好反应、对知识技能掌握程度以及可视化学习成果。三是对于学员的工作单位和派送机构来说的组织效用，即培训产出和学习收益所带来的工作价值与组织效益。学习效果能否和多大程度上能够迁移到工作改进上，一直是中小学幼儿园等送培机构所关注的培训实效性问题。

贯彻实效性原则，教师培训师一方面要树立教师培训的"绩效意识"，设计或预测培训要实现哪些目标，解决什么最有价值的问题，为多方利益相关者带来哪些可见的和潜在的收益；另一方面教师培训师要掌握教师培训的"核心技术"，包括培训项目研发、培训质量监控、培训课程设计、培训方法运用等方面的理念、方法、策略和工具。另外，通过"追踪指导""绩效评估""再培训与行为跟进"等训后持续性的专业服务，实现三个转化："外在要求转化为内在需求""外在知识转化为内在能力"和"内在素质转化外在行为和工作绩效"。

（二）针对性原则

针对性是实效性的基本前提条件，教师培训须有针对地满足学员的特定学习需求，才能保证培训的"实效性"。这些特定需求可能体现为知识方面的，也可能是技能方面的，还可能是综合能力方面的，甚至是专业情意方面的。

贯彻针对性原则，教师培训师要在以下方面把握学习需求的差异性：不同专业发展阶段（新手期、成熟期、发展期等），不同学科教学领域（语文、数学、英语等），不同教育角色岗位（班主任、学科组长、年级组长、心理辅导员等），不同区域（农村与城市、东部与西部、少数民族聚集地与普通地区等），不同类型学校（小学、初中与高中，职业中学与普通中学等），以及不同学员个体等。

虽然面对不同时期的教育问题焦点、重点、难点，教师培训需要不同程度地体现社会、政府和其他教育消费者对教师专业发展的诉求。但是，某一特定培训项目要想有效满足全部需求是有限的。因而，教师培训师应在有限的培训投入和培训条件下，面对具体培训对象的多样化需求，通过有选择性地设定培训主题和目标，采取因材施教方法，聚焦培训可能解决的特定问题，以便支持学习者的个性化需求。

（三）以学习者为中心原则

以学习者为中心原则强调培训要突出学员的主体地位，尊重和满足学员个体学习需要，基于学员丰富的工作经验和生活经验，激发学员高层次学习动机，激活学员积极进取的自我概念、价值观念和态度体系，充分挖掘学员学习潜能。

贯彻以学习者为中心的原则，培训应该最大限度地成为让学员自己完成学习的过程，教师培训师要做的就是发挥引导作用。为此，教师培训师要研究和掌握教师作为成人的学习规律，充分认识到教师学习的自主性，发挥教师在学习中的自我导向作用，避免以培训"操纵"教师学习；认识到教师培训的实践性，在培训中加强实践性环节，提高教师解决各种实际问题的能力，避免以知识为中心的培训；认识到教师作为成人学习者的社会阅历非常丰富，学员之间的知识水平、实践经验、专业背景、工作环境各有千秋，教师培训师要注重引导学员相互切磋，激发学员们的思想火花，避免"一言堂"培训剥夺学员参与交流的机会；认识到教师生活的挑战性，教师承担着学校、家庭和社会等多种角色，难免存在功利主义的学习倾向，而且常常伴随着心理焦虑、工作与生活压力、工学矛盾等问题，教师培训师不仅要提供便捷、实用和有效的培训服务，而且要在培训的细微环节上施以人文关怀，避免僵化的制度和冰冷的态度妨碍教师战胜各种困难与建立学习信仰。

（四）创新性原则

教师培训是为教师专业化发展提供的一种持续的专业性补给服务。

随着过去学历进修"知识补偿"性任务的完成，其服务产品的价值已经远远超过教师培训师过去在大学里获得的"老本"，不再是一劳永逸的"贩卖"，而是在实际工作中的知识积累，或者在重返大学期间的知识升级，抑或在工作与学习交替进行中的知识创新。

今天，面对"实践导向""问题中心"和"能力为本"的培训需求特征，大学"批发"的知识产品已经越来越不适宜直接供应给教师培训课堂这一"市场"。如果说在大学里得到的东西有价值的话，那么，至少要经过一个加工环节——基于学术研究与实践探索创新开发成教师学习的培训产品，摒弃"生硬"的材料和"堆砌"的观点。此外，教师培训师日积月累积攒下来的个体经验，对于教师学习者来说，虽然极其宝贵，但在不断变化的教育改革和发展环境中，它所能给予教师们用来"充电"的能量只是"杯水车薪"。

贯彻创新性原则，教师培训师要把教师培训作为专门的学科领域，通过知识加工、经验积累、工作反思、专业研究等方式，把知识创新作为培训服务产品进行深度研发，为教师持续学习的"加油站"提供智力能源；超越教师当前需求，开发教师培训前瞻性的课程与资源，以引领教师适应未来发展需要，遵循教师学习规律，不断优化教师培训方式，以促进教师用主动学习替代被动培训。

(五)发展性原则

发展性原则首先体现为教师培训兼顾个体发展和组织发展的双重目标，即通过培训帮助教师改善工作，以促进他们的学生发展和学校组织发展，进而为教育发展和社会进步做出更大贡献。其次体现在教师培训不仅要满足教师当前岗位工作问题解决的基本需要，而且要着眼适应未来可持续发展的潜在需求，为教师终身学习和专业化发展服务。最后体现在教师培训师自身的专业化和可持续发展问题。如果教师培训师自身不能与时俱进，达不到专业化程度，那么，也就很难引领教师专业化发展。

贯彻发展性原则，教师培训师要基于内涵发展和可持续发展的理念，走教师培训专业化道路。教师培训师不仅要把握学科发展规律，而且要研究教师专业化发展和成人教育规律，深入开展教师培训理论、培训政策和培训实践方面的系统研究,推进教师培训专业化。

二、教师培训的理论基础

(一)学习理论的启示

在现代培训理论体系中,学习理论成为培训活动设计与教学的重要理论依据。学习理论研究的关键问题包括:何谓学习,学习是如何发生的,哪些因素影响着学习,记忆的作用是什么,迁移是如何发生的,为了促进学习应如何安排课程与教学,等等。许多心理学家对此类问题进行了大量研究,提出各种学说、原理和假设,揭示出学习过程的心理特征、生理机制和变化规律。纵观学习心理学的发展,学习理论的流派众多,它们虽然观点不同甚至分歧很大,但是都从不同角度为学习活动设计奠定了坚实的理论基础。

1.行为主义学习理论

行为主义者认为,学习是刺激与反应之间的联结,他们的基本假设是:行为是学习者对环境刺激所做出的反应。他们把环境看成是刺激,把伴随而来的有机体行为看作是反应,认为所有行为都是习得的。其中,代表性理论包括桑代克的联结主义理论、斯金纳的操作性条件作用理论和强化原理。

行为主义学习理论应用在培训教学实践上,就是要求培训师掌握塑造和矫正学员行为的方法,为学员创设一种环境,尽可能在最大程度上强化学员的合适行为,消除其不合适行为;小步骤地呈现学习材料,培训活动单元之间的难度是递进式;关注培训情境与学员反应之间的联结,做好训前准备和训中练习强化;重视师生交互活动,对学员反应给予及时反馈与调整;将培训目的和期望明确为具体化目标——学员能够显现的具体行为可观测、可评价;等等。

2.认知主义学习理论

认知主义学习理论与行为主义学习理论相对立,学习就是面对当前的问题情境,在内心经过积极的组织,从而形成和发展认知结构的过程,强调刺激、反应之间的联系是以意识为中介的,强调认知过程的重要性。

其中，代表性理论包括格式塔心理学、皮亚杰的认知结构理论、布鲁纳的认知发现说、奥苏伯尔的认知同化论和加涅的信息加工理论等。

认知主义学习理论为培训带来的启发包括：一是培训师要重视学习者在学习活动中的主体价值，充分肯定和调动学习者的自觉能动性；二是培训师要重视认知、意义理解、独立思考等意识活动在学习中的重要地位和作用，充当学员学习的帮助者、支持者、促进者的角色；三是培训师要重视学习者在学习活动中的准备状态，基于学习者原有经验，建立新旧知识之间的联结；四是培训师要重视学习强化的功能，不过与行为主义者不同的是，要把学员学习看成是一种积极主动的过程，因而重视其内在的动机与学习活动本身带来的内在强化的作用；五是培训师要重视学员学习的创造性，为学员学习营造一个平等对话和专业自主的氛围，积极鼓励和引导学员在真实的工作场景中学以致用。

3. 建构主义学习理论

建构主义学习理论属于认知学派，只是相对于其他认知理论而言，它更侧重于研究学习者如何解释情境和发展认知结构。行为和认知理论都认为教学目标是让学习者获得反应，获得外部世界的知识。与它们不同的是，建构主义理论认为，学习者在获取信息的过程中往往根据自己的需要、意向、态度、信念和情感对其进行加工。建构主义者还相信教学有赖于学习者和环境的交互作用，在真实的情境中才有认知，因而在教学设计时一般要确定哪些教学方法和策略将有助于学习者探索问题与发展思维，并鼓励学习者形成自己对知识的理解。

建构主义学习理论对当代教育教学改革产生较大影响，同样给培训也带来很多启发。"以学员为中心""以案例为载体""问题解决式学习""参与式""情境式""体验式""引导式"等，这些为培训界所耳闻眼熟的培训方法术语，都深深带着建构主义的思想元素。今天，越来越多的培训师提倡和践行"以培训师为引导、以学员为中心"的参与式培训模式，也就是说，既强调学员的认知主体作用，又不忽视培训师的指导作用。培训师是意义建构的帮助者、促进者，而不是知识的搬运工与灌输者；学员是信息加工的主体、是意义的主动建构者，而不是外部刺激的被动接受者和被灌输的对象。

4.社会学习理论

社会学习理论的诞生源于美国心理学家阿尔伯特·班杜拉(Albert Bandura)的奠基性研究。他作为认知—行为主义者深入探讨个人的认知、行为与环境因素三者及其交互作用对人类行为的影响,着眼于观察学习和自我调节在引发人的行为中的作用,重视人的行为和环境的相互作用。他提出的"交互决定论""观察学习""榜样学习"和"自我效能理论"等社会学习论非常值得培训师学习与借鉴。

第一,交互决定论。班杜拉的社会学习理论还详细论述了决定人类行为的诸种因素。班杜拉将这些决定人类行为的因素概括为两大类:决定行为的先行因素和决定行为的结果因素。

决定行为的先行因素包括学习的遗传机制、以环境刺激信息为基础的对行为的预期、社会的预兆性线索等。决定行为的结果因素包括替代性强化(观察者看到榜样或他人受到强化,自己也倾向于做出榜样的行为)和自我强化(当人们达到了自己制定的标准时,他们以自己能够控制的奖赏来加强和维持自己行动的过程)。

班杜拉在批判环境决定论和个人决定论基础上提出了交互决定论,即强调在社会学习过程中行为、认知和环境三者的交互作用(见图2-4)。

环境决定论认为行为 B 是由作用于有机体的环境刺激 E 决定的,即 $B = f(E)$;个人决定论认为环境取决于个体如何对其发生作用,即 $E = f(B)$。班杜拉则认为行为、环境与个体的认知(P)之间的影响是相互的,但他同时反驳了"单向的相互作用"即行为是个体变量与环境变量的函数,即 $B = f(P, E)$,认为行为本身是个体认知与环境相互作用的一种副产品,即 $B = f(P * E)$。班杜拉指出,行为、个体(主要指认知和其他个人的因素)和环境是"你中有我,我中有你"的,不能把某一个因素放在比其他因素重要的位置,尽管在有些情境中,某一个因素可能起支配作用。他把这种观点称为"交互决定论"[①]。

---

① 施良方.学习论[M].北京:人民教育出版社,1994:376-379.

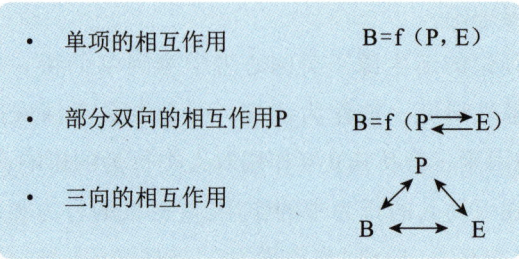

图2-4 相互作用的三个模式

第二，观察学习。班杜拉强调观察学习在人的行为获得中的作用，认为人的多数行为是通过观察别人的行为和行为的结果而习得的。依靠观察学习可以迅速掌握大量的行为模式。

班杜拉所强调的是这种观察学习属于模仿学习。在观察学习的过程中，人们获得了示范活动的象征性表象，并引导适当的操作。观察学习的全过程由四个阶段（或四个子过程）构成①（见图2-5）。注意过程是观察学习的起始环节，示范者行动本身的特征、观察者本人的认知特征以及观察者和示范者之间的关系等诸多因素影响着学习的效果。在观察学习的保持阶段，示范者虽然不再出现，但他的行为仍给观察者以影响。要使示范行为在记忆中保持，需要把示范行为以符号的形式表象化。通过符号这一媒介，短暂的榜样示范就能够保持在长时记忆中。观察学习的第三个阶段是把记忆中的符号和表象转换成适当的行为，即再现以前所观察到的示范行为。这一过程涉及运动再生的认知组织与根据信息反馈对行为的调整等一系列认知和行为的操作。能够再现示范行为之后，观察学习者（或模仿者）是否能够经常表现出示范行为要受到行为结果因素的影响。行为结果包括外部强化、替代性强化和自我强化。班杜拉把这三种强化作用看成是学习者再现示范行为的动机力量。

---

① 施良方.学习论[M].北京:人民教育出版社,1994:386-391.

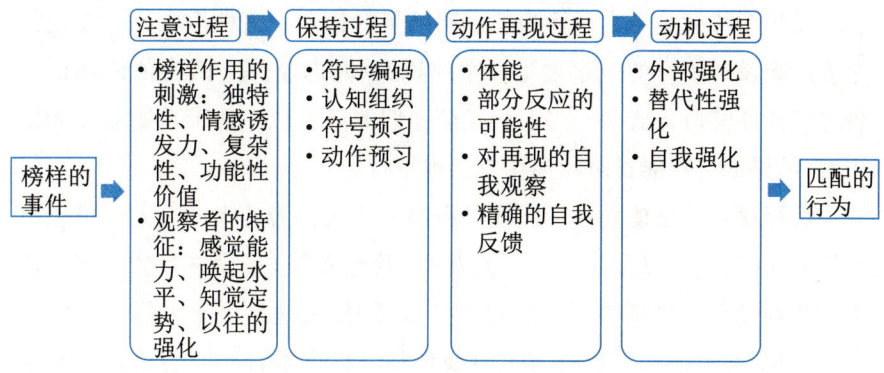

图 2-5　观察学习的四个子过程

第三,学习的影响要素。班杜拉认为观察榜样不能保证学习一定发生,也不能保证习得行为一定会表现出来。影响观察学习的要素很多,其中包括学习者的发展状况、榜样的声望和能力、替代性结果、结果期待、目标设立和自我效能感。

学习者向榜样学习的能力依赖于他们的发展状况,包括注意力延长、信息加工、使用策略、将行为与记忆表征相对照以及使用内部激励等能力的增强。

班杜拉提出"榜样学习"理论,研究榜样行为的价值。人的行为可以通过观察学习过程获得,但是获得什么样的行为以及行为的表现如何,则有赖于榜样的声望和能力。榜样是否具有魅力、是否拥有奖赏、榜样行为的复杂程度、榜样行为的结果和榜样与观察者的人际关系都将影响观察者的行为表现。人们去注意榜样的行为,在某种程度上是因为他们相信自己可能也会碰到与榜样相同的情形,并且他们想从榜样那里学到如何成功应对这些情形。

替代性结果是指榜样行为的结果会告知观察者行为的合适程度以及行为可能带来的结果。如果看到榜样的行为受到奖励,观察者就更可能去注意榜样,并对其行为复述和编码以进行储存。当学生看到学习努力、成绩好的学生被表扬并给予高分时,其动机能得以提高。但只有学生相信自己的努力能使成绩提高,他们动机才会自始至终保持不衰减。

结果期待就是个人对行为的预期结果的信念。这种信念建立在他们个人经验及对榜样的观察之上。个体以某种方式行动,因为他们相信这种方式能使其取得成功。当人们相信他们的行为最终能带来所需要的结果时,结果期待就能长时间地让自己维持行为。

目标设立就是建立一个标准以作为一个人行为的指向。人们可以自己设立目标,也可以由他人(父母、教师、管理者等)来设立目标。人类许多行为在没有外界刺激下也能够维持很长时间,这是由于人们对行为设定了目标,并对行动过程进行了自我评估。目标本身并不会自动提高学习效果和动机,而目标的确定性、渐进性及难度适当能促进个体的自我认知、动机和学习。

自我效能感是指个体对自己的学习或行动能够达到某个水平的信念,在面临某一任务活动时的胜任感及自信、自珍、自尊等方面的感受。也就是说,自我效能感是个体相信其能干什么,而不是个体知道应该干什么。自我效能也可称作"自我效能感""自我信念""自我效能期待"。班杜拉对自我效能的形成条件及其对行为的影响进行了大量的研究,指出自我效能的形成主要受五种因素的影响,包括:(1)行为的成败经验(成功的经验可以提高个体自我效能感,使个体对自己的能力充满信心,反之,多次的失败会降低对自己能力的评估,使人丧失信心);(2)替代性经验(个体通过观察他人的行为获得关于自我可能性的认识);(3)言语劝说(他人的暗示,说服性告诫、建议、劝告以及自我规劝);(4)情绪的唤起(在充满紧张、危险的场合或负荷较大的情况下,情绪易于唤起,高度的情绪唤起和紧张的生理状态会降低对成功的预期水准);(5)情境条件(当个体进入一个陌生而易引起焦虑的情境中时,会降低自我效能的水平与强度)。

班杜拉的学习理论为教师培训经常采取的现场观摩、课例研修、同伴研修、名师示范、跟岗研修、影子培训、师傅带徒等培训与学习方式提供了重要理论支撑,同时也为教师培训师深入研究与创新情境式、体验式、参与式、建构式等培训模式带来借鉴和启发。

5. 激励理论

激励理论是研究如何调动人的积极性的理论。现有的激励理论主要分为两大类:一类强调激励的内容,人们称之为内容型激励理论,如马斯洛的需要层次理论和麦克利兰的成就需要理论;另一类理论强调激励内容为激励对象所接受并产生一定激发力的过程,称之为过程型激励理论,如弗洛姆(V. H. Vroom)的期望理论、斯金纳的强化理论和洛克的目标设置理论。

需要理论解释了学员对一种学习成果的价值取向。需要是一个人在一段时间内的每一时刻都会感到的不足,人们以一定行为方式来弥补这种不足。马斯洛的需要层次理论注重的是生理需求、社交需求和成长需求。他认为,人们首先要满足低层次需要,然后随着低层次需要的满足,才会追求更高层次的需要。麦克利兰认为,具有强烈的成就需要的人渴望将事情做得更完美,提高工作效率,获得更大的成功,他们追求的是在争取成功的过程中克服困难、解决难题、努力奋斗的乐趣,以及成功之后的个人成就感,他们并不看重成功所带来的物质奖励。麦克利兰的需要理论主要强调成就需要、归属需要和权力需要,这些需要可以通过学习来实现。① 成就需要与达到并维持自己设定的成就标准相关,归属需要关注的是建立和保持紧密联系并为他人所接受,权力需要关心的是取得信任、影响和声誉。

需要理论带给教师培训师的启示是为激励学习者学习,培训师要了解学员的需要,并使培训内容与这些需要相一致;培训师要为学员提供更多选择培训项目和课程的自由,体现出培训的供需一致;学员在很多情况下不知道自己需要的是什么,培训师需要研究和开发培训项目,展示和引导学员的学习需要。

期望理论假定个体是有思想、有理性的人,对于生活和事业的发展,他们有既定的信仰和基本的预测。因此,分析激励雇员的因素时,我们必须考察人们希望从组织中获得什么以及他们如何实现自己的愿望。② 期

① 诺伊.雇员培训与开发(第三版)[M].徐芳,译.北京:中国人民大学出版社,2007:107-108.

② 袁勇志,奚国泉.期望理论述评[J].南京理工大学学报(社会科学版),2000(3):45-49.

望理论认为一个人的行为基于"行为预期""实现手段"和"效价"三个因素。行为预期是指相信完成一个行为的意图与实际执行结果之间有关的想法（学员认为自己能学会吗？）；实现手段是指认为执行给定的行为与特定成果之间存在关联（学员相信能够获得承诺的培训成果吗？）；效价是指一个人对一种成果的评价（与培训相关的成果有价值吗？）。

期望理论带给教师培训师的启示是，有效培训可能在以下情况发生，即学员相信自己能够完成培训项目内容（行为预期），培训与自己教育教学工作改进、专业发展、学历学位提高和职称晋升等成果有关（实现手段），并且学员认为这些成果是有价值的（效价）。

强化理论认为，人们受到激励去实施或避免某些行为是由这些行为过去导致的结果。强化理论包括以下几个过程：正强化是对满意行为成果的加强，负强化是对不良结果的排除。通过正强化和负强化，根除一种行为的过程称作消失。惩罚是在某种行为之后展示不良后果，由此导致该行为减少。①

强化理论带给教师培训师的启示是，为了让学员获得知识、改变行为方式或调整心智模式，培训师要知道学员认为哪些成果属于正向成果，哪些属于负向成果，然后把学员希望得到的成果与培训目标联结起来。学员参加培训可以获得几种好处，这些好处可能是与工作相关的问题解决方法和技能，也可能是与自己职位提升和薪酬增加相关的学分或文凭，还可能是与自己专业素养提高紧密相关的知识和体验。培训师设计培训课程时要充分考虑学习者掌握这些培训内容后获得的好处，以便提高培训的有效性。

目标理论是研究目标与行为关系的一种理论，它认为人的行为是实现目标、满足需要的活动。目标理论包括目标设定理论和目标导向理论。一个人的行为方式是由其有意识的目标和意图所决定的。目标会通过引导精力和注意力的分配，支持长时间的努力，激励个人为达到目标而进行战略开发来影响行为方式。只有人们全心全意为目标而努力，目标才能

---

① 诺伊.雇员培训与开发(第三版)[M].徐芳,译.北京:中国人民大学出版社,2007:103.

带来高绩效。目标导向是指学员在学习环境中所持有的目标。培训中存在着知识导向和绩效导向两种不同类型的学习者。坚持知识导向的学员认为，真正成功的培训应该提高自己完成任务的素质和能力，培训师应该关注学员是如何学习的，而不是学员的绩效如何。坚持绩效导向的学员认为，培训的成功在于相对于他人而言学习所导致的更高绩效，而不是学习本身。目标导向会影响学员在学习中所投入的精力和学习动力。研究表明，知识导向的学员与绩效导向的学员相比，会将更大功夫花在学习上，并且会有更复杂的学习策略。①

目标理论带给教师培训师的启示是，为学员提供具体的、富有挑战性的、可实现的、能测评的目标，将有助于学员有效学习；基于理论学习的教师培训与基于实践问题解决的教研活动，是当今教师学习与专业发展的两种选择路径和目标导向；教师培训师针对不同目标导向，需要通过研训一体的工作模式有效解决系统知识学习和工作绩效提高的双重目标，实现"鱼"与"熊掌"兼得。

学习理论是心理学最成熟的领域之一，有很多有代表性的理论流派及有价值的研究成果，以上管中窥豹，可见一斑。学习理论对教师培训师有以下重要工作启示。

启示一：理解学习的含义，将培训工作视野从培训自身延展到学习领域。在学习理论中，学习是指学习者因经验而引起的行为、能力和心理倾向的比较持久的变化。这些变化不是因成熟、疾病或药物引起的，而且也不一定表现出外显的行为。②这个定义隐含着学习的三个标准。第一条标准就是行为、能力和心理倾向的"变化性"。当人们做某些事情的方式有所改变，我们就说他们学会了。这种变化包括从事某项任务的行为变化（发展新行为或者改变已有行为），也包括某种能力改变（某些技能、知识、态度或行为表现），但也包括态度、兴趣或价值观等方面（即心理倾向）的改变。第二条标准是行为、能力和心理倾向变化的"持久性"。这种变化

---

① 诺伊.雇员培训与开发(第三版)[M].徐芳,译.北京:中国人民大学出版社,2007：107.

② 施良方.学习论[M].北京:人民教育出版社,1994:5.

不是短暂的（如疲劳、药物反应引起的），而必须能够持续一段时间。比如由于酒精引起的说话不清楚这种行为变化是短暂的，一旦酒精排出后说话就恢复到正常状态。第三条标准是行为、能力和心理倾向变化的"经验性"。学习产生于后天的、习得的实践或经历。按照这条标准，像幼儿学习母语尽管需要遗传基础，但只有与别人交流才能说出有意义的话，以及模仿别人做出行为变化，都属于学习行为。然而，像儿童身上出现的成熟变化（例如爬和站立）等由遗传引起的行为变化就应该排除在学习之外。

以上关于学习的概念，现代学习理论者基本达成共识，但就学习的性质、学习的过程、学习的方法、学习的动机和学习的迁移等问题，仍然成为热门话题和各派观点分歧所在。因此，培训师需要拓宽视野，博览众家学说，防止一叶障目不见泰山。

启示二：基于学习理论成果，探究教师培训规律。教师培训本质上是一种促进教师学习的教育活动。教师学习是如何发生的？哪些学习是培训可以干预的，哪些学习是培训以外的要素决定的？为什么有些学习能够记得住，有些则很快忘记？哪些因素使得学习变动轻松愉快、易学易用？为什么不同学员参加同样培训，但在学习效果上差异很大？诸如此类的问题看似简单，但真要回答好却不那么容易。教师培训师只有掌握学习理论，遵循学习认知规律，培训设计有所依据，培训活动才能科学合理，产生积极的学习效果。

启示三：认识培训与学习之间的区别，处理好两种关系。培训与学习的区别在于：培训多是被动的，学习常常是主动的；培训以讲师为中心，学习以学习者为中心；培训对应的往往是一门门课程，而学习对应的是一组组学习活动；培训往往与工作分离，而成人学习与工作和生活一起；培训是正式的，而学习却可以采取非正式形式。总之，学习包括培训，其内涵与外延远远超过培训。[①] 学习是培训的目的和方向，培训是学习的重要途径和方法，两者紧密联系，可以相互促进。培训就是为学习者提供获取经验的学习机会，并帮助其在大脑中将经验加工储存、编码保留、提取应用。

---

① 王成. 从培训到学习[M]. 北京：机械工业出版社，2010：XI.

教师培训的最大价值在于促进教师通过获得直接和间接的经验来发展自己专业能力，进而提高自己学生的学习能力和思维发展水平。总之，要做好教师培训，就离不开对教师学习与发展的认识和研究。

启示四：重视培训产生的学习效果，避免为培训而培训。在教师培训实践中，培训师要避免陷入"培训过度，学习不足"的误区。培训决策者和组织者可能会认为，与"开卷有益"一样，教师培训无论如何总会提高教师素质、改进学校工作、推动教育改革。其实，这是一个很大误区。无效的培训会带来工学矛盾，劳民伤财，甚至让老师们失去培训兴趣，产生厌倦情绪和冷漠态度。教师从原来渴望培训转变成排斥培训，其原因是培训没有让学习有效发生。

启示五：跨越学习理论与教学理论的鸿沟，以培训实践摸索如何搭建"学"与"教"的桥梁。即便一种有效的学习原理也无法告诉我们如何进行有效教学与培训。许多学习原理并不是以学校教育中的"学"与"教"为直接研究对象的。虽说上述学习理论都阐述了学习过程及其控制问题，但极少论述在课堂上学生或学员的行为是如何变化的，以及应该如何引导的问题。因此，培训师不妨在掌握学习理论基础上关注与培训相关的教学理论，不断在培训实践工作中摸索如何搭建"学"与"教"的桥梁。

（二）教学理论的价值

培训就是教学。虽然学习理论成为培训活动设计与教学的重要理论依据，但是教学理论对培训产生的影响更为直接。大多数教学理论都是建立在一定学习理论基础之上，甚至是学习理论的衍生，但不可否认的是教学理论更加关注教学实际问题及影响教学效果的多种变量。特别是对于教师培训来说，教学理论不仅仅要阐述中小学课堂上学习行为如何变化，以及应该如何引导的问题，而且要解密教师作为成人学习者进行"学"与"教"的活动规律。下面介绍五个与成人学习与教学紧密相关的教学理论，探索其对教师培训的价值。

1. 加涅的教学设计理论

美国教育心理学家加涅所关注的重点是把学习理论的研究结果运用于教学设计。他吸收了信息加工心理学和建构主义认知学习理论的思想,形成了有理论支持也有技术操作支持的学习理论和教学设计理论。他的理论解释了大部分课堂学习,他也提出了切实可行的教学操作步骤。

第一是关于学习及其条件。加涅认为人的发展取决于两个相互作用的因素:生长与学习。影响生长的因素在很大的程度上是受遗传决定的,而影响学习的因素则主要是受个人生活环境的事件决定的。人的学习活动受内部条件和外部条件两大类条件制约。内部条件是指以前习得的知识、技能、动机和学习能力等。外部条件是指输入刺激的结构和形式,不同的学习才能和学习内容需要不同的外部条件。加涅认为,教育是学习的一种外部条件,其成功与否取决于是否有效地利用学习的内部条件。

第二是关于五类学习结果。加涅认为,设计教学的最佳途径是根据所期望的目标来安排教学工作。在设计教学前,必须确定学生要习得哪些能力。加涅提出五类学习结果分别是言语信息、智慧技能、认知策略、动作技能和态度(见表2-3)。

表2-3　学习结果类型

学习结果	能力描述	举例
言语信息	陈述、复述或描述以前储存在大脑中的信息	说出PPT制作的若干步骤和注意事项
智慧技能	应用概念和规则来解决问题和发明新产品	编制一份视觉效果良好的PPT讲义
认知策略	运用有关人们如何学习、记忆、思维的规则管理自己的思考和学习过程	在视觉效果好的三个PPT模板中选用一个
动作技能	按一定规则协调自身运动或精确并按时执行一项体力活动	在一分钟内打100个字
态度	根据习得的对人、对事、对物、对己的反应倾向,选择个人的活动方式	课前或课后把PPT及时发给学习者参考

言语信息包括名称、事实和知识体系,即通常所讲的知识或书本知识。智慧技能是指学习者运用概念和规则与环境相互作用的能力,是学校中最普遍的教育内容。认知策略是学习者运用有关如何学习、记忆、思维的规则指导自己注意、学习、记忆和思维的能力。动作技能指通过练习获得的、按一定规则协调自身运动的能力。态度是指习得的对人、对事、

对物、对己的反应倾向。

不同能力具有不同特点和功能，因而所需要的条件也各不相同。例如，态度是通过与他人相互作用的一系列结果习得的，而且往往附带习得的，不是预先计划好的。态度一般要经过相当长的时期才能逐渐形成或改变。形成或改变态度的最佳方法是利用"榜样"的作用，而不是"灌输"或说教。言语信息是其他能力学习的必备条件，一般通过听和看习得；智慧技能的学习需要以言语信息为基础，按照由简单到复杂顺序编排内容；动作技能则要"刻意训练"；认知策略是学习者在应付外在环境过程中用来调控其"内部的"行为，与智慧技能往往是同一学习过程的两个方面，"反思"是重要的习得方式。

第三是关于学习模式与学习内部过程。加涅认为，学习模式是用来识别学习的结构与过程的，它对理解教学和教学过程，以及如何安排教学事件具有极大的应用意义。加涅等人基于现代认知（信息加工）学习论提出了学习与记忆的精细模型（见图2-6）。①

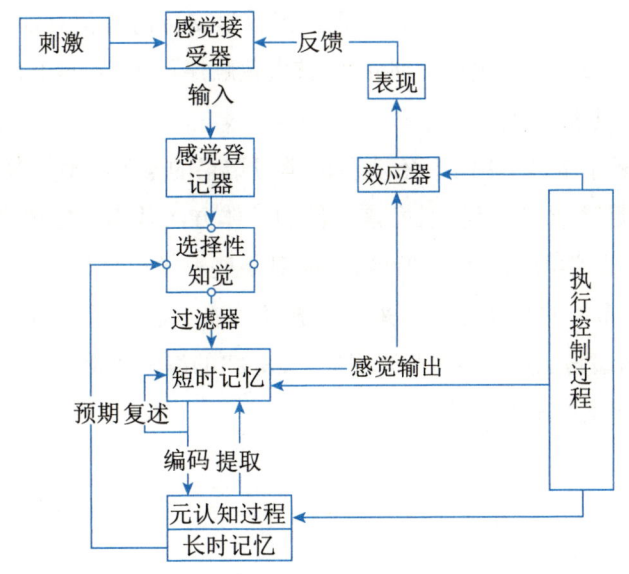

图2-6　基于现代认知学习论的学习与记忆的精细模型

①　加涅,等. 教学设计原理（第五版）[M]. 王小明,等译. 上海:华东师范大学出版社,2005:8-9.

在加涅看来,学习是个体的一整套内部信息加工过程,是学生与其环境之间相互作用的结果。不断反馈,使得信息流在学习者与环境之间形成一个相互作用的环路。学习内部过程可以描述为以下九个步骤或在一次学习活动中出现的九个事件(见图2-7)。①

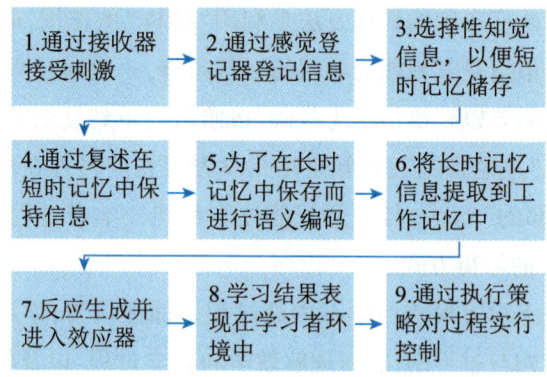

图2-7　学习内部过程

第四是关于教学的外部事件。加涅认为,教学是一种外部事件,教学设计的目的是要影响学习内部过程。当教学支持内部信息加工时,就会促进学习。教学事件包括下列九个,其大致顺序如下,并与上述学习内部过程相关(见表2-4)。②

九大教学事件适用于所有类型的学习结果的学习。对于某些教学事件("引起注意")来说,引发该事件的具体方法并不一定要视"智慧技能"和"态度"学习结果而有所区别,但对某些教学事件(如"学习指导")来讲,教学事件的具体性质和采取的教学策略可能有所不同。例如,"智慧技能"的编码运用言语教学来引导,"态度"的编码通常需要一个包括对人物榜样观察的复杂事件。

---

① 加涅,等. 教学设计原理（第五版）[M]. 王小明,等译. 上海:华东师范大学出版社,2005:10-11.

② 同①172-183.

表2-4　教学事件与其学习过程的关系

教学事件	与其学习过程的关系
引起注意	接受神经冲动模式
告知学习目标	激活执行控制过程
激起对习得的先决性能的回忆	把先前的学习提取到工作记忆中
呈现刺激材料	突出特征以利于选择性知觉
提供学习指导	语义编码，提取线索
引出学习表现	激活反应组织
提供行为表现正确性的反馈	建立强化
测量行为表现	激活提取，使强化成为可能
促进保持和迁移	为提取提供线索和策略

　　每个教学事件包括一个或多个教育学的活动。某些教学事件由教师操控，某些由学生操控，某些则由教学材料决定。例如，一个经验丰富的学习者通过自己的努力就可以自己提取这些事件中的大部分；而对于年幼的儿童来说，大多数教学事件需要老师来安排。不管这些事件是怎样引起的，其目的都在于激活和支持内部学习过程。

　　第五是关于教学设计理论的借鉴价值。加涅的教学设计理论最突出特点是重在应用，即把学习理论研究结果运用于教学实践。几乎每个教师都可以在他的学与教理论中发现一些与自己经验相符的东西，同时又可以根据加涅的学习模式做出各种新的尝试。[①] 加涅将自己的研究更多地建立在军队培训、企业、商业培训、学校教育、成人教育等广阔的实践领域，对教师培训有重要借鉴价值。

　　对教师培训师来说，在理解学习过程和教学过程基础上，从学习结果分类角度去理解培训目标，有助于甄别达到不同目标所需的学习条件和方法，从而确定具体的教学策略，以便提高培训的针对性和实效性。在教师培训实践中，培训师要注意避免陷入以下五个培训误区。

---

① 施良方.学习论[M].北京:人民教育出版社,1994:342.

误区一：对培训目标的"能力"概念理解模糊。其结果往往把"知识"或"技能"等同于"能力"；把"态度"要素排除在"能力"范畴之外；忽视引导学员对"认知策略"的反思性学习。

误区二：混淆不同类型能力的习得的培训方法。这会导致培训仅仅就是"专家—言堂""学员听讲座"。"专家讲座"固然有利于提高"言语学习"的效率和对其他学习成果的习得，可能起到扫清概念、原理、规则等理解障碍的作用，但是就技能、态度、认知策略、智慧技能的习得效果来说，仅靠讲解是不够的，还需要与之相应的其他培训方法。

误区三：忽视培训过程和培训后对学习结果的及时反馈与测评。学习是一种学习者内部发生的事情，本身无法测评，但是我们可以测评出学习的结果。打个比方，学习有时像风，我们肉眼看不见风，但我们可以根据刮风的结果（如树叶摇动）来判断风的强度。培训师是教学设计者和管理者，也是学员学习的评价者，担负着学习活动发起、学习动机激发、学习行为维持和学习质量提高的职责与任务。

误区四：误认为只要教了，学习就会发生。常见的不良现象是培训只对教负责，而不对学的效果负责。"教什么？"和"所教的能引起什么？"是两个截然不同的问题。教与学、学与用、用与评等之间要相互吻合，"教—学—用—评"构成统一闭环。学习者在学习的每个阶段都有其内部心理过程和影响学习的外部事件。教学就是遵循学习者学习过程的这些特点，安排适当的外部学习条件。加涅的学习条件论提醒培训师，提高教学质量要重视学习者的外部条件，并创造良好的教学环境和条件。

误区五：培训设计仅仅依靠经验，不需要理论依据。科学的理论能够发挥"照明灯"作用。教师培训师在设计学习活动和实施培训时，如果无视教学设计的理论依据，那么，犹如大海航行的船只失去了导航仪，仅仅依靠水手的经验去抵达航海目标是极其困难的。经验是重要的，但有局限性。好比航海者在近海区域完全可以依靠经验驾驶航船，但是如果航船进入远洋水域遇到复杂天气和环境时，仅仅凭借经验是难以把握航行方向的，而要借助指南针等仪器。

2. 戴尔的经验之塔理论①

美国视听教育家爱德加·戴尔(Edger Dale)1946 年写了一本书《视听教学法》,其中提出了经验之塔的理论,认为经验有的是通过直接方式,有的是通过间接方式得来的。各种经验,大致可根据其抽象程度,分为三大类(抽象、观察和做的经验)和十个层次(见图 2-8)。

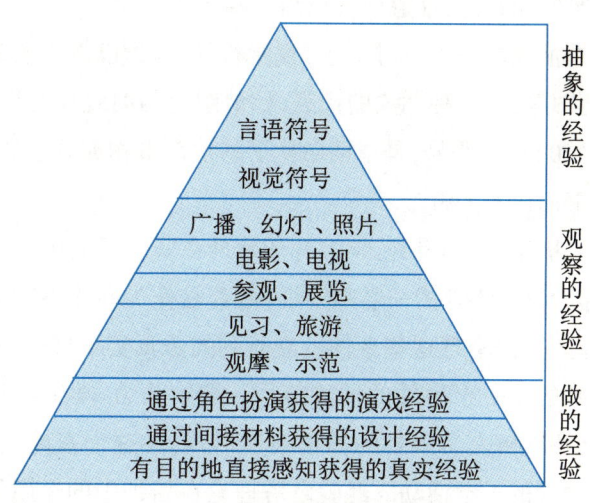

图 2-8　戴尔的经验之塔理论

第一类是做的经验,包括:(1)真实经验,指有目的地直接与真实事物本身接触取得的经验,包括对真实事物的看、听、尝、摸和嗅,即通过直接感知获得的真实经验。(2)设计经验,指通过模型、标本等学习间接材料获得的经验。模型、标本等是通过人工设计、仿造的事物,与真实事物的大小和复杂程度有所不同,但在教学上应用比真实事物易于领会。(3)演戏经验,指把一些事情编成戏剧,让学生在戏中扮演一个角色,在尽可能接近真实的情境中去获得经验。参加演戏与看戏不同,演戏可以使人们参与重复的经验,而看戏是获得观察的经验。

第二类是观察的经验,包括:(4)观摩、示范,指看别人怎么做,通过这

① 叶力汉. "经验之塔"理论及其现实指导意义[J]. 电化教育研究,1997(2): 20-24.

种方式可以知道一件事是怎么做的,以后,他可以自己动手去做。(5)见习、旅游,例如野外旅行可以看到真实事物的各种景象。(6)参观展览,指在参加展览活动中通过观察获得经验。(7)电视、电影,指通过看电视或看电影,可以获得一种替代的经验(银屏上的事物是真实事物的替代)。(8)广播、幻灯、照片,它们可以分别提供听觉的与视觉的经验,与电影、电视提供的视听经验相比,抽象层次更高一些。

第三类是抽象的经验,包括:(9)视觉符号,是指已看不到事物实在形态的图表、地图等,是一种抽象的代表,如地图上的曲线代表河流,线条代表铁路等。(10)言语符号,是指抽象化了的代表事物或观念的符号,包括口头语言与书面语言的符号。

在经验之塔中,我们看到,学习者开始是在实际经验中作为一名参与者,然后是作为真实事件的一名观察者,接着是作为间接事物的一名观察者(提供一些媒体来呈现这些事件),观察到的是真实事物的替代物,最后学习者观察到的是一个事件的抽象符号。戴尔认为,学生积累了一些具体经验,并能够理解真实事物的抽象表现形式,在这个基础上,才能有效地参加更加抽象的教学活动。经验之塔理论在培训中的运用价值包括以下几点。

第一,认识经验分类特征。宝塔最底层的经验最具体,越往上升则越抽象。但不是说任何经验都必须经过从底层到顶层的阶梯,也不是说下一层的经验比上一层的经验更有用。划分阶层是为了说明各种经验的具体或抽象的程度。事实上,教师培训活动内容和方式呈现出各个层次交叉和混搭的特征。

第二,重视设计学习活动体验。教育教学应从具体经验入手,逐步上升到抽象。有效的学习之路应该充满具体经验。教育教学最大的失败,在于使学生记住许多普通法则和概念时,没有具体的经验来作为它们的支柱。一个培训项目、培训课程、培训的单元活动,根据时间和培训需求,设计一定的具体经验方面的活动和练习,更有助于学员理解和掌握抽象的理念与知识。

第三,理解抽象经验的价值。教育教学不能止于具体经验,而要向抽象和普遍发展，要形成概念。概念可供推理之用，是最经济的思维工具，它把人们探求真理的智力简单化、经济化。培训不仅着眼于技能目标，而且更重要的是通过技能目标的实现升华到能力目标。

第四，创造性设计学习活动。经验之塔理论中各层、各类经验的获得方式具有差异性，需要培训方式的多样化。培训师要认识教师培训课程与教学形态的个性化、互补性、混合性的价值与潜能，创造性地设计和开发适宜的学习活动，应用多种教学媒体，让学员学习更为直观具体，从而形成更好的抽象。

第五，系统优化培训要素。单纯地相信和应用某一层次经验的培训方式，势必带来局限。面对面与远程在线培训模式、直接经验与间接经验培训内容、内容为先与方式为先，不是非此即彼的选择，而是需要进行结合、互补和兼顾。最佳的培训课程与教学设计是培训对象、目标、内容、方式、结果等培训要素系统优化的结果。

3. 库伯的体验学习圈理论①

体验学习圈理论由美国学者大卫·库伯（David Kolb）提出的，他把体验学习看作是由具体体验，经反思观察、抽象概括与行动应用并再回到具体体验所组成的完整过程（见图2-9）。

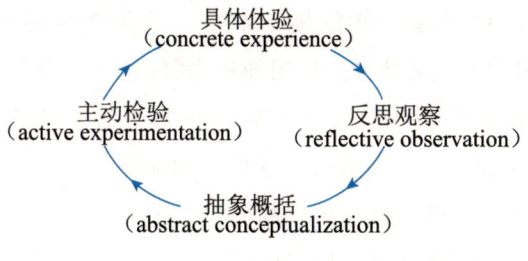

图2-9　库伯的体验学习圈

举例说明，一个对火还未产生认识的儿童，因好奇而把手伸向正燃烧着的火焰，立刻会因为灼痛而把手收回或惊叫。就该事例分析，儿童伸手

---

① 严奕峰，谢利民.体验教学如何进行：基于体验学习圈的视角[J].课程·教材·教法，2012，32(6)：21-25.

被烫即为当下的"具体体验"。疼痛感接着会引发即时性（或延后性）思考"为什么会痛"，当产生"刚才发生了什么"或"为什么会这样"的问题，表示进入"反思观察"。接着会形成"燃烧的火焰会烫伤人"或"高温的物体会灼伤皮肤"等结论，这时就进入"抽象概括"。因此说，能否形成抽象化的意义是关键环节，这决定了体验事件对当事人是否有价值，它是学习发生的重要标志，否则就仅仅是"手被烫一次"罢了。当然，形成的抽象概念与结论还要等待检验，经由归纳、演绎或类比，该儿童以后碰到类似的场景，如点燃的火把、沸腾的开水、炉灶上加热的器皿、烧焦的木炭等，当事人会在行为上进行调节并避免再次受到伤害，这就是"主动检验"。主动检验既带来了新的认识，又会导致新一轮的体验及循环的开始。

在这个过程中，学习者首先通过亲身的参与产生了感觉或感受；接着通过对亲身经历或是通过交流、讨论观察到的感觉或感受进行分析、思考和评价，明确自己学到了什么、发现了什么；然后，学习者对反思和观察到的结果进一步抽象，形成一般性的结论或理论，或者是对刚才所发现的现象和问题进行因果解释；最后，学习者还要在新的情境中检验结论或理论假设的正确性、合理性。如果检验得到了证实，学习暂告结束，即学生只要把刚才发现的结论迁移到其他情境中进行应用就可以了。如果检验没有得到证实，将会导向新一轮的具体体验，一个新的学习循环又开始了。因此，体验学习的过程又被人们形象地称为"体验学习圈"。

体验学习圈建构了一个学习过程，但内部又有复杂的关系，可从纵、横两个向度分别讨论。两向度由辩证性的两端构成，即"具体体验"对应"抽象概括""反思观察"对应"主动检验"，它们形成的心理结构被库伯分别称作"理解"和"转换"（见图2-10）。

体验学习圈需要学习者的体验、反思、思维和行动的全部参与，并要对学习情境和学习要求做出相应的回应。因此，体验学习理论把学习看作是对情感、知觉、符号和行为的整合，是知、情、意、行的统一，同时还把学习看作是一个开放的系统，是学习者的内部经验与外部环境不断交换的结果。体验学习圈在培训中的运用价值如下。

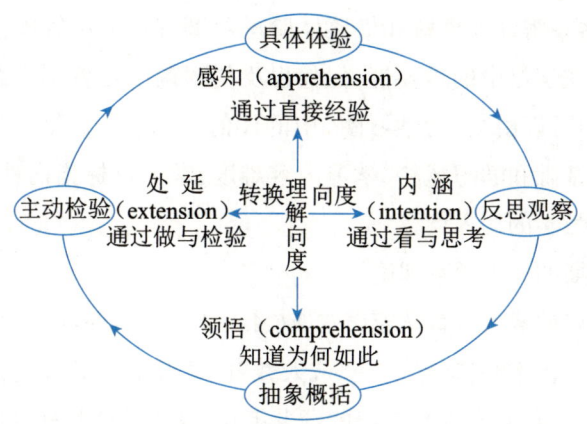

图 2-10　体验学习圈的两个向度

第一，为学员设计真实的具体体验。要形成完整的学习圈，最好始于"做"的活动体验。在策略上，培训师有两种取向：一是设计体验活动；二是设计体验情境。但不管是真实的活动，还是置身体验情境，都需要从学员"第一手"的经验出发，充分调动他们手、脚、口、眼、耳等多种感官的参与。

第二，引导学员进行体验后的交流反思。培训师切忌过度解读体验，而要运用问题和对话开启活动体验与学习反思之间联系的通道，激励学员对体验活动积极反馈，诱发学习者进行自我探索，培养问题意识与自主学习习惯。

第三，训练学员抽象概括的内在思维。抽象概括是学员将体验的具体观察和感受，运用自己的话语进行"何以如此"的解释，形成可与他人分享交流的、属于抽象出的词汇、概念或原理等显性知识，培训师在抽象概括阶段的目的就是提供一个描述与澄清概念的机会，促进学员对相关概念、法则等学习内容的"理解""领悟"和"掌握"。

第四，创造主动检验的应用情境。主动检验意味着将抽象概括的原理运用于新的情境，以经历有意义的外延转换。在理解某个概念或知识后，能否将其迁移应用在一个紧密联系的情境或活动中，标志着学习活动闭环完成。培训师可设置新的应用情境，作为培训效果的评估手段，以检验学员对概念的理解程度。

第五，客观辩证地理解和借鉴体验学习圈理论。尽管库伯一直都非常强调体验在学习中的重要性，但他也反复强调学习者不必总从具体体验开始，学习可以由"体验学习圈"中的任何一点进入。培训师可根据学员学习能力基础和学习风格、学习内容难度、学习目标指向性等因素，综合研判培训教学的切入点。

4. 诺尔斯的成人教育理论[①]

美国著名的成人教育学家诺尔斯(Malcol S. Knowles)1967年提出"帮助成人学习的艺术和科学"——"成人教育学"概念。其理论的出发点是区分成人与儿童(包括在校学习的青少年)在身心发展和社会生活方面的质的差异，通过分析成人学习活动和儿童学习活动的差别，诺尔斯提出了确立其理论的四个基本假说。

第一，成人在学习心理上倾向于自主学习。诺尔斯认为成人学习者和儿童在学习的主动性上存在着显著差别。在儿童的学习活动中，教师决定学习目的、学习内容、学习计划和教学方法，儿童的学习被动地依赖教师的教学活动。在成人的学习活动中，学习者的自主性和独立性在很大程度上取代了他们对教师的依赖性。成熟的成人学习者在多数情况下有能力自己选择学习内容，自己制订学习计划。虽然个别情况下仍然依赖教师的帮助，但是在主导的心理需要上，他们更倾向于独立自主地进行学习。

第二，成人在认知过程上以经验学习为主。诺尔斯认为，个体生活经验对儿童与成年人的学习活动的影响存在着很大差异。对儿童而言，生活经验主要来自成人(主要是教师和家长)，并且不丰富和不全面。因此儿童的生活经验对其学习活动的影响是十分有限的。对成人而言，情况则大不相同。随着个体的成熟和实践活动的增加，成人的社会生活经验日益丰富，这些经验对个体的学习所起的作用也日益增大。对成人来说，在社会生活中积累的经验为成人学习提供了丰富的资源，学习活动不是

---

① 诺尔斯. 成人学习者(第7版)[M]. 龚自力，等译. 北京：北京师范大学出版社，2016：63－68.

以教师的传授为主要途径,而是更多地借助自己的经验来理解和掌握知识。

第三,成人在学习任务上体现出完善社会角色的要求。成人的学习任务已经由青少年时期的以身心发展为主,转变为以完成一定的社会职责为主。青少年的学习任务主要是促进其身心成熟与发展,他们必须按照社会的统一要求学习掌握最基础的知识。对成人而言,学习的任务是促使其更有效地完成所承担的社会职责。由于成人学习主要是为了完成自己的社会角色任务,因而学习的针对性很强。成人学习的这一特点要求成人教育在课程设置、教学方法选择等方面,必须适应成人社会角色发展的需要,即成人自我实现的需要。

第四,成人的学习目的主要是解决问题。青少年的学习目的是指向未来的生活,为将来工作准备知识,而成人的学习目的在于直接运用所学知识解决当前的现实问题,因而教育活动对成人而言应该是一个十分明确的学以致用的过程。成人学习者能够针对社会生活中的具体问题进行学习,并带有通过学习解决实际问题的强烈愿望。

20世纪80年代中期以后,成人教育学由以上四个假说增加到六个假说。增加的两个假说分别如下:一是关于学习的必要性。成人在开始学习之前需知道他们为何要学习。当成人决定开始某项学习时,他们将投入相当多的精力去探索他们将从学习中获得的利益以及不进行学习的后果。因此学习引导者的首要任务是使学习者了解到学习的必要性。二是关于学习动机。成年人对一些外部激励要素(更好地工作、升职、更高的薪水等因素)产生回应,但最强有力的激励因素为内在压力(对提供工作满意度的渴求、自尊、生活质量等因素)。所有成年人均有保持成长和发展的积极性,但该积极性常被身为学生的消极自我概念、无法获得机会或资源、时间限制及违反成人学习原则的课程等原因所阻碍。

诺尔斯的学习理论首次明确划分出现代成人教育与普通学校教育(青少年教育)的区别。这种区分的主要依据是成人与儿童在社会生活和心理活动特点(主要是人格特点)上存在的质的差异。在此之前的成人教育理论却忽视了这个差异,更多是在普通学校教育理论的指导下进行的。

诺尔斯的成人学习理论对我们研究和实施教师培训有重要的启发与借鉴意义。

其一，教师培训机制要激活学习者内部动力，以有效激励为特征。教师培训与学习给教师带来的利益一旦被教师所理解并且为之投入精力，教师便会产生巨大的学习内驱力，逐渐形成自主学习习惯。这些利益体现在培训后工作绩效的提高和学历学位提升带来的工资待遇的改善上，特别是他们由培训而强化的职业归属感，将促进教师实现工作、生活和学习之间的自然和谐。如果"行政化"培训不能帮助建构这种和谐关系，甚至打破其平衡，教师自主学习的局面将难以实现，进而导致工学之间产生矛盾、培训与学习脱节、培训成为教师额外负担而不是教师"福利"等问题，那么，这将很容易葬送"专业化"培训的正向社会功能。

其二，教师培训目标要基于学情分析，以问题解决为导向。如果说职前教师培养的目的主要是提高教师基本素质和专业基础素养，把系统知识学习作为在校期间的主要教育目标，那么，教师职后培训则需要聚焦教师工作实践中遇到的问题及问题解决的方法，关注学员培训后回到工作岗位上学以致用体现的工作绩效目标。然而，我们发现，培训中设计的问题解决方法，是否能够被学员在培训期间掌握，与他们职前本应该习得的专业基础知识紧密相关，有时候甚至成为决定因素。因此，培训目标定位是补偿他们过去失去的基础知识，还是拓展他们新的能力，抑或单独开发"补课"项目，设法帮助那些"教非所学者"提高教育教学工作能力，尽快从专业资格合格迈向岗位能力胜任的专业台阶，都需要设计有针对性的培训课程，以有效解决学习者工作中面临的各种问题。

其三，教师培训内容要以案例为载体，联结直接经验与间接经验。传统的教师职前教育局限主要是教师培养时期给予那些准教师的原理，并不能直接转化为他们将来处理课堂实践问题的能力；而在职教师培训项目的困境是，在有限的培训时间内很难有效传递大量系统的、前沿的教育教学理论和方法。学员的直接经验与要获得的间接经验之间需要以教学案例为载体，建立理论知识实践化和实践知识理论化的转化桥梁。这些以案例为载体的培训内容体现出实践导向的培训特征，即源于对教育实践者发展的需求分析,基于对实践的真实问题与现实条件的准确把握,归于实践者的专业发展、现实问题的解决以及实践性理论的生成。

5. 梅里尔的首要教学原理

戴维·梅里尔(M.David Merrill)是当代著名教学技术与设计专家。他既是以加涅为代表的第一代教学技术与设计理论的核心人物,又是第二代教学技术与设计理论公认的领军人物之一。梅里尔在对诸多理论进行分析比较、提炼综合以后,归纳出了自己的五项教学首要原理,不仅为我们勾勒出了一幅当代教学原理研究的新图景,而且为培训领域的教学设计与有效实施提供了可操作的教学模式。

梅里尔为说明首要教学原理和厘清各项原理之间的关系提供了一个概念框架(见图2-11)[①]。该图中间为聚焦问题原理,按照顺时针的方向依次代表了教学循环的四个阶段:激活旧知、示证新知、应用新知和融会贯通。下面简要介绍五项首要教学原理。

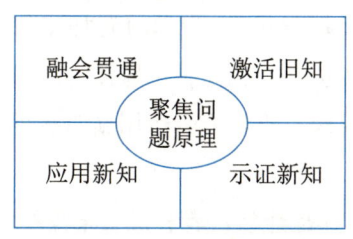

图2-11 首要教学原理

第一是聚焦问题原理。当学习者在现实世界问题的情境中掌握知识和技能时,才能促进学习。

"问题"包括了各种各样的活动任务,其最重要的特征是要面向完整问题,而不是仅仅限于问题的某一部分,这些问题代表了学习者在走出课堂后的现实世界中将会碰到的许多序列问题。聚焦问题的教学策略包括在单元或课时开始之前向学习者交代与学习目标相关联的任务。这些任务是具体可操作的,不是泛泛抽象的情境;是整体系列的,不是零碎片段行动;是有序递进的,不是缺少水平层次的难题。

---

① 梅里尔. 首要教学原理[M]. 盛群力,等译. 福州:福建教育出版社,2016:21.

第二是激活旧知原理。当学习者回忆已有知识与技能作为新学习的基础时，才能促进学习。

"激活旧知"包含三个方面。一是引导原有经验。教师帮助学习者回忆、联系、描述或应用原有知识，并将其作为新知识的基础。二是提供新的经验。在新学习对学习者的旧经验而言非常陌生遥远时，需要教师向学习者提供作为新知识基础的相关经验。三是构建框架结构。如果学习者的心智模式不足以合理地组织新知识，那么，必须由教学提供一个结构，让其用于建构学习新知识所需要的心智模式。

第三是示证新知原理。当学习者将要观察到学习的新知识与技能的展示论证时，才能促进学习。

"示证新知"就是采用部分或整个问题中的一个或多个样例，向学习者展示在具体的情境中是如何运用信息的，而不是仅告知相关信息。其教学策略包括三个方面：一是紧扣目标，展示论证新知的方式要与学习目标类型匹配一致。二是提供指导，为学习者加工信息、关注重要内容、新旧知识联结提供方向和引导。三是善用媒体，促进教学产生更好效果。

第四是应用新知原理。当学习者运用新掌握的知识与技能来解决问题时，才能促进学习。

"应用新知"包括：一是让学习者有机会来操练，将所学的知识和技能应用到各种具体情境中解决问题；二是这种操练要与学习目标保持一致，如果应用与目标相悖，那就等于是白费劲；三是学习者获得指导性反馈是必要的，但是随着学习的熟练，可逐渐减少指导，最终过渡到独立学习。

第五是融会贯通原理。当学习者反思、讨论和巩固新习得的知识与技能时，才能促进学习。

"融会贯通"包括：一是展示表现，让学习者看到自己进步和获得展示表现的机会，最有激励价值；二是反思完善，让学习者通过反馈、讨论、巩固新观点来整合新知识和技能，确保知识的保持度和后续应用；三是创造革新，让学习者创造、发明、探索新事物和有个性特色地运用新知识与技能，创新学习成果。

梅里尔强调，首要教学原理中各项要求如果能够一一得到落实，那么,教学策略的效能水平肯定会逐渐提高。很多教学都是以信息呈现为导向的,只呈现信息,教学策略的效能水平为0,勉强达到基准线;贯彻了示范新知原理,效能水平将达到第一级水平;贯彻了应用新知原理,效能水平将达到第二级水平;再加上贯彻了聚焦问题解决原理,效能水平将达到第三级水平;如果再加上激活旧知原理和融会贯通原理,那么,教学效能水平将会更上一层楼。[①]

梅里尔将首要教学原理称为"五星教学原理",意即教学应该满足五项首要原理条件,达到五星级优质标准。[②] 这对教师培训的教学设计和有效组织实施带来如下启发。

首先,培训师要关注教学各阶段的内在联结性。无论是培训界通常所熟知的开场导入、中间展示和结尾收官三个环节,还是梅里尔提出的"五星教学原理",都在表明各阶段之间存在内在联结性,前一阶段为下一阶段的准备条件和学习基础,下一阶段为前阶段的必要延续和学习结果。孤立或片面运作某个阶段势必导致不良的学习效果。

其次,培训师要将教学任务与完整的问题情境联系起来。"以问题为中心"是成人学习的重要特征,成人对能解决实际问题和实用的知识最感兴趣。梅里尔强调问题的序列性与我们通常所言的单一问题和任务是有区别的。如果我们在培训中设计好系列性、水平层次性、结构化的问题,那么学员循序渐进地进入完整问题情境就会收获更好的学习效果。

再次,培训师要把学员相关经验和已有心智模式作为新知识和新技能习得的支撑。成人在学习中一方面借助自己经验优势,另一方面把经验作为心理防御盔甲,往往拒绝学习和改变。梅里尔提出的激活旧知和展示新知,而不是直接呈现信息的教学策略,对引导学员有效学习有着重要意义。

另外,培训师要支持学员将新知识和技能迁移转化到实际工作中。

---

① 梅里尔,盛群力,何珊云,等.首要教学原理[J].当代教育与文化,2014,6(6):1-7.

② 梅里尔,盛群力,马兰.首要教学原理[J].远程教育杂志,2003(4):26.

学员的学以致用不仅体现出学习促进工作改进，更重要的是通过迁移应用来检验、生成和迭代学习成果，从而完成学习活动的重要闭环。学习的最重要价值是能够将学到的东西融会贯通地转化为个性化的能力。

最后，建议培训师运用首要教学原理优化培训课程。首先可参考图2-12对自己教学水平开展自评，画出培训教学水平雷达图，查找教学阶段的弱项或缺失项，然后借鉴首要教学原理设计一个五星教学方案，尽力体现五个阶段的教学策略特征，最后将培训设计付诸培训实践并不断优化改进，提升自己的培训教学质量。

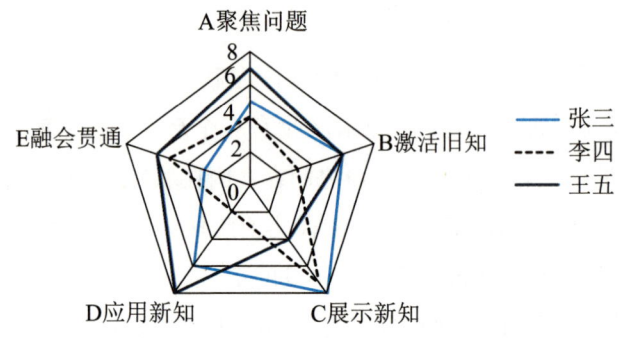

图2-12　五星教学水平自评雷达图

（三）培训迁移理论的应用

1. 概念

培训迁移是指学员将在培训的环境中学习到的知识、技能、态度等有效地应用到工作中的程度。从培训中习得的行为必须普遍适用于工作环境，并且能够在工作中持续一段时间，才能说明迁移已经发生。[①]

培训迁移过程可以划分为三个关键阶段：（1）培训前动机与愿望（指趋向掌握培训课程的有意努力）；（2）培训过程中的学习状态与结果（指掌握培训课程内容的过程和在培训中内化的学习成果）；（3）培训后的迁移

---

① 　BALDWIN T，FORD J K. Transfer of training：A review and directions for future research[J]. Personnel Psychology，1988(41)：63.

结果(指学员接受培训后在实际工作中的表现及产生的工作绩效)。①

2.培训迁移要素

学员通过把培训中学到的知识、技能运用到实际工作中,可以提高个人的工作绩效和组织的工作绩效。然而,对于大多数学员来说,要将在培训情境中的所学应用到工作情境中并非易事,其间受到很多因素的影响。为了增强培训迁移的效果,就必须研究影响培训迁移的因素。

1988 年鲍尔温(T. Baldwin)和福特(J. K. Ford)提出的培训迁移模型为后来的培训迁移研究提供了研究框架(见图2-13)。该模型提出培训迁移过程的三大主要因素:培训投入(training input)、培训效果(training outcomes)和迁移状况(conditions of transfer)。其中,培训投入包括培训设计、学员特征及工作环境特征三个子要素;培训效果包括培训期间学到的和培训后记住的两个阶段成果;培训迁移状况包括学习成果在工作中的及时推广和持续一段时间应用维护两级效果程度。同时,该模型勾勒出培训迁移过程中的六大影响关系。该研究强调要进一步理解影响迁移的这些要素和关注不同要素之间关系的重要性,不能忽视培训内容与工作相关性,包括学到的、记住的、用到的之间迁移关系。②

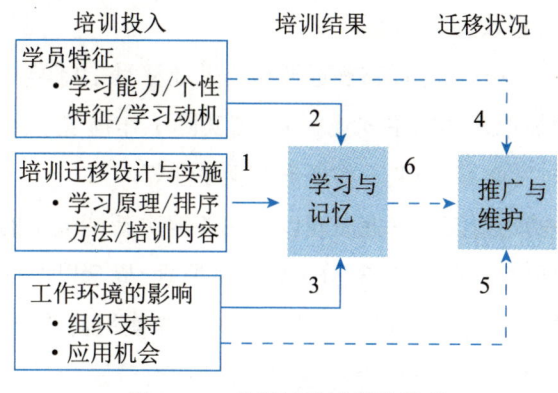

图2-13 培训迁移过程的模型

① 陈霞.培训迁移理论视角下提高教师培训实效性的策略[J].教育发展研究,2007(7):77-80.

② BALDWIN T, FORD J K. Transfer of training: A review and directions for future research[J]. Personnel Psychology,1988(41):64-100.

2007 年,丽萨·博克(Lisa Burke)和霍利·哈特金斯(Holly Hutchins)归纳出影响培训迁移的三大核心因素———学员特征、培训迁移设计与实施、工作环境的影响,并针对各次级因素展开了详细的文献分析和评论。①

(1)学员特征。

从学员个性特点来看,那些认为通过个人努力可以控制组织结果的人更容易在工作中受重用;具有好的职业生涯计划与高水平工作投入的学员更加有可能去学习和应用新的东西;个人对组织目标、价值观、愿意付出工作努力以及维持组织成员身份的程度,影响培训前动机以及培训在完成关键工作活动中的应用。

从迁移动机来看,学员是否愿意并最终将培训所学应用到实际工作中并转化为工作绩效,取决于他们运用这些知识的难易程度、运用这些知识为他们带来的有价值的回报大小的估计等。当运用有关知识与技能难度越小,而有价值的回报越大时,学员的迁移动机越强。

此外,影响培训迁移的学员特征变量还包括学员认知能力、自我效能、消极情绪、组织认同、对培训效果或价值的了解程度等。

(2)培训迁移设计与实施。

培训迁移可以分为近迁移和远迁移。近迁移是指将学习应用于相似的情境中。增加近迁移的主要途径有:与实际工作情境一致的培训内容和培训项目、过度学习、强调工作任务的程序性等。

远迁移是指通过培训掌握原理以便能够解决新情境中的问题。有助于远迁移的主要途径有:学员充分理解基本原理、概念以及他们所学习的技能和行为的假设,学员在很多种情境下练习并使用新的技能,鼓励学员在他们自己选择的情境中讨论和应用培训所学,鼓励学员在培训后将其

---

① 博克,哈特金斯,马颂歌.培训迁移实证研究述评[J].终身教育研究,2018,29(5):9-18.

所学应用于新的情境,等等。①

培训迁移设计与实施包含大量影响迁移的变量,如需求分析的数据应用、学习目标设定、培训内容与工作应用的相关性、充足的实践与反馈、重复学习、认知负荷、主动学习方式、行为模拟、基于错误的例证、自我管理策略和技术支持等,它们对培训迁移的影响都获得了不同程度的验证。②

(3)工作环境的影响。

组织的迁移环境既能限制学习内容在工作中的应用,又能对其起推动作用;既能直接影响迁移效果,又能间接影响个体因素、组织因素和迁移之间的关系。迁移环境与学员的迁移意愿密切相关。积极的迁移环境具有四个特征:一是为学员提供使用新技能的线索;二是说明正确使用新技能的效果;三是纠正拒绝使用新技能的行为;四是有来自上级和同事的激励和反馈。③

培训迁移气氛即阻碍或促进组织成员将其在培训中的所学运用到实际工作中的组织环境。其具体内容包括:首先,培训迁移气氛必须要拥有用于提醒学员并为其提供机会在工作中应用培训所学的情境线索,包括目标线索(比如,上级设置目标要求学员应用培训所学内容)、社会线索(比如,上司或同事积极肯定或对应用培训所学反映消极)、任务线索(比如,设备、资金和时间等的提供);自我控制线索(比如,学员的自主权如何);其次,培训迁移气氛还必须拥有能影响学员将来应用培训所学的结果线索,即学员在实际工作中应用所学后得到的各种反馈,包括无反馈(比如,主管领导既不支持也不反对在工作中应用培训所学技能)、惩罚(比如,主管公开反对学员在工作中应用所学技能)、正反馈(比如,应用培

① 冯明,陶祁.培训迁移的有关理论和研究[J].南开管理评论,2002,(3):24 - 26.

② LISA BURKE,HOLLY HUTCHINS. Training transfer:An integrative literature review[J]. Human Resource Development Review,2007,6(3): 263 - 296.

③ 博克,哈特金斯,马颂歌.培训迁移研究述评[J].终身教育研究,2018,29(5): 15.

迁移获得良好的效果。①

在学习氛围浓郁的学校组织中,学校管理者重视学校的可持续发展,关注教师专业发展水平的不断提高,能随时随地对教师进行指导;教师上进心强,能够抓住一切可以利用的机会进行学习提高,并乐于将学习所得迁移到教育教学工作中,保持较高的创新性与协作性。持续学习是组织学习氛围最突出的特征。研究表明,具有这种特征的工作环境有利于员工在工作中迁移培训所学。②

3. 培训迁移理论的运用

培训迁移理论启示我们,在促进学员进行培训迁移时必须关注培训前、培训中、培训后的整个过程。具体来说,以下五个方面值得关注。

第一,基于教师学习需求,正确引导培训动机。只有当学员愿意并且真正从培训中获得有关知识、技能与态度时,培训迁移才有可能发生。培训内容与学员实际需要的一致性程度直接影响着学员培训的积极性和学习的投入程度。因此,在把握具体对象的培训需求方面,教师培训师需要多方面搜集学员的培训需求信息,对不同学员的需要、培训期望、个性特征等做深入的分析。对学员的培训需求把握得越准确,培训规划就越有针对性,越能满足培训学员的需要。同时,教师培训师要有意识地引导教师在一定的背景下思考、讨论业务目标,积极地与自己的工作业绩相结合,引导教师不仅重视培训阶段的短暂成绩,更要关注培训后工作效果的改进与实际的业绩,指导学员运用所学的知识,改善自己的行为。

第二,采取研训一体化的培训模式,建立学习情境和工作情境的超级链接。根据支持近迁移的等同因素理论,培训可以通过改进与实际情境相对应的刺激、反应和条件等因素的程度来增强培训效果。也就是说,培

① 王鹏,杨化冬,时勘. 培训迁移效果影响因素的初步研究[J]. 心理科学,2002 (1):69－72.

② 吴怡,龙立荣. 培训迁移影响因素分析及其管理策略[J]. 华东经济管理,2006 (2):68－72.

训情境与工作情境越接近,培训的效果就越好。在研训一体化的培训模式中,教师的教学现场就是培训现场、教学研究的现场,教师的培训与教师的实际教学工作融为一体,学习与应用融为一体,从而避免了由于培训环境与工作环境之间的差异而阻碍对培训的迁移。

第三,培养参训教师的学习迁移能力,关注培训结果对工作绩效的影响。(1)在培训过程中注重应用能力的培养,通过实际的案例分析让学员用所学的知识去分析问题和解决问题;通过实际的和模拟的机会、场景让学员亲身实践培训中所强调的行为与态度在实际工作中的应用方法及其效果;通过真实的设备和模拟的设施让学员演练新的技术与技能。(2)在培训过程中要使学员的学习内容与实际工作联系起来,使其在学习过程中将重点放在回到工作岗位之后如何运用(如要求学员设计在本单位应用的方案、预测可能遇到的问题等),突出其具体应用这些知识的方法,甚至是具体步骤。(3)在培训过程中要通过预测转化中可能出现的问题和存在的困难,使学员对转化的困难及问题做到心中有数。(4)在学员回到工作岗位后需要为其提供持续的专家跟踪支持,为其提供具体而及时的指导,帮助其克服难题。(5)学校需要为学员的培训迁移提供实践机会和资源支持。

第四,建立师干联动培训模式,创造支持培训迁移的学校氛围。迁移气氛模型的揭示,学校领导对参训教师应用培训所学的关注和支持程度,以及对应用培训所学的参训教师的反馈直接影响着参训教师在工作中应用培训所学的积极性和效果。为了促进培训的迁移、提高培训的实效性,学校领导必须创造支持培训迁移的氛围。一方面,学校领导应制订支持培训迁移的有关政策,包括时间、设备、技术支持等,并明确关于应用培训所学的奖励措施。另一方面,学校要打造浓厚的学习氛围以及支持性的同事关系。和谐的人际关系以及崇尚学习、创新的学习氛围能够使学员毫无顾忌地投入培训迁移之中。

第五,加强对培训迁移效果的测量与反馈,提升培训的影响力。人们之所以把培训所学应用到工作中去,是因为他们预期到这会给自己带来所希望的某种回报或满足自己某方面的需要。因此,需要建立起培训迁移与组织汇报之间的联系，这就需要对培训迁移的结果进行测量和反馈。对迁移结果的反馈包括两个部分，一是对迁移的结果进行评估，即培训的内容得到转化的比例，转化的效果如何，产生的直接和间接的经济效益、社会效益或其他边际效益有多大等；二是根据这种转化的结果给予适当的奖励，激发学员进行培训迁移的愿望。

三、教师培训的里程碑

对教师培训师来说，一方面要基于"教师专业化"的研究，掌握学习理论、教学理论、培训理论等知识，另一方面要重视"培训专业化"的能力修炼，特别是以下五项里程碑式的专业化培训能力：培训需求分析能力、培训方案设计能力、培训课程开发能力、培训方法应用能力和培训效果评估能力。

如图2-14所示，每个里程碑都是培训专业化系统中不可缺少的支柱，彼此连接、环环相扣，构成教师培训项目实施运行的闭环系统。

一方面，这个培训专业化系统的运行依赖于教师培训管理机构的制度保障。如果培训机构不为培训需求、方案设计、课程开发、培训方法变革和效果评估提供人力、物力、财力、组织建设、管理制度和硬件条件等方面的支持，那么，这个系统就不能良性运转，甚至根本无法启动。

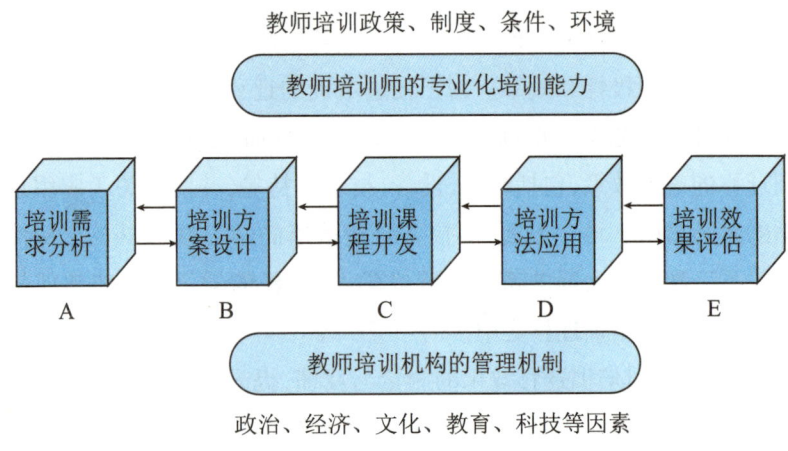

图2-14　教师培训项目管理五大里程碑

另一方面,我们也可发现,这个培训专业化系统的运行也离不开专业化培训师智力资源的支持。教师培训师在五大里程碑方面的价值认同和专业能力直接影响着每个里程碑的实施质量。比如,如果培训师不能理解需求分析的价值,不会或不愿去做培训需求分析,那么,按需施教在其培训活动中就很难得到实现;如果设计的方案出了问题,或目标不明确,或课程与目标不匹配,或培训时间安排不得当,那么,培训的针对性和实效性将得不到保障。我们还可以假设,如果培训师在培训课程与培训方法方面缺少专业性,那么其培训质量将得不到保证;如果培训师不能有效开展质量监测和培训效果评估,那么,培训项目在运行中会缺失控制动力和风险防范与管理机制。

人与制度都是环境的产物,但不是消极被动的适应,而是积极主动的结果。对于教师培训师来说,社会的政治、经济、文化、教育、科技等背景下的教师培训政策、制度、条件和环境等要素,构建了专业修炼的场域。可以说,教师培训师的专业修炼过程,修行于五大里程碑之中,修成于对五大里程碑背后各要素的理解与把握。

据此,本书将在后面的五个章节中对教师培训师的五项专业能力分别予以阐述。

本章学习建议

一、学习目标

通过本章学习,你应该能够:

1. 了解教师培训的内涵和本质特征,理解教师培训与演讲、讲座、教研等活动的区别和联系。

2. 知晓教师培训的主要功能,并能够分析当前教师培训的形势与任务。

3. 理解培训对象的角色分类及其特征。

4. 理解教师培训内容的五大核心要素含义及培训效果的差异性标志。

5. 讨论本章中相关理论对培训实践的指导意义。

二、讨论题

1. 如何界定教师培训的内涵与外延？

2. 为什么教师培训需要体现针对性与实效性特征？

3. 知识类与技能类的培训内容在培训方式上有何区别？两类学习有何联系？

4. 如何理解教师培训内容的"能力"要素？

5. 试以新教师培训为例，讨论加涅的学习理论和梅里尔的首要教学原理对教师培训设计有何意义。

6. 戴尔经验之塔理论与库伯经验圈理论有何共同特征？其对教师培训活动设计有何借鉴？

7. 试用培训迁移理论分析影响教师学习效果的核心要素有哪些。

三、应用题

1. 以自己已经或即将举办的培训班为例，参照本章表2－1，对其四类学员的专业特征、学习需求和学员来源进行分析，以研判本次培训方案的针对性如何。

2. 试以戴尔经验之塔理论或库伯经验圈理论，合理安排直接经验与间接经验的学习方式，设计一个参与式、体验性培训课程。

3. 试以梅里尔的首要教学原理为依据，设计一个体现"五星教学原理"的专题培训课程。

4. 试用雷达图对培训师五大核心培训能力进行自我评估，并基于其中某项能力提高目标，制订一份个人专业发展年度计划。

四、本章培训活动示例

活动名称

关键事件时间轴。

活动主题

我国教师培训改革与发展的大事件。

活动概述

组织学员课前预先阅读与活动主题相关的重要资料,培训课堂上调动学员集体讨论和分享"大事件",用一条时间轴可视化地概括我国教师培训改革与发展的历程。

活动目标

了解我国教师培训改革与发展历程,能从历史逻辑、实践逻辑和政策逻辑的角度分析当前教师培训面临的困境与挑战。

参与对象

人数可在 10—15 人。

活动流程

1.课前布置阅读任务,了解我国教师培训改革与发展的相关政策。参考材料包括"改革开放 40 年我国教师在职教育的回顾与前瞻"等主题论文和《师资培训概论》等论著。

2.创建一张以 10 年(20 世纪 50 年代、60 年代、70 年代、80 年代、90 年代,21 世纪 00 年代、10 年代和 20 年代)为单位的时间数轴挂图或表格,并将其贴在墙上。

3.制作卡片或即时贴,每个上面写上一个具体年份。

4.将卡片随机分发给每位学员,让他们在相应年份的卡片上写上一个关键事件,然后贴在挂图的相应年代位置。

5.每组分别推荐一个志愿者,负责归纳大家所呈现的一个年代信息。

6.修正和完善信息。

7.培训师为全体设置提问或讨论的问题,例如,某个年代的教师培训关键事件体现出当时教师培训的重要特征是什么,为什么那个年代会发生这个事件,你需要进一步了解哪个关键事件的详细内容,等等。

支持条件

1. 用来张贴时间数轴图片的墙面或喷胶的挂布。

2. 卡片或即时贴。

3. 分组讨论的空间。

效果检测

现场提问或测试学员关于教师培训改革与发展历程方面的知识记忆

与理解程度。

补充说明

1. 可根据学习目标与内容灵活设计本次活动主题。

2. 可以按照小组设计对应年代的卡片任务,允许其他小组补充粘贴多个卡片。

3. 可以运用线绳、曲别针等代替墙面粘贴方式。

如何开展教师培训需求分析

流浪汉的需求

每当夜幕降临时，在德国汉诺威市主要的几条街道上，商店和超市的走廊里都会睡着一些流浪汉。夏天还可以，但是一到冬天，流浪汉们的日子就不好过了。

为此，从2005年起，每年一到冬季，汉诺威市的警察便会在晚上巡逻时，试图劝服流浪汉住到由政府提供的相对暖和的救济站，但是流浪汉们并不领情，把破旧的毯子往身上一盖，在地铺上就睡着了。

在2011年新年来临前的一个晚上，在警察局长和好几家媒体记者的陪同下，汉诺威市市长亲自来到流浪汉的面前，为他们派发新年红包以表慰问。

市长来到一个年纪较大的流浪汉面前，嘘寒问暖了好一阵子，但是这个流浪汉显得懒得搭理市长。市长急了，最后问道："你们最需要什么？我们一定尽力满足。"这个流浪汉估计是被问烦了，有些愤懑地回答道："你们每年都问同样的问题，但是我们最需要的不是红包、食物、棉被和关心，而是安宁！我们希望夜晚睡觉时，不会被没完没了的汽车喇叭声吵得难以入眠，我们只需要仅有星光在头顶上的宁静夜色。"

最需要的竟然是夜晚的安宁！这大大出乎所有人的预料。第二天，这条新闻一经报道，极大地震撼了汉诺威市的市民。市长说："我们以为他们最缺少的是温暖和食物，却忘记了他们真正需要的是尊重——对他们好梦的尊重！"①
其实，生活中我们经常会遭遇类似的尴尬局面。对于席间不胜酒力的客人，
主人总愿劝上几杯方罢休；给不愿抽烟的对方热情递过一支香烟，往往换来
的是拒绝；好心提醒同事注意改正工作中的错误细节，由于表达方式的不当
可能会导致一场长期误会……

由于服务方与需求方信息不对称的缘由，我们有时会犯类似的错误。商
业街不能了解顾客需要，商品就卖不出去；生产部门没有及时把握市场需
求，产品就会积压；医生如果不能正确诊断病因，就会很难把握病人需要怎
样的治疗；家长如果缺少对青春期孩子的了解，不懂得他们成长期间的心理
规律与需要，教育与关爱就可能不被理解、不被接受，甚至会遭到孩子叛逆
性排斥。

作为教师培训师，如果不能准确把握教师们的学习需求，没有为学习者
提供适合的培训内容及方式，那么，我们的培训质量和培训效果从一开始就
不能得到保证。

无论是培训设计，还是培训组织实施，抑或具体的培训教学活动，都要
把如何有效满足培训需求作为基本标准和依据。优秀的教师培训师就是那些
善于科学诊断、准确把握和有效满足教师学习需求的教育者，他们总是把需
求分析置于所有培训活动的黄金原则之首。

本章主要解释培训需求分析的基本含义，透视四个需求分析维度，介绍
八个需求分析方法，与你共同进入教师培训师的第一项专业修炼——提高培
训需求分析能力。

---

① 徐立新. 流浪汉的需求 [N]. 羊城晚报，2011-12-08.

第一节 教师培训需求分析概述

一、教师培训需求分析的意义与作用

当我们要开发一个教师培训项目或决定进行培训的时候,我们需要预先考虑"为什么培训""培训谁""培训什么""需要谁来培训""如何培训""培训要达到什么效果"等培训中的核心问题。

如果这些问题没有考虑清楚就组织培训,那么这个培训从一开始就会缺少针对性,很难达到预期效果。提前找到这些问题的答案就是培训需求分析的工作内容。

所谓培训需求分析,是指在规划和设计培训项目或培训活动之前,培训师采用各种方法和技术,通过收集和分析各种信息,确定培训对象的工作现状与应达目标之间的差距,寻找产生差距的原因,并进一步从这些原因中找到那些通过培训可以解决的学员在知识、技能、态度、能力和行为等方面的问题,为开展培训活动提供依据。

根据以上定义,我们很容易把握培训需求分析在整个培训项目开发过程中的重要地位。在时间上,它是培训开发工作的开端;在空间上,它占据基础的位置。有了开端,后续环节才能逐渐开展;有了基础,才有上升的可能。好的开端和扎实的基础,是培训顺利启动、有效进行的基本前提。而缺少或质量低的培训需求分析则从一开始就注定了培训的低效甚至无效。

培训需求分析既是培训的出发点,又是培训的归宿。具体来说,其意义与作用体现在以下几个方面。

第一,培训需求分析是整个培训系统设计的首要环节,为培训目标设定、课程内容设计、教学方法选择、培训效果评估等各个环节工作提供基本依据。

第二,培训需求分析在广泛调查和征求意见的过程中,赢得培训对象和培训委托方对培训工作的理解和支持，获得更多的协作，消减更多的阻力。

第三，培训需求分析帮助学校了解教师个体职业发展需求，帮助培训对象了解自己的知识、技能和能力现状与需要改进的问题，有利于学校组织、制订人力资源发展规划和指导教师本人明确学习目标与方向。

第四，培训需求分析强化培训师之间对培训工作的共识和协作意识，促进培训师全面把握培训的环境和条件，关注培训可解决的具体问题和预期实现的目标。

第五，培训需求分析能够找出绩效差距，分析问题原因所在，提供培训前测数据，预测培训投入，确定培训价值和成本。

二、教师培训需求分析的范畴

由于教师培训是个系统性工作，其需求分析的范畴可以指向特定区域、特定阶段、特定教师群体的普遍性培训需求，例如，我们经常谈的"'十四五'期间北京地区市级骨干教师培训需求分析"；也可以指向某个特定项目所界定的特定教师群体在某些方面的学习需求，例如，"'国培计划'示范性培训（2010）——教师培训管理者团队研修项目的培训需求分析"；还可以指向培训师在备课时所考虑到的某次培训活动所针对的特定学习对象的具体需求情况，例如，某院校为来自湖南省的50位教师培训师做一次"如何系统设计教师培训项目方案"专题培训，首先要确定这50位学员培训设计能力现状与预期目标的差距调查和研判，以确定这个专题培训渠道重点满足的学习需求是什么。

当我们开展培训需求分析时，一般要涉及以下三个方面。

（一）全员教师基本情况分析

无论是做培训规划，还是设计培训项目，我们都要关注对全员教师基本情况的分析，以便把握培训需求的普遍性和多样性。所分析的问题至少应该包括以下内容。

◆有多少人需要参加学习和培训？

◆他们各自需要参加什么类型的学习和培训？

◆如何从分岗、分层、分类、分期、分班的角度区别学习对象的需求差异？

◆各种类型学习的人员分布情况、数量如何？

◆在培训资源有限的情况下，如何对重点支持的培训对象进行优先权排序？

◆预备受训对象的职务、工作岗位、工作经历、工作需求等情况如何？

◆他们在工作中有哪些成功经验或失败挫折？

◆他们的年龄、性别、健康状况、学历等背景情况如何？

◆他们的实际能力与岗位要求之间的差距到底有多大？

◆哪些学习需求是培训能解决的问题？哪些是培训不能解决的？

（二）学员学习基础分析

◆学员对培训的期望和态度是什么？

◆学员需要培训帮助他们解决哪些特定问题？

◆学员对将要培训内容的了解和熟悉程度如何？

◆学员是否能把已有的经验和所学的知识应用于培训中？

◆学员对培训师和培训机构的了解程度如何？

◆学员在培训中面临的主要困难是什么？

◆培训师如何化解这些困难或帮助其克服？

◆学员还有什么特殊需要希望通过培训予以满足？

（三）培训环境因素分析

◆学员单位领导是否支持他们参加培训？

◆学员单位对这次培训有什么期望？培训能否满足他们的期望？

◆培训课程内容能否满足学员的需要？

◆培训机构及培训项目的食宿和学习环境能否令学员满意？

◆学员之间、学员与培训师之间的交流机会有多大？是否便捷？

◆学员对参加培训有什么顾虑和具体困难？

◆培训对学员个人和单位发展是否有积极意义？

◆培训是否符合培训委托机构、举办机构、派出学员机构、学员本人等所有相关利益方的利益诉求？

以上三个方面的 26 个问题，可以作为培训师在设计培训需求调研内容的参考,如果能根据实际需要有选择地把它们转换成调查问卷、访谈提纲、前测试题、分析作品等形式,那么,这些问题反馈的分析结果将更有助于我们把握学习者和培训相关人的培训需求。

三、教师培训需求分析的参与主体

为保证教师培训的针对性和实效性,培训应体现供求双方一致原则,即培训师所提供的培训服务适合需求方的需要;需求方的需要能够从培训师那里得到满足。教师培训需求分析的参与主体为来自双方的不同角色。一般来讲,参加教师培训需求分析的人员主要有以下几类。

(一)培训管理者

培训机构和培训项目的管理者承担着项目开发的重要责任,他们作为培训需求分析的发起者、设计者、组织者、协调者,成为教师培训需求分析的主要成员。在一些培训项目中往往缺少规范的需求分析,很大原因是培训管理者对培训需求分析的重要性认识不够,不愿把时间、人力和财力投入这个首要的培训环节之中,结果导致培训从一开始的顶层设计就步入低效或无效的风险之中。

(二)学校管理者

学校管理者对学校组织发展、学员工作岗位和学员工作绩效都比较清楚,作为培训消费者代表,可以判断学校需要哪类培训,哪些人参加培训,培训应该针对教育教学实践中的哪些问题等。学校管理者参与教师培训需求分析,有助于改变学校盲目派人、教师被动受训的局面,从需求方来促进培训的针对性。

(三)培训师

培训师对教师专业发展、教育教学理论与实践、教师培训课程与教学等问题要有专门研究,能从培训专业化角度设计和运用需求调查工具,并能把各方关于教师培训需求的认识系统地整理归类,形成教师培训需求分析报告。另外,培训师参与教师培训需求分析,也能极大促进培训教学活动密切结合学习者需要,避免培训成为填鸭式讲座,避免培训课堂与学习者工作情境——中小学课堂之间的严重脱节,从而有力保障培训目标的达成。

（四）学员群体

学员非常清楚自己需要学习什么，需要解决哪些问题，需要培训方提供什么学习条件和环境。尽管他们的需要不能代表学校组织和工作岗位等其他层面的培训需求，但他们提供的需求信息能直接反映出学习者的学习基础，对培训方案设计和课程内容安排有重要价值。

（五）外界专家

邀请外界专家参与教师培训需求分析工作，是教师培训在智力资源投入方面的一项举措。外界专家不仅具有丰富的学术知识和实践经验，以及宽广的政策视野，而且"旁观者清"，他们对教育改革和发展研究、学校发展诊断、课堂教学实践问题进行分析，能够对教师培训需求分析提出有价值的建议。

各省（自治区、直辖市）、地方市县在制订教师培训区域性五年规划或年度计划时，教育主管部门和教师培训机构应该成立教师培训需求调研小组，组织有关专家力量，开展培训需求调研工作，为培训实施工作做好充分准备。

培训项目组可以组织培训主讲教师、管理人员和外部专家组成培训需求调研团队，针对该培训项目涉及的培训对象、培训政策、培训资源等内容开展需求调研与分析工作。

总之，教师培训工作涉及培训院校、中小学校和教育主管部门等众多机构，需要这些机构、培训机构的相关部门以及各类人员通力合作，形成良性机制，共同关注和诊断教师培训需求。

四、影响教师培训需求的因素

（一）常规性影响因素

常规性影响因素主要是指在确定培训需求时要考虑的一般因素，目前常体现在以下主要方面。

◆社会政治、经济、文化发展对教师培训需求的影响。

◆教育改革和发展对教师培训需求的影响。

◆学校发展规划与目标对教师培训需求的影响。

◆教师个人职业发展规划对教师培训需求的影响。

◆培训资源与条件对教师培训需求的影响。

（二）事件性影响因素

事件性影响因素具有一定的特殊性，往往新的教育政策和改革措施会促进新的教师培训需求产生。事件性影响因素目前主要体现在以下主要方面。

◆新出台的教育政策对教师培训需求的影响。

◆新课程、新教材、新教改、新评价的试行对教师培训需求的影响。

◆新教师入职和新工作岗位对教师培训需求的影响。

◆校园突发事件对教师培训需求的影响。

◆新任校长的重视程度对教师培训需求的影响。

不同于企业界培训需求的影响因素主要表现在员工绩效、市场竞争和企业发展方面，影响教师培训需求的因素主要来自教育行政和学校管理方。教育行政主导的教师培训需求，较大程度体现了教育主管部门的意志，便于通过培训促进教师全面贯彻实施教育政策，自上而下推进教育改革，但是也容易导致培训需求与实际工作绩效的改进要求之间脱节，使得培训实效性在培训需求分析环节就遭遇衰竭。

因此，我们在关注常规性影响因素和事件性影响因素的同时，还要重视教师工作、教师学习心理、教师个性学习特征等方面的调查与研究，兼顾自下而上的需求分析渠道。

第二节　教师培训需求分析维度

教师培训需求分析一般从社会需求、组织需求、工作需求和人员需求四个维度开展，虽然其内容各有侧重，但是整个培训需求是一个有机整体，其内在联系可以通过以下的冰山模型体现出来（见图3-1）。

人员需求包括学习者、项目委托方和培训机构主管人员等对培训的主观期待，是整个培训需求系统显露的冰山之角，往往容易被发现。教师培训师需要以社会发展的宏观需求为基础，深入研究和发现冰山之下的组织培训需求和工作培训需求，这是今天教师培训专业化要攻克的重要课题。

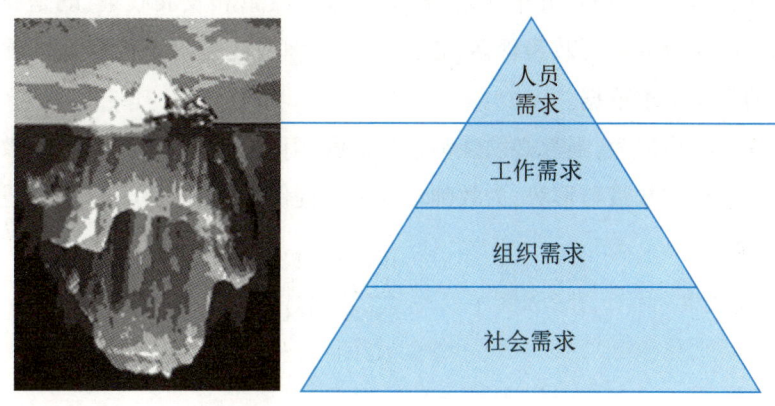

图 3-1　教师培训需求分析的冰山模型

一、社会发展维度的教师培训需求分析

（一）从社会发展需要看教师培训的宏观需求

从社会发展层面分析教师培训需求，就是要回答教师培训的宏观社会背景是什么，培训政策依据有哪些，要实现哪些社会价值，对社会政治、经济、文化、教育的发展发挥什么作用，产生哪些影响等。

我国国民经济发展的每个"五年规划"和国家教育事业发展的每个"五年规划"，不仅确定了教育发展远景规定目标和方向，而且包括各阶段教育发展的具体目标与重点任务。各级政府和教育行政管理部门也都相应制定了"五年规划"及其实施办法。

除了"五年规划"外，国家在不同时期还颁布教育改革和发展的重大纲领性文件和教育改革专项政策，如《中国教育改革和发展纲要》（1993年）、《国家中长期教育改革和发展规划纲要（2010—2020 年）》（2010

年)、《中共中央 国务院关于全面深化新时代教师队伍建设改革的意见》(2018 年)、《中共中央 国务院关于深化教育教学改革全面提高义务教育质量的意见》(2019 年)、《国务院办公厅关于新时代推进普通高中育人方式改革的指导意见》(2019 年)、《中国教育现代化 2035》(2019 年)、《深化新时代教育评价改革总体方案》(2020 年)等。

这些不同层级的"五年规划"和重大教育改革和发展政策,既是我国教师队伍建设的重要政策保障,也是教师培训内容需求定位和培训项目开发的宏观需求依据。

强国必须强教,强教必须强师。当前我国国民经济和社会发展、教育改革和发展的政策与形势,为教师培训工作提供了前所未有的大好机遇。

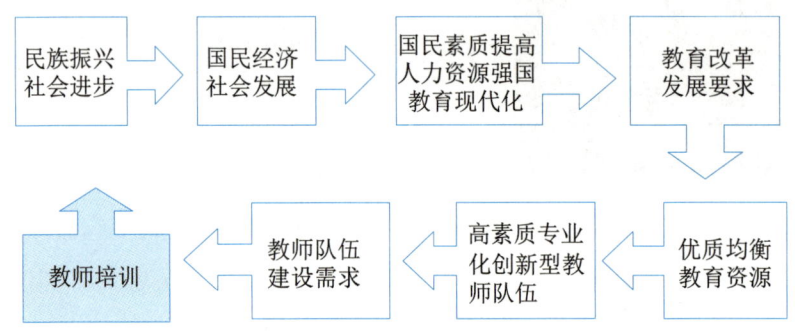

图 3-2　社会发展层面的教师培训需求分析路径

参照以上社会发展层面的教师培训需求分析路径,我们需要明确下列问题。

◆民族振兴、社会进步、国民经济和社会发展对教育改革发展提出什么要求?教师培训如何在此背景下适应教育改革发展需要,以体现其服务社会的功能与价值?

◆国家和地方的教育改革与发展政策对教师队伍建设提出什么要求?教师培训如何服务于优质均衡教育资源的配备和扩大?

◆在新形势下,教师队伍建设面临什么问题和挑战?教师培训在这些问题和挑战面前如何把握时代机遇?

◆教师培训能否为高素质专业化创新型教师队伍建设做出贡献?在

"夯实教师专业发展体系,推动教师终身学习和专业自主发展"方面能做出什么贡献?如何提高培训质量和培训专业化程度?

◆ 如何理解教师培训的社会需求?如何把教师培训的愿景建立在更好地服务于实现教育现代化、提高国民素质和建设人力资源强国的基础上?

(二)从教师专业发展规律看教师培训的客观需求

教师作为专业人员和终身学习的观念正在被人们接受。1996年联合国教科文组织和世界劳工组织发表了一份划时代的文献——《关于教师地位的建议》,强调"教育工作应被视为一种专业。这种专业要求教师经过严格且持续不断地学习,才能获得并维持专业知识和专门技能,从而提供公共服务"。1994年颁布的《中华人民共和国教师法》明确,规定"教师是履行教育教学职责的专业人员"。谁也无法指望职前的几年专业教育就能满足一名教师几十年职业生涯需要的全部的专业知识、专业技术、专业理念和专业素养。

1948年美国全国教育协会强调,一个"专业"应该符合八条评判标准:(1)专业实践属于高度的心智活动;(2)具备特殊的知识领域;(3)受过专门的专业训练;(4)经常不断地在职进修;(5)视工作为终身从事的事业;(6)行业内部自主制订规范标准;(7)以服务社会为最高目标;(8)设有健全的专业组织。[1] 其中的(3)和(4)两条标准说明了专业人员进行终身学习的必要性。

一些教育研究者和教育工作者认为,教师的专业定位不能靠别人的施舍,也不能简单依靠政府或国际组织的认定。教师的专业定位必须靠广大教师的学习、奋斗和发展去赢得,必须依靠教育工作者努力建构不可替代的教育科学体系,从而使教师的教育教学实践真正建立在坚实有效的专业知识和专业技术的基础上,使教师成为难以被他人(未受教师专业

---

① NATIONAL EDUCATION ASSOCIATION. Division of Field Service:The Yardstic of a Profession, Institutes on Professional and Public Relations [M]. Washington, D.C.: The Association,1948:8.

训练者）替代的人。①

我国于2012年制订和正式颁布了幼儿园、小学、中学教师专业标准，各专业标准基于"师德为先、学生为本、能力为重和终身学习"的基本理念，从"专业理念与师德""专业知识"和"专业能力"三个维度，提出了关于教师专业素养的若干条基本要求，明确指出：教师专业标准是中小学教师实施教育教学行为的基本规范，是引领中小学教师专业发展的基本准则，是中小学教师培养、准入、培训、考核等工作的重要依据。

基于上述理解，从教师专业发展规律开展教师培训需求分析，我们需要关注下面几个问题。

（1）既然教师学习已成为教师专业发展的必要条件，那么，教师培训如何有效促进教师学习？如何使教师培训为教师课堂教学和其他教育教学工作改进服务？如何把培训、学习和工作三要素紧密连接起来，形成相互促进的"铁三角"？

（2）教师的专业素质包括专业知识、专业技能、专业态度、专业能力、专业情意、专业行为特征等方面，教师培训是聚焦其中某个方面还是兼顾几个甚至全部要素？教师培训的定位是在为这些要素的缺失而零星补课，还是完善和重构一个认知系统，抑或为其搭建生长平台？

（3）教师专业成长历经不同的发展阶段，教师培训师如何甄别教师专业发展水平和相应的学习需求？教师培训如何针对不同发展阶段特征和学习需求设计多样化、选择性培训项目，并提供有针对性的、个性化的培训服务？

（4）教师作为专业工作者的专长形成和发展如果是元认知、学习技能、思维技能、知识储备、发展动机五要素相互作用、共同促进的结果，那么，教师培训师如何理解这些要素的意义并建构促进教师专长发展的学习和培训模式？

（5）如何避免培训脱离教师专业发展轨道现象？如何克服为培训而

---

① FESSLER R，CHRISTENSEN J C.教师职业生涯周期[M].董丽敏，等译.北京：中国轻工业出版社，2005：Ⅶ.

培训的现象？如何付诸实践,把"培训是生产力"的价值理念转化为"培训是教育人力资源开发"的有效投资行为？

二、学校组织维度的培训需求分析

(一)学校组织维度培训需求的引发缘由

深入学校实际,我们常常可以看到教师培训的必要性。在教师办公室和学校课堂发生的一些问题和事件,总会给我们带来这样的启迪:尽管有些是学校管理的原因导致,但是也有很多问题可以通过教师培训来解决。下面是若干引发教师培训的情况。

1. 增加新教师

每次招聘新教师后,都需要进行培训。新教师从大学里带来了许多新鲜知识,但是大学没有教给他们传递这些知识的技能,更无法帮助他们通过体验真实教学情境获得教书育人的方法。即使新教师掌握了这些教育教学技能,但他们也有必要尽快了解自己所到学校的文化和核心价值观念,以及学校的一系列规章制度和要求。

2. 提高教学质量

教师素质是教学质量提高的关键,而培训是教师素质提高的重要途径之一。有效的教师培训不仅能够增添教师的知识、提升教师的技能,而且能开阔教师的工作视野,为教师的创造性劳动提供新的思维工具。

3. 改革课程与教学

如果课程与教学改革是自上而下地开展,那么,教师理解并有效地在行动中贯彻和执行改革要求,则是其成功的保证。因此,每轮课程与教学改革,都重视开展教师培训。

4. 解决学校新问题

学校在变化的复杂环境中存在与发展,时常会出现新的问题,包括学生思想波动、安全意识差、心理问题多、学习困难等很多方面。有很多问题使教师感到非常棘手或难以解决。教师培训就是要帮助教师在学习中解决这些问题,并在解决问题的过程中提高教育学生的能力。

（二）学校组织维度培训需求分析的框架①

这一维度的分析主要是通过对学校发展目标、学校培训资源、学校组织特征、学校组织环境和学校管理者态度等因素进行分析，准确地找出学校组织存在的问题和问题产生的根源，以确定教师培训是否成为解决这些问题的最有效方法。

1. 学校发展目标

学校发展目标深刻影响着学校人力资源开发和培训活动。明确的学校发展目标对教师培训的规划和设计起着决定性作用。比如，当学校决定其发展目标为通过实施"新课程"打造"特色校"时，教师培训就必须围绕如何实施"新课程"和如何建设"特色校"展开。无论是校本培训还是派出教师到校外培训，学习目标越清晰地与学校组织发展目标保持一致，培训需求就越有指向性。假如学校发展目标不够清晰，那么，教师培训就很难针对学校发展需求来开展。

2. 学校培训资源

学校培训资源是指学校愿意或者可能投入培训活动的组织资源，其主要形式包括培训经费、培训时间、培训师资、设备设施等物质条件。首先，培训经费影响到校本培训的范围、深度和形式，也影响到派出参加校外培训人员的数量和规模。其次，人力资源状况是培训需求分析的关键内容，学校中有多少学科带头人可以做兼职培训师、全体教师有多少人需要及时接受培训、学校能为教师提供多长学习时间等，这些也是我们做培训规划时必须清楚的基础性信息。另外，学校可以用于教师培训的物质、教室、设施设备等也必须纳入资源分析的范围。

3. 学校组织特征

学校组织特征对培训成功与否起着重要作用。当教师培训计划与学校组织的核心价值观不一致时，培训效果就很难得到保证。例如，如果广大教师已经认同和适应学校组织结构，学校组织结构无须改变时，那么，

---

① 余新.学校组织发展：教师培训需求分析的重要基点[J].中小学管理,2012(3):46－47.

教师无此方面的培训需求,任何关于学校组织结构的培训内容则无多大价值。再如,如果学校的组织文化存在问题,需要改革,那么其中就会蕴藏着某种培训需求。如果学校的组织文化基本上是适应组织发展方向的,那么我们的培训活动就要尽可能地与其保持一致,这可以使我们的培训活动产生事半功倍的效果。总之,我们需要把学校组织特征纳入教师培训需求分析范围。分析目的,一是适应它,二是改进它。至于多大程度适应,多大程度改进,则取决于分析的结果。

4. 学校组织环境

学校组织处于多方面、多变化的环境中。政治环境、经济环境、文化环境、科技环境、社会环境和教育环境的变化,对学校组织变革都会产生不同程度的影响,进而对教师培训带来需求或对教师培训提出新的要求。例如,人力资源强国建设战略对高素质专业化创新型教师队伍的要求,国家近年来提出高中育人模式改革、坚持"五育"并举全面发展素质教育、全员教师培训和校本培训等政策,由此学校将根据政策要求和工作需要,整体规划和设计本校全体教师五年继续教育方案和年度实施办法。

5. 学校管理者态度

学校管理者态度包括校长在内的学校各级管理者对教师培训的支持具有十分重要的作用。如果管理者对教师参与培训活动抱着积极正确的态度,愿意向受训教师提供有关如何在工作中有效利用培训中学到的知识、技能、行为方式的信息,并为参训教师提供在实际工作中应用培训所学习内容的机会,那么,培训就会对学习者的行为产生影响,教师个体培训需求与学校组织需要更容易达成一致。

(三)学校组织维度培训需求分析的任务清单

学校组织层面培训需求分析有很强的针对性和目的性。它要把握学校的发展目标,了解学校人力资源的数量、质量和开发潜力,厘清学校可能用于培训的各种资源和实施培训的能力,认识学校运作机制和价值体系,为培训必要性程度的判断、培训规划的设计、培训目标的制订、培训内容的选择和培训活动的组织等提供客观依据。要达到以上目标,使得分析活动更具有操作性,可以使用以下三个方面的分析任务清单。

1.分析学校组织发展目标的任务清单

为获得学校组织发展目标方面信息,我们可以利用下面的任务清单。

(1)学校处于何种发展水平?下一步目标是规范学校办学制度,走向稳步发展,是立足当前已经取得的成绩,致力于优质卓越,还是独辟蹊径,办出特色?

(2)学校在实现上述目标过程中有什么优势和劣势?

(3)学校为此已经或将要采取什么变革措施?

(4)学校是否打算引进某种教学管理机制、课程变革方案、教改实验或其他教育思想?何时会提出具体实施办法?

(5)学校教育教学和管理工作面临的最棘手的问题是什么?

(6)社会和家长对学校发展有什么期待?学校管理者和教师们是否意识到这些期待?

(7)制约学校教育教学质量的瓶颈在哪里?

(8)基于以上七个方面的问题,学校校长和其他管理者有何打算?学校学科教研组、年级组、德育组、教科室、培训部等部门将会采取什么措施?

2.分析学校人力资源状况的任务清单

为获得学校人力资源状况的信息,我们可以利用下面的任务清单。

(1)学校是否有成文的教师队伍建设规划?如果有,教师队伍的优势和劣势,以及队伍建设目标是什么?

(2)学校是否进行过系统的教师工作分析?学校是如何界定每个教师的岗位任务的?是如何分析教师的知识、技能、态度、能力等状况的?教师的哪些教育理念和教学方法需要更新?教师的哪些教育教学技能需要哪些提高?

(3)每个教师是否有清晰的职业生涯发展规划?学校如何支持教师实现其规划?

(4)学校如何激励教师积极工作?

(5)学校如何评估教师工作绩效?

(6)还有其他哪些关于教师人力资源开发的问题值得关注?

3. 分析学校教师培训工作的任务清单

(1)学校变革和发展方面的哪些问题能通过教师培训解决？哪些问题是教师培训解决不了，需要从学校管理方面找原因的？谁负责调研和掌握学校教师培训需求？

(2)教师培训目标是否切合学校组织发展目标和人力资源建设目标的要求？是否关注到相关利益方的利益诉求？

(3)学校如何开展校本培训？如何实施送派学习计划？如何开展分类、分层、分岗的培训计划？

(4)教师培训课程是否有针对性和实效性？谁负责开发教师培训的课程与资源？

(5)什么样的培训方式最适合教师学习？哪些培训方式容易引发教师消极学习状态？

(6)教师在培训中学习的内容是否有机会应用在学校教育教学中？学校对教师培训和学习的效果有无评价方法？

(7)校长是否支持教师培训？学校是否有一定的制度保障教师培训和学习？学校是如何支持解决教师培训中面临的工学矛盾的？

(8)教师在校内和校外的学习机会有多大？能从学校获得多大程度的学习支持？学校每年在教师培训方面的投入有多大？

(9)学校的管理制度、组织文化、工作环境等是否有利于教师职业的可持续发展？

(10)还有哪些关于教师培训工作的问题值得关注？

学校组织发展目标分析和人力资源分析的任务清单，是从比较宏观的视角帮助培训师了解教师培训的学校环境和背景，这对教师培训具有很大意义。因为教师培训作为人力资源管理过程链(人力资源规划—招聘—甄选—定向—培训—绩效考评—职业发展—优秀员工)的重要环节，不能离开对学校组织目标的关注和人力资源管理的支持。教师培训工作分析的任务清单比较具体，但还需要培训师根据培训需求分析的具体任务加以修改和完善。

三、教师工作维度的培训需求分析

工作层面的培训需求分析是对组织层面的培训需求分析的深化。如果说,组织层面的培训需求分析主要是确定实现组织目标所要求的培训项目及其目标和内容,那么,工作层面的培训需求分析则是围绕教师某种特定工作或活动,确定保证其有效实施所需要的培训目标。组织层面的培训需求分析的结果告诉我们,为了实现组织的发展目标,哪些部门、哪些工作、哪些岗位需要通过培训改善其绩效。工作层面的培训需求分析则进一步探究这些部门、工作、岗位的性质与特征及其对教师专业素质的要求,以进一步明确培训类型与内容、培训重要性排序以及培训所要达到的目标。

(一)工作维度的培训需求分析的内容

工作层面的培训需求分析可以从不同方面开展,一般来说,我们可以考虑以下问题。

1. 工作任务的专业要求

教师工作具有专业性,对教师专业素质有较高要求。了解教师工作的专业化特征、发展阶段及其对教师专业素质结构、专业素养内容的要求,有助于从工作任务的普遍需求角度来系统把握教师培训内容的深度和广度。如今教师的专业知识结构、专业能力特征、专业情意要求都是教师培训需求分析的重要内容。这也是教师培训师既要把握学科教学规律,又要超越学科把握教师专业发展普遍规律的原因。

2. 工作任务的改革创新

教师工作总是在不断适应时代发展的变化。学科知识发展,信息技术革新,新教育政策颁布,青年人的社会观念变化,社会发展对教育的新要求,这些因素要求教师工作敢于迎接挑战,改革创新教学工作,同时也要学习充电和接受培训。分析教师工作变化的原因、表现和特征,有助于提高培训工作的前瞻性,在科学预测基础上开发面向当前和未来的教师培训项目。

3. 工作任务的岗位差异

根据教学工作的需要,学校中有一些特殊岗位,如班主任、教研组长、心理健康教师、生活辅导员、年级组长、德育主任、科研主任等,因为岗位差异,他们对教师培训的需求不一。另外,一些新手教师、骨干教师、"教非所学"教师等群体也会因为各自工作不同的需要,对教师培训产生不同需求。工作层面的培训需求分析要了解教师工作任务的岗位差异,以便开发分岗、分层、分类的培训项目。

4. 工作任务的特殊性

每项工作任务都有其特殊性质,教师工作更是如此。从培训项目开发角度来看,教师培训师除了需要考虑上面提及的三个问题以外,还应关注教师工作任务的特殊性。例如,教师工作是以人育人、以爱育爱的工作,教学知识和技能培训固然不可缺少,但师德建设更为重要。教师培训能否有效促进师德发展? 哪些是培训能做到的,哪些是培训做不到的? 如何对教师的情感、态度与价值观开展培训? 又如,教师工作对学生产生的影响既具有即时性,又具有长远性,那么哪些工作要求教师立竿见影,哪些工作要求教师润物细无声? 教师培训师能否针对教师工作的即时性和长远性特征,在诊断教师工作效果基础上开发相应的项目或提供培训活动?

(二)工作维度的培训需求分析的程序

1. 通过工作分析,撰写详细的工作说明书

工作分析是指通过收集、整理、研究有关工作信息,对工作的整体、各个组成部分及其内在结构与联系形成一个比较清楚、深入和全面的认识。例如,该项工作在全校、本学科、本年级工作中位置如何? 除了备课、上课、批改作业、班级管理、教研活动等工作外,还有哪些具体任务,其中占用时间和精力最多的是什么任务? 难度最大的在哪个环节? 工作的中心和关键在哪里? 岗位职责有什么特殊要求? 等等。

工作分析的结果是撰写一份工作说明书,其内容主要包括工作简介和任职资格说明。建立在详尽工作分析基础上的高质量工作说明书,是对教师进行人力资源管理的基础性工作。它为教师培训需求分析提供了

帮助,但是不能替代对教师现有状况的深入调查和研究。

工作分析是人力资源管理的基础条件,也是教师培训需求分析的重要依据。如果地方教育主管部门的人力资源管理机构和学校缺少对教师岗位工作的深入分析和描述,那么,教师培训师必须从自己的培训工作需要出发,做好这些方面的弥补工作。我们既要重视对教师岗位工作的普遍问题开展研究,认识到一般性问题的规律,又要对教师岗位工作具体问题开展调查,掌握特殊性问题的规律。

2.列出工作中包含的具体任务

每项工作通常包括一系列或一组更细的任务。在做培训需求分析时,要列出工作任务清单、每项任务的执行标准、工作执行的实际绩效。培训师从这三个方面对教师具体任务进行观察和分析,可以发现教师工作中存在的缺陷,进而确定哪些是培训可以帮助弥补的,或是通过培训能够促进教师逐步改善的。

目前,国内一些教师教育同行正在研究教师专业发展标准,这将为教师工作任务分析提供重要依据和参考。不过,教师工作任务所关注的内容更加微观,教师培训师需要从培训目标指向的具体问题出发,走进中小学校,深入教师群体和学生群体中,去研究培训应为教师有效工作做些什么和如何做得更加到位。

3.明确任职资格条件

要有效完成工作任务,教师必须具备相应专业知识、专业技能、专业能力、专业精神,并在工作行为中充分体现出这些专业素养。教师培训就是要帮助教师逐步具备这些条件。

以上方面的内容有着深刻内涵,也是今天教师专业发展研究的范畴。教师培训师既要以学科为基础考虑教师作为学习者的培训需求,又要超越学科整体把握教师任职资格条件的底线和上限,从而更好地设计培训课程和内容。

4.确定培训能够完成的任务

工作任务标准和任职资格条件与教师工作实际状况之间产生的落差,就是培训师应该关注的重点问题。但是,这些问题并不都能通过培训解决。这里需要分析两个层次的问题。

第一，不是所有绩效问题都是由于教师的知识、技能、能力、态度等导致的，有些是源于学校管理或教育政策本身的问题，而这些问题不是培训部门能够解决的。比如，教师的工作态度问题。培训师可以引导他们形成积极的工作态度，但是如果学校管理者和学校管理环境缺少对教师积极态度的引导和有效激励，那么，即便学员接受了再好的关于态度方面的培训，培训后态度积极改进的效果可能逐渐衰减，甚至更加反感自己的工作环境。

第二，不是所有教师的知识、能力、技能、态度、技能和绩效问题都可以通过培训来有效解决的，有些成本太高，有些效果有限。比如，在教师入职前缺少学科方面的基础知识，如果希望通过短期集中培训予以解决，那么，人力资源管理过程就会出现又一次错误——由招聘导致的失误，祈求培训来弥补。也就是说，指望对不具备和不能具备资格的教师开展短期培训就能够解决基本素质问题是不切实际的，因为短期培训对此类教师的学科知识补课是杯水车薪，教师的学科素养知识基础主要是在职前教师培养阶段奠定的。

教师培训应该着重分析培训能够完成的任务，并针对这些任务考虑设计不同的培训内容和方式。

例如，教师培训师应考虑学员掌握不同类型的知识需要不同的学习方式和不一样的时间。就知识方面的培训任务而言，陈述性知识（关于"是什么""为什么"的知识）可以通过自学指导、课堂讲授和在线学习等方式，根据内容量的大小可以用一节课和多节课完成；程序性知识（关于"怎样做"知识）比较适合采用"任务驱动"和"行动学习"等方式，在"做中学"，必须经历一个实践操作与训练的过程；策略性知识（关于"如何思维"的知识）则需要帮助学习者提供"情境体验""工作迁移"和"问题反思"的学习环境，促进他们自我反思，而不是通过在培训课堂上直接告知结果来实现。

又如，教师培训师应该抓住制约教师专业能力形成和发展的"关节点"，确定培训任务。能力问题不是一两次短期培训就能够解决的，一个人的现有能力实际上是其以往学习和经历的结果。培训要解决教师工作能力与工作要求之间的差距问题，教师培训师首先要考虑遴选培训对象，即寻找需求一致的学习群体作为最合适培训的对象，然后分析制约其专业能力的"关节点"。

5.进行培训需求排序

与工作有关的培训需求是多方面的，在培训资源有限的情况下如何高效配置这些资源，排序是必要的。

通常，教师培训师从培训任务的重要性程度和紧迫性程度考虑需求排序。把重要的且紧迫的培训任务排在前列；其次是考虑那些重要的但不紧迫的，或紧迫的但不重要的培训任务；把那些既不重要又不紧迫的任务排除在本次培训之外。

但是，由于教师培训师往往对两个方面重要性的价值判断不同，培训需求排序存在着一定差异。这就需要培训师在做需求分析的过程中，发挥团队作用，多多听取培训委托方、学校校长、学习者本人、培训专家等不同方面的意见和建议，避免个人决策带来的局限。

四、人员维度的培训需求分析

在完成组织分析和工作分析之后，培训需求分析的重点就要转向学员，通常是针对那些特定岗位、承担特定工作任务的特定教师群体或个体，分析其现有状况与应有状况之间的差距以及差距产生的原因，确定他们是否需要培训以及培训的内容。

（一）人员维度分析类型

人员层面的培训需求分析分为两种：判别性人员分析和诊断性人员分析。

判别性人员分析用来判断教师个体的总体专业发展水平（或阶段），通常可以把教师个体纳入新手型、熟练型、胜任型、精干型和专家型等不同等级来分析其学习和培训的需求。我们可以通过制订和参照若干等级教师专业发展标准，作为培训要达到的标准，由此确定培训对象、学习内容和培训方法等系统性培训需求。

诊断性人员分析要进一步寻找教师工作绩效表现背后的原因，尤其是了解教师知识、技能、能力和态度等因素如何影响教师的教育教学水平。我们可以通过分析某一学科或某一岗位教师群体在教育教学中普遍存在的问题及其主要原因,寻找通过培训来解决问题的办法,由此确定学习主题、培训目标和重点内容等有针对性的培训需求。

两种类型的人员分析在教师培训实践中各有利弊,需要在工作实践中根据实际情况结合应用,取长补短。

判别性人员分析的主要优点表现为系统性,培训师可把教师培训的需求系统地进行分类,并建立各类培训应然的标准,有利于为分层、分类、分岗的教师培训项目开发提供需求依据。判别性人员分析不足之处表现为培训师在缺少科学的判别依据和专业的培训标准的情况下,容易产生主观性,忽视教师培训需求特殊性和针对性的分析。

诊断性人员分析的主要优点表现为针对性,培训师根据特定培训对象开展问题诊断,准确把握教师培训的现实需求,有利于聚焦培训主题,解决学习者的现实问题,提高培训的针对性。不足之处在于分析成本较大,需要投入较大的人力、物力、财力,而且对时间期限控制较严。

(二)人员维度分析内容

1. 专业发展阶段

教师专业发展是一个动态变化的过程,在每个发展阶段,其专业发展需求都有所不同。国内外许多研究者都致力于探寻教师专业发展的阶段性特征,这些研究成果为教师培训需求的人员分析提供了重要的依据和参考。[①]

2. 基本素质特征

明确教师专业发展的基本标准,分析教师的知识、技能和能力等方面的基本素质情况,将两者进行对照,发现其中的明显差距和原因,寻找培训能够解决的问题,是培训需求分析的重要内容。

3. 年龄特征

关注教师年龄状况,对于确定培训需求的意义主要在于两个方面:一是接受培训的教师年龄越小,其受训后的收益就越长,对培训的积极性就

---

① 张学民.教师职业发展与培训[M].北京:知识产权出版社,2007:45-64.

第 3 章 如何开展教师培训需求分析

147

越大;二是不同年龄阶段的教师,接受新知识、新技能的成本和能力不一样。为了增强培训效果,一般倾向于选派年轻教师参加培训;而为了体现培训的权利和待遇,那些贡献较大的中年教师容易获得较多的培训机会。

4.工作经验

教师培训需求分析的重要内容是掌握教师作为学习者已有的工作经验,以便培训能够促进学习者在学习情境与工作情境之间创建超级链接,帮助教师基于原有的工作经验参加学习培训,同时在原有认知经验基础上建构新的经验和心智模式。

5.学习心理

有效培训的重要前提是把握学员学习心理,促进学员形成积极的学习动机、兴趣和态度。教师作为成人学习者,其学习心理不同于青少年。有的教师学习动机来自外部,他们的学习是一个被动的知识消费过程,在培训需求中依赖外部定向;有的教师学习动机来自内部,他们的学习具备自我导向和调整机制,能根据自身情况主动提出培训需求。

(三)人员维度分析的信息来源

对教师个体的培训需求进行分析,需要培训委托方、施训方和第三方评价机构等多方面的资料。

1.培训委托方

培训委托方主要包括学校和教育主管部门。通常学校最易掌握教师的个体培训需求信息,主要通过以下途径,统筹兼顾,取长补短。

(1)教研活动。教师在教研活动中遇到的工作难题,或教研员发现教师工作中的问题,通过培训可以解决的,便成为培训需求。

(2)工作观察。学校教学管理人员可以在日常工作中观察教师工作行为、工作条件和工作结果,从而判断出哪些是培训可以解决的,哪些是管理可以解决的。观察活动本身虽然具有主观性,但是,它是第一手材料,比较可靠。

(3)关键事件。对教师工作中特别成功或特别失败的行为或活动进行分析,了解其特征及出现的原因。关键事件分析作为工作案例的特殊性研究,虽然不具备普遍性,但是,它可以为教师培训需求分析提供有针对性的参考。

(4)绩效考核。教师工作评估和经验总结能够提供反映一定问题的数据,如班风问题、教学事故、家长满意度、教研缺勤率等方面出现的消极情况,可能成为校本培训的重要需求。同时,建立对教师工作成绩和专业发展的有效评价机制,分析发现教师工作绩效提高或下降的情况及原因,从中可能发现培训需求。

2. 施训方

施训方的培训师主要通过以下途径掌握教师个体培训需求,环环相扣,层层深入。

(1)训前问卷调查。提前开展对目标学员的训前问卷调查,是掌握培训需求的重要方法。它有利于学员提前了解培训项目和进入学习状态,也有利于施训方在准确掌握学员需求后完善培训方案和备课。

(2)网络调研。教育信息化为教师培训管理拓展了时空。施训方可以提前为学员搭建远程交流平台,通过网络形式实施传统的问卷调研和问题访谈,也可以把项目简介和预习内容提前发布给学员。

(3)能力测试。根据培训项目需要,编制测试问卷,把与培训紧密相关的内容列入测试范围。为保证测试的信度和效度,测试内容和形式要根据测试科学原理加以设计。另外,要注意,不是教师的所有知识、技能、能力都可以通过测试来把握的,测试结果只能作为培训需求分析的参考。

(4)学员作品分析。关于技能训练、行为改进、绩效提升方面的培训,问卷调查、网络调研和能力测试不能全部、真实、准确地反映学员学习的基础和起点,通过作品分析途径获得的信息更有价值。这些信息不仅是培训期间教师了解学情的依据,而且可以作为培训后绩效考评的参照比较。学员参加培训前后提交作品的差异和变化,在一定程度上反映了培训效果。

(5)现场访谈与交流。培训目标设置是否得当,培训内容是否适合学员需要,培训方法是否有效,学员最有发言权。在培训项目启动后,团队和培训师与学员保持深度的交流和沟通,不仅可以获得许多与培训需求相关的信息,同时也具有激励作用。

3.第三方评估机构

随着教师培训专业化程度的提高,培训需求分析任务可以委托给专门评估机构,它们使用多种手段对人员进行全面的、科学的观察和分析,并做出需求评估。评估机构的费用较高,受培训预算限制,无法普遍使用,但重大或高端培训项目的学员需求分析应考虑借力外脑,通过培训专业化的分工与合作模式,保证培训质量和效果。

五、培训需求分析的整合模型和工作路径

(一)培训需求分析的整合模型

四个维度的需求分析有一个先后顺序和逐步展开的过程。一般来说,首先,以社会宏观需求分析为基础,有助于把培训需求分析置于培训战略之上,为培训组织需求、工作需求和人员需求确定方向与范围。其次,要考虑组织需求分析和人员需求分析两者的优先顺序。培训需求分析需要一定成本,有时候没有必要将所有工作和全体人员都介入需求分析范围,因此,要优先考虑组织层面的培训需求分析。再次,以工作需求为基础,兼顾组织需求和人员需求。通常,我们会遇到组织需求和个人需求不一致的情况。由"教师培训需求分析的弓箭模型"(见图3-3)可知,当组织和人员对某项培训需求均高时,并与工作需求一致,培训项目属于培训需求"优先满足"型。如果组织需求高,人员需求低,该项目培训属于"必要满足"型,组织将创造培训条件,努力为之立项。如果组织需求低,人员需求高,该项目培训属于"可能满足"型,组织将根据培训资源和实际情况决定是否立项。如果组织需求和人员需求均低,则该项目培训"可有可无",没有必要立项。

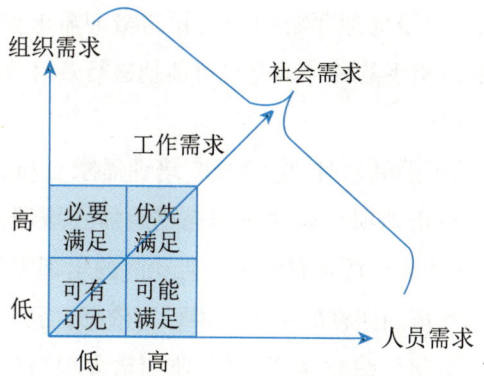

图 3-3　教师培训需求分析的弓箭模型

（二）培训需求分析的工作路径

教师培训需求分析的"冰山模型"和"弓箭模型"，从不同角度为我们整合组织、工作岗位、人员三方的共同培训需求提供了理论指导。在实际工作中，我们可以按照以下路径开展培训需求分析工作。

1. 需求排序

认真区分和筛选各种培训需求信息：哪些是真正需求，哪些是假象需求；哪些是普遍需求，哪些是个体需求；哪些是短期需求，哪些是长期需求；哪些是目前需求，哪些是未来需求；哪些是紧急需求，哪些是不紧急需求；哪些是重要需求，哪些是次要需求；等等。特别是那些既重要又紧急的培训需求，要进行优先排序。

2. 需求确认

培训组织方召开由培训管理人员、培训教师、培训顾问组成的项目专业家小组会议，必要时邀请培训委托方、学员代表参加，专门研究培训需求排序结果，最终达成一致意见，以此作为培训项目设计依据。在培训需求确认过程中，要抛弃那些培训解决不了的问题，把注意力集中在那些通过培训能够解决的问题上，同时抵制一次解决全部问题的诱惑和设想。

3. 需求偏差纠正

在实际培训过程中，由于学员学习状态、培训教师、培训课程和培训环境等变化，实施方案已经确认的培训需求可能还会出现偏差。因此，培训项目负责人或首席培训师要密切关注新的培训需求,在培训实施过程中建立监测机制,对出现的种种偏差尽可能地进行及时改进和纠正。

4.需求结果评估

为保证教师培训的针对性和实效性,培训需求分析工作不仅要贯穿培训始终,特别要在培训项目启动前和完成后加强培训需求评估。启动前和完成后的培训需求评估各有侧重。启动前的培训需求评估主要为培训主题、培训目标和培训课程的确定提供可行依据,而完成后的培训需求评估,主要配合培训项目绩效考评工作,监测培训项目的达成度,即培训需求定位是否准确、培训需求是否都得到满足或得到多大程度的满足。

第三节　教师培训需求分析方法

教师培训需求分析工作包括两个方面的内容:一是收集培训需求信息;二是整理和分析这些信息,以确定培训方案。这两个方面的工作都需要方法的支撑,没有切实可行的方法,教师培训需求分析任务便无法完成。下面是常用的教师培训需求分析方法。

一、访谈法

访谈法是通过与被访谈人面对面的交谈来获取培训需求的信息。访谈的对象可以是教师所在学校的校长、家长、学生、同事或主管部门的有关领导,也可以是教师本人。

在访谈开始前,要确定到底需要何种信息,然后再准备访谈提纲。访谈提出的问题可以是开放式的,也可以是封闭式的。封闭式的访谈结果比较容易分析,但是开放式的访谈能够发现更能说明问题的事实。访谈可以是结构式的,即以标准模式向所有被访谈人提出同样问题,也可以是非结构式的,即针对不同对象提出不同的开放式问题。一般情况下是两种方式相结合,即以结构式访谈为主,以非结构式访谈为辅。

访谈法需要专门技巧,应用时应该注意以下几点:(1)要明确访谈目标,确定"什么信息是最有价值的,是必须得到的";(2)准备好访谈提纲,以便启发、引导访谈人讨论关键信息,防止谈话活动跑题;(3)营造融洽互信的访谈氛围,避免产生敷衍应付态度或抵制性情绪,有利于收集到真实的信息。

二、问卷调查法

问卷调查法是以标准化的问卷形式列出一组问题,要求调查对象就问题进行打分或做是非选择。当需要进行培训需求分析的人员较多,并且时间较为紧迫时,则可以精心准备一份问卷,以电子邮件、信函、传真或直接发放的方式,让调查对象填写,也可以在进行面谈和电话访谈时由访谈人员填写。

问卷调查采取步骤包括:(1)列出希望了解的事项清单;(2)根据需要,封闭式和开放式问题各占一定比例;(3)对问卷进行编辑,最终成文;(4)请他人帮助审查问卷,并提出完善意见和建议;(5)在小范围内对问卷进行模拟测试,并对使用结果进行评估;(6)对问卷进行必要的修改完善;(7)正式投入使用,开展调查。

问卷调查法操作简易,适用范围较广,便于总结报告,而且成本较低,但是,它缺少个性发挥空间,调查内容深度不够。因此,通常会把访谈法与问卷调查法结合使用,通过访谈法弥补问卷调查的不足。

三、观察法

观察法是指培训师和培训管理者通过与学员一起工作,或深入学员的工作现场,如教室、实验室、办公室、会议室等,或通过校长和学员同事对其工作进行观察、评价后确定培训需求的方法。

观察法有助于直接发现学员的长处、不足以及工作中的难点。但是,观察法得出的结论往往容易成为主观的判断结果。因此,应用观察法开展需求分析时,要注意以下几点:(1)确定供观察活动应用的客观科学的评价标准和指标,减少主观性;(2)事先与被观察者做好充分沟通,获得理解和支持,同时,要淡化观察者角色,以便观察内容处于常态;(3)对连续观察过程的记录进行全程分析或对集体观察获得的信息进行深入讨论,保证观察结果的有效性。

四、关键事件法

关键事件法是指对学校组织目标实现、工作绩效提高或教师个体专业发展起较大促进作用或阻碍作用的有重大影响的事件。如某项教改实验、某次教学观摩、某次教学评估、某次获奖经历、某次招生结果、某位骨干教师调离、某次家长会调查、某次校园安全事件、某次法律纠纷案件等。这些重大事件的背后都潜存着教师队伍建设和发展的一些问题。一部分问题是通过培训能够解决的,即在培训需求的内容范围之内,一部分问题是通过学校管理途径才能解决的,也有一部分需要教师通过自学或返回大学继续提高学历等主观努力途径解决。

采用关键事件法进行分析时要注意以下三点:(1)要建立关键事件的档案制度,记录并保存好关键事件的重要信息,包括事件发生的时间、地点、原因、背景,对学生、教师、学校、家长、社会等各方的积极或消极影响,以及关键事件的后果等;(2)对每学期的关键事件做定期分析,从中发现与学校组织目标实现、工作绩效提高或教师个体专业发展相关的培训需求;(3)把该方法与访谈法、问卷调查法结合,通过任务访谈和问卷调查形式,深入挖掘关键事件中的培训需求信息。

五、绩效分析法

绩效分析法就是对教师既有的工作成绩和学校组织期望的绩效标准进行对照,找出差距,然后分析差距产生的原因,确定培训能否消除或缩小这些差距,从而提高工作绩效。

培训的重要目的是改进工作绩效,减少或消除实际绩效与期望绩效之间的差距。因此,绩效评估对培训需求分析的意义重大,它不仅有助于获得将来的培训需求信息,而且也便于掌握过去培训需求的实现情况。

应用绩效分析法时需要把握以下四个方面:(1)把教师专业发展标准

或明确规定的工作绩效标准作为考核的基线;(2)集中关注希望达到的业绩;(3)确定未达到理想业绩水平的原因;(4)发现能够达到理想业绩的培训需求。

六、经验预计法

经验预计法是指凭借丰富的培训与管理经验预测通用性或规律性的培训需求的方法。

如新教师的入职培训,其组织需求主要表现在熟悉学校组织环境、学校发展规划、工作目标、规章制度等,岗位需求主要表现在理解课标和教材、学会撰写教案、掌握基本教学方法和课堂教学组织技能等。而骨干教师的培训需求更多表现在把握理论前沿、研究实践问题、提炼教育教学经验、发展教学领导力和发挥专业辐射引领作用等。

经验预计法在实际工作中容易出现主观性和片面性,因此,需要建立在长期实践经验积累和一定理论研究的基础上,并注重发挥团队作用,集合专家经验和集体智慧。

七、头脑风暴法

头脑风暴法的实质是让有关人员集中在一起,围绕一个问题,群策群力,尽可能地引出更多不同观点,相互启发。

头脑风暴法的重要步骤包括以下几点:(1)召集有关人员集中在一起,人数不宜过多,一般为十几人;(2)让大家就工作中的某个问题,尽快想出尽可能多的培训需求,在一段时间内进行自由讨论;(3)在讨论过程中,提倡提出不同办法,不许批评或反驳,观点越多,思路越广;(4)记录所有的观点、办法或方案,不强调结论,强调方案产生的过程;(5)对每条需求信息根据重要性和紧迫程度进行排序,筛选出培训需求结果。

应用头脑风暴法做教师培训需求分析时,活动主持人要善于营造讨论气氛,鼓励大家踊跃发言,引导大家围绕主题,防止跑题,必要时可以在现场寻找一位人员充当助理,协助记录、准备讨论工具等。参加人员可以为中小学教师、校长,可以为专门培训院校的专业培训师,也可以为大学学科理论专家,抑或教育主管部门的管理人员。每次可以召集同类人员,也可以召集不同类人员。

八、专项测评法

专项测评法是一种高度专门化的问卷调查法,它通过选择专项测评表来测评教师的专业知识、技能、能力或其他方面的专业化程度,由此判断教师培训需求。

然而,由于缺少用于教师培训的专业化测评表,这项工作几乎是一片空白。假如医院里各个科室没有测评病人的分项标准、依据和方法,那么医生的专业化程度就会受到质疑,将沦落为以"包治百病"自诩的江湖医生。假如法官和律师没有评判各项犯罪的分项标准、证据和方法,那么可能法律制度要倒退几百年甚至上千年。假如培训机构缺少对教师专业发展和工作绩效标准的认识与研究,没有教师工作问题诊断、专业能力检测、学习需求分析的专项测评标准与方法,那么,我们和教师培训的局外人会如何评价教师培训的专业化制度呢? 至少可以断定我们的培训专业化还有很长的路要走。

可喜的是,有的培训师开始尝试应用自己设计的前测试题,通过测试成绩分析学员的专业知识水平;也有的培训师开展培训前学员作品分析,从而研判学员的作品所体现的专业能力水平。通过前测分析来获得学员培训需求的办法非常值得培训师尝试。

以上收集培训需求信息的各种方法各有优缺点,因此,在实际操作过程中要取长补短,灵活应用。为获得客观、真实、准确的培训需求信息,应综合采纳几种方法。

此外,有必要从学员的参与程度、学校管理者参与程度、需求分析时间和经费成本等角度,对以上各种收集培训需求信息的方法进行比较,选择最适合的调研方法,最大限度地保证掌握各个层面的培训需求,以便在培训设计与实施过程中做出明智的决定。

本章学习建议

一、学习目标

通过本章学习,你应该能够:

1. 认识到教师培训需求分析的意义与作用,并将培训需求分析作为培训工作的重要环节。

2. 了解教师培训需求调研的内容范畴及其基本问题。

3. 了解教师培训需求分析的参与主体和影响教师培训需求的主要因素。

4. 理解教师培训需求分析的四个维度及其分析工作框架。

5. 掌握教师培训需求分析的基本方法,并能结合实际工作需要撰写培训需求分析报告。

二、讨论题

1. 为什么要开展教师培训需求分析?培训需求分析与提高培训针对性有何关系?

2. 为什么培训需求分析工作需要多方参与?

3. 教师培训需求分析包括哪四个维度?如何理解它们之间的关系?

4. 教师培训需求分析包括哪些方法?如何理解这些方法之间的互补性?

三、应用题

1. 试以骨干教师培训为例,运用"冰山模型"做一次骨干教师工作坊项目的培训需求分析。

2. 试以校本培训为例,组织校长、教师代表和培训承办者三方一起运用"弓箭模型"做一次校本教师培训需求分析。

3. 结合当前正在开展的一项培训项目,运用三种培训需求分析方法,体现定量分析与定性分析相结合,做一次培训需求调研,并撰写一份培训需求分析报告。

四、本章培训活动示例

活动名称

KJ 法。

活动主题

探索引起教师工学矛盾的缘由。

活动概述

KJ 法就是将未知的问题、未曾接触过领域的问题的相关事实、意见或设想之类的语言文字资料收集起来，并利用其内在的相互关系做成归类合并图，以便从复杂的现象中整理出思路，抓住实质，找出解决问题的途径。其创始人是东京工业大学教授川喜田二郎（Kawakita Jiro），KJ 法名称由此而来。

活动目标

尝试和体验 KJ 法，学员通过参与头脑风暴、信息归类、诊断分析的活动过程，寻找教师工学矛盾的问题缘由及其解决方法。

参与对象

人数可在 10—50 人。

活动流程

第一步：制作"基础卡片"。培训师组织全班学员头脑风暴（或每人提 1—3 条，将内容完全一样的合并），将"导致教师参加培训时工学矛盾的缘由"列举出来，每条缘由用一句话写在卡片上，每张卡片只记一条缘由。将卡片排放在宽敞的地面或黑板上，合计提出几十条。

第二步：制作"小组标题卡"。组织学员进行卡片第一次分组分类，把内容在某点上相同的卡片归在一起，并加一个适当的分类标题，用绿色笔写在一张卡片上，作为"小组标题卡"。不能归类的卡片，每张自成一组。

第三步：制作"中组标题卡"。第二次卡片分组，将"小组标题卡"和自成一组的卡片都放在一起。经学员共同讨论，将内容相似的小组卡片归在一起，再提取一个适当标题，用蓝色笔写在一张卡片上，称为"中组标题卡"。不能归类的自成一组。

第四步:制作"大组标题卡"。经讨论再把中组标题卡和自成一组的卡片中内容相似的归纳成大组,加一个适当的标题,用红色笔写在一张卡片上,称为"大组标题卡"。

第五步:将所有分门别类的卡片,以其隶属关系,按适当的空间位置贴到事先准备好的大纸上,并用线条把彼此有联系的连接起来(也可排列在地面上)。如编排后发现不了有何联系,可以重新分组和排列,直到找到联系。将卡片分类后,就能分别地暗示出解决问题的方案或显示出最佳设想。

第六步:讨论交流结果。培训师引导全体学员分析教师培训导致工学矛盾的主要缘由及其解决问题方法。

支持条件

黑板、粉笔、卡片、大张白纸、文具。

效果检测

1. 现场观察学员的参与状态。

2. 要求学员培训后一段时间应用 KJ 法开展培训需求分析,通过提交的案例作品检测其应用效果。

补充说明

1. 上述活动安排适合 30 人以内的培训班。

2. 如果培训班级人数较多,可以根据培训场地情况进行分组活动完成上述的第 2—4 步骤。

第4章

如何设计教师培训项目方案

"水立方"方案设计

国家游泳中心"水立方"位于北京奥林匹克公园内，总建筑面积65 000—80 000平方米，与中轴线另一侧的国家体育场遥相呼应、相得益彰，以和谐的面貌把主场区的气氛推向高潮。其功能完全满足2008年奥运会游泳、跳水、花样游泳、水球等赛事要求，可容纳座席17 000个，且易于赛后运营。"水立方"已成为北京最大的、具有国际先进水平的多功能游泳、运动、健身、休闲中心，成为奥林匹克运动留给北京的宝贵遗产和北京城市建设的新亮点。

"水立方"是一座新颖别致的奥林匹克建筑，作为2008年北京奥运会标志性建筑之一，是唯一由港澳台同胞和华侨华人捐资建设的奥运场馆，蕴含着"百年奥运，中华圆梦"的深刻文化内涵。

"水立方"设计方案由中澳两国建筑师合作完成，从10个参赛方案中脱颖而出。方形是中国古代城市建筑最基本的形态，它体现的是中国文化中以纲常伦理为代表的社会生活规则。"天圆地方"的设计哲学催生了"水立方"，而这个"方盒子"又能够最佳地体现国家游泳中心多功能要求。它以冰晶状的靓丽身姿，装点景观如画的奥林匹克公园轻灵、宁静、具有诗意的气氛，一个正方体，简洁明快又富有神秘感，融汇了中国传统文化和现代科技。传统文化与建筑功能就这样实现了完美结合。[①]

---

① 佚名.北京水立方[J].魅力中国，2008（26）：7—9.

"水立方"的建筑成就首先源于精湛的工程设计。它给我们的培训项目带来了重要启发：教师培训项目犹如一项建筑项目需要一份专业的设计方案。一份专业的设计方案是有效培训的必要条件，犹如军队的作战计划、医生的治疗方案、基建项目的工程设计、科研工作的研究计划等。有效的培训项目必须以一份专业的培训方案作为培训项目的施工蓝图。

　　一名优秀的培训师不仅是培训实施者，而且也担负着培训开发者和管理者的角色，甚至能成为一名合格的培训咨询顾问。针对特定培训对象的学习需求和组织机构的资源条件，设计一份有效可行的教师培训方案，既是教师培训师系统思维能力的表现，也是教师培训师走向培训专业化道路的成功标志。

　　本章主要解释培训方案设计的基本含义，介绍培训方案核心要素的设计内容和培训方案设计的工作方法，与你共同进入教师培训师的第二项专业修炼——提高培训方案设计能力。

第一节　教师培训项目方案设计概述

培训项目方案设计就是在培训需求分析的基础上，以系统思维对培训项目的各个核心元素（包括培训对象、培训主题、培训目标、培训预期成果、培训课程、培训方式、培训师资、培训时间、培训设施、培训效果评估方法和经费预算等）进行整体分析、计划、安排和部署。

培训方案设计是培训活动的行动指南，它使项目委托方能理解培训项目的设计意图、方向、路径、方法、目的，并与承办方达成共识，从各自角度去理解和支持培训；它将帮助培训团队提前分析培训将来可能出现的问题，统筹安排培训项目的各项活动及任务，避免冲突、遗漏和差错；它为学员提供了学习路经图，促使他们了解和领会培训预设的学习目标、课程计划、学习环境、学习条件和预期研修成果等，有助于实现从培训到学习的转化，为生成培训效果做好充分准备。

如果培训方案设计得不够科学，那么在培训尚未启动之际就会为培训质量和效果埋下隐患，犹如糟糕的建筑工程设计必然造成成本巨大、产品劣质甚至倒塌风险。培训方案设计的常见问题主要体现在以下三个方面。

（1）培训方案的核心要素组合缺乏逻辑性。特别是培训目标、课程结构、培训方式、培训预期成果等要素之间关联不紧密，系统思考和统筹计划不严密，突现出培训整体设计思路凌乱等问题。

（2）各培训要素内容表述缺乏专业性。培训主题宽泛，不能聚焦解决学习者实际问题；培训目标表述不准确，往往与培训目的混淆；培训课程结构图呈现为简单的培训内容标题，缺少关系建构；对培训预期成果的内涵和类型缺乏正确认识，表述模糊；等等。这些设计失误将导致培训需求定位不清、培训实施策略不准、培训预期效果不明等问题。

（3）培训课程与教学计划缺乏可操作性。一方面培训课程设计过分理想化，培训课程容量超出学员认知负荷范围，在培训师资配备上一味追求"名师名家"，但没有与学情和学习目标匹配，培训内容与学习需求之间出现较大落差，导致培训效果缺乏针对性和实效性。另一方面培训教学计划偏离客观实际条件，没有充分考虑培训项目必要的资源条件，在管理服务、合作伙伴、实践场地、教学设施、经费等方面缺少精细化分析和实践考证，导致原定培训计划与实际执行效果差距很大。

出现以上问题的主要原因是培训设计团队对教师学习和培训规律研究不够深入，在培训设计的理念、方法和技术等方面缺乏专业认知和实践反思；项目负责人在编制培训申报计划和实施计划过程中主观性强、随意性大，缺乏培训专业性；培训管理机构在培训质量监测和绩效考评等重要管理环节专业化程度不够，特别是项目申报与方案评审的专业标准和工作机制尚待健全，使培训方案设计中出现的问题无法得到及时反馈与纠正，需要在实践中持续改进。

第二节　教师培训项目方案核心要素设计

教师培训项目方案设计一方面要处理好培训项目各要素之间的内在逻辑问题，另一方面也要把握好培训项目各个核心要素内容正确和准确表达的问题。一只水桶能盛多少水，并不取决于最长的那块木板，而是取决于最短的那块木板。为避免培训设计中出现"短板效应"，我们需要理解培训方案每个核心要素的含义及其表述方法。

一、项目需求定位：宏观把握，系统思维

培训项目需求定位是从培训主观需求和培训资源客观条件的角度，确定培训对象、预期培训成果、培训内容及其培训模式的主要范围、领域、类型和主要特征，进而为培训项目的具体要素设计提供基本方向和基础框架。

（一）定位培训对象类型

我们可以从教师的任教学段、岗位角色、学科专业、教龄年段、专业发

展水平、工作单位地理区域、规模范围等要素交集,定位培训对象的类型。

通常,培训对象定位越清晰,培训目标与任务越容易明确下来,培训针对性也就越容易凸显。反之,如果培训对象定位宽泛,分类不清,那么,培训从方案一开始就会出现无的放矢的情况,失去针对性。使用表4-1有助于我们界定培训对象类型。

表4-1 教师培训对象类型定位维度

一级维度	任教学段	岗位角色	学科专业	教龄年段	专业发展水平	工作单位地理区域	规模范围
二级维度	◆幼儿园 ◆小学 ◆初中 ◆高中 ◆其他	◆班主任 ◆教研组长 ◆心理教师 ◆科任教师 ◆管理者 ◆培训师 ◆其他角色	◆语文教育 ◆数学教育 ◆英语教育 ◆物理教育 ◆学校管理 ◆其他学科	◆不足1年 ◆1—3年 ◆4—10年 ◆11—20年 ◆20年以上	◆适应期 ◆成长期 ◆成熟期 ◆发展期 ◆创造期 ◆其他分类	◆农村 ◆城镇 ◆市区 ◆其他区域	◆全员 ◆非全员 ◆其他范围

对一个具体培训项目来说,我们可按照两个以上的一级维度及其对应的二级维度确定培训对象类型。例如,培训对象为"小学教师"仅仅体现出"任教学段"和"岗位角色"两个维度。如果培训对象为"农村小学数学新任教师",那么,其分类就涉及"工作单位地理区域""任教学段""学科专业""专业发展水平"等多个维度。

在二级维度中,还可以进一步分类形成三级维度。例如,二级维度的"幼儿园"和"小学"都可细分为"低学段""中学段""高学段";"初中"和"高中"细分为"毕业班"和"非毕业班";"管理者"和"培训师"也都可按照岗位职责细化角色分类。

一般情况下,通识类培训项目或培训课程并不严格要求对培训对象细化分类。而对于专题培训来说,分类越细,越便于找出针对性的学习主题与目标,这也就需要投入更多精力提前开发相应的学习课程资源以保证培训效果。

一旦确定了培训对象的类型,培训师需要对该类型人员学习特征开展调查研究,分析他们对培训的共性需求和此类人员培训的规律要求,以精准定位培训对象条件。

(二)定位培训预期效果

"以终为始,结果导向"的培训设计理念已逐渐得到教师培训行业的广泛认同。任何培训项目设计开始都应该有个既定的"终点",这个"终点"不应该指向培训活动本身,而是关注培训预期效果,即培训目标达成的程度及其结果表现。

我们可以从五个一级维度:效果产生主体、效果受益方、效果类型、效果层次和达成时间,来分析培训预期成果的大略范围。每个一级维度可酌情细分出相关二级维度,帮助我们认识不同类型培训项目成果的具体指向(见表4-2)。

表4-2　教师培训效果定位维度

一级维度	效果产生主体	效果受益方	效果类型	效果层次	达成时间
二级维度	◆学员 ◆培训团队 ◆培训机构 ◆协作团队 ◆其他	◆学员自身 ◆学员组织/学校 ◆培训团队 ◆培训承办机构 ◆培训委托方 ◆培训协作方 ◆其他	◆认知成果 ◆技能成果 ◆情感成果 ◆绩效成果	◆学员反应 ◆学习结果 ◆行为改变 ◆业务结果	◆培训期间 ◆培训一结束 ◆培训后延续 ◆阶段性

大多数培训项目的"效果产生主体"是在培训团队指导下的学员个体和集体,但在一些大型、长期、合作培训项目中,需要培训机构的组织力量和多方协作才能达成预期效果。不同类培训项目的"效果受益方"有所不同,单一的短期培训项目主要指向学员,对于综合改革、区域合作、校本培训等项目来说,在培训项目设计中要充分考虑该培训项目为各方培训利

益相关者带来的受益效果。"效果类型"和"效果层次"的二级维度指标可参阅本书第七章"如何评估教师培训效果"部分内容。培训效果"达成时间"可以预设在培训不同时期,这为培训项目"逆向设计"提供了"起点"。

(三)定位培训内容

从培训内容角度,我们可以把培训大略分为新岗位适应培训、原岗位拓展培训和高级研修培训三大层次,以此作为认识培训内容领域的一级维度。每个层次又可以从岗位工作需要角度分为若干二级维度(见表4-3)。在特定时间、特定经费、特定资源和其他特定培训条件下,培训项目内容应尽可能地聚焦培训需求领域,否则就会陷入"老虎吃天,无处下口"的困境。

表4-3　教师培训内容定位维度

一级维度	新岗位适应培训	原岗位拓展培训	高级研修培训
二级维度	◆资格培训 ◆入职培训 ◆转岗培训 ◆晋升培训 ◆其他	◆知识拓展 ◆技能拓展 ◆心理拓展 ◆能力拓展 ◆行为拓展 ◆其他	◆专题探究性研修 ◆协作交流性研修 ◆经验萃取性研修 ◆发展领导力研修 ◆其他

教师作为成人学习者总是会无意或有意地考虑培训中的"机会成本",尤其是在学校工作任务繁重情况下,更是如此。因此,对于一个学习者来说,教师培训项目的周期太长、培训内容容量太多,会超出教师的认知负荷范围,令他们难以接受。

如果要设计长周期、跨年度、培养类的职后教育非学历项目,那么,我们不妨考虑设计系列性、模块化、递进式的培训内容,避免培训内容堆砌无序、前后断链、形式单一、低效重复、学用脱节等现象。

教师培训内容存在两种分类逻辑:一种是以解决问题为中心的"实践应用逻辑",即培训内容分类是指向学习者在岗位工作的问题,解决实际需要,从成人学习特征和培训行业规律出发,置于行动者所处的实践情境中考虑培训内容,理论假设是"为了解决问题而需要培训和学习什么内容"。另一种是以知识传授为中心的"学科理论逻辑",即培训内容分类是指向学习者专业发展的应然需要,从学科专业知识体系和教育培养规律出发,置于学科知识的诠释者所理解的课程情境中考虑培训内容,理论假设是"培训和学习了这些内容就能获得能力或促进问题解决"。

本书关于培训内容分类逻辑更加倾向于前一种,同时希冀今后的教师培训内容更加贴近实际应用,在培训时间和学习精力有限条件下突出解决教师教育教学工作问题所需内容的针对性与实效性,而那些应知应会的基础性、系统性的专业素养和能力更多在长期的职前教育阶段与岗位培养过程中获得。

(四)定位培训方式

培训方式是指我们在实施培训项目中所采取的方法和形式。我们可从不同角度对培训方式分类,例如,从学习时间安排上分为集中式与间断式、脱产与半脱产、节假日与工作日;从学习途径上分为线上、线下和混合式;从承训机构上分为大学、进修院校、公司、中小学校幼儿园、多方协作伙伴及其他;教学方式则包括讲授式、参与式、现场指导、行动学习等(见表4-4)。

表4-4　教师培训方式定位维度

一级维度	学习时间	学习途径	承训机构	教学方式
二级维度	◆集中式与间断式 ◆脱产与半脱产 ◆节假日与工作日	◆线上 ◆线下 ◆混合	◆大学 ◆进修院校 ◆公司 ◆中小学校幼儿园 ◆多方协作伙伴 ◆其他	◆讲授式 ◆参与式 ◆现场指导 ◆行动学习 ◆其他

与"培训方式"相近的几个概念包括"培训方法""培训形式""培训模式"。

"培训方法"比较具体,是指在培训实施活动中所采取的手段、程序、具体形式,如讲授法、演示法、研讨法、视听法、角色扮演法、案例研究法和模拟与游戏法等。

"培训形式"与"培训方式"比较接近,但是,"形式是指事物的形状、结构等",更多隐含为有形的、外在表面化的意思,"方式是说话做事所采取的方法和形式",更多隐含有方法、做法的意思,形式与方式有时被互为通用。诸如"集中式""混合式""内部与外部培训"等概念通常既被用作"培训形式",又被称为"培训方式"。

"培训模式"是个更加系统的结构化概念,可理解为是若干培训方式、形式、方法等的组合形态,如"大学、区域和学校合作的 U–D–S 培训模式""递进式的行动学习模式""网络研修与校本培训结合的整校改进模式"等,都是包含多种培训方式、形式、方法的优化组合。从教师培训实践来看,有的培训项目在开始设计时就考虑培训模式定位,有的项目则在实施中探索和完善培训模式,还有的项目则在培训后通过经验总结工作,以提炼和构建培训模式。

综上所述,可从多个维度确定培训项目需求定位。一个项目需求定位准确,直接关系项目的成功。培训需求定位设计往往涉及委托方、承办方、学习方的利益与价值诉求。因此,培训师要深入做好培训需求调研,广泛征求各方意见,聘请专家给予指导,周密考虑影响项目成功的因素,集体研究和确定培训项目需求定位。

二、项目核心要素设计:正确理解、精准阐述

一旦培训项目需求定位明确后,设计者就要把设计任务重心从宏观框架系统设计转向具体要素的精准表述。下面重点介绍培训主题、培训目标、培训课程和培训预期成果等四个核心要素的设计技术。

(一)培训主题选择:聚焦、聚焦、再聚焦

"培训主题"是对培训主要内容进行准确而概括的描述,涉及培训将要解决的主要问题和活动内容,一般提炼为一句话,在项目名称中通过一两个关键词就能体现出来。

培训主题设计通常需要基于三个"前沿"和两个"是否"来判断,这五个要素构成甄别培训主题的五个"筛子"(见图4–1)。

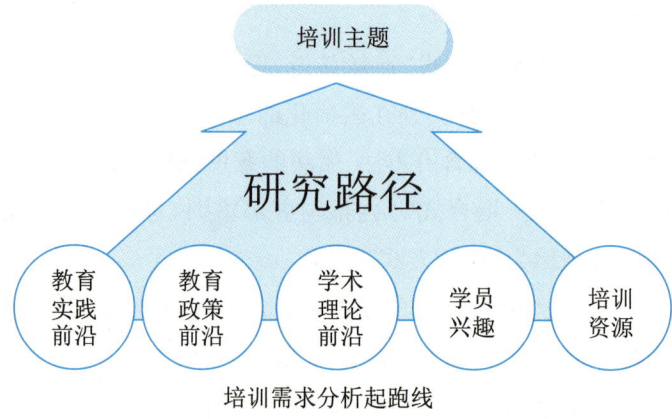

图4-1　确定教师培训主题的五项依据

第一，把握教育实践前沿。教师培训师需要长期关注中小学的学生学习、课堂教学、教师专业发展、课程教材、学校管理等基层实践凸显的重点、难点和焦点问题。强化培训的问题解决意识，把教师工作岗位的实践问题转化为培训主题和研修内容，使培训在教师的工作情境和学习情境之间建立超级链接：通过培训与学习来解决在工作情境中遇到的问题，在学习情境中的培训主题与工作需求紧密联系，由此寻找具有实践意义、突出问题解决方法习得的培训主题。

第二，把握教育政策前沿。教师培训师需要深刻领会教育改革与发展的方针政策，及时掌握各级教育行政部门关于教师培训的规划、计划和意见。强化培训服务社会发展和促进教育改革意识，把社会对教育发展和教师队伍建设的期望转化为培训机构的责任与任务，体现教师培训承担的社会责任和带来的公共事业利益，由此寻找社会需求急迫、富有时代意义的培训主题。

第三，把握学术理论前沿。教师培训师需要了解学术界关于教育实践和政策问题的研究动态，掌握相关理论研究的最新成果和信息，并积极投身教育教学规律的探索和研究活动。强化理论与实践之间的转化意识，致力于把理论问题实践化和实践问题理论化，由此寻找核心技术含量高、具有创新意义的培训主题。

教师培训师需要在以上三个"前沿"领域寻找问题交叉点,按照最紧急且最重要原则,对培训需求分析结果进行优先排序,甄别出本次培训将要解决的1—3个核心问题。

然后,便要考虑两个"是否"。一是学员是否感兴趣,二是现有培训资源是否满足解决这些核心问题的基本条件。每个人都希望自己设计的培训方案能够"点石成金",但实际上做不到,培训机构及其培训团队经常面对这样困境。因此,针对上述被诊断出的核心问题,培训方案设计者要考虑是否掌握解决上述核心问题的核心技术,是否具备或能够开发一些有效的培训资源,如课程、师资、物资设备、实践基地、项目经费等。对上述核心问题再次排序,确定哪个问题属于最紧急、最重要、可操作的,以此作为最终培训主题。

链接 4-1   培训主题开发样例

北京教育学院于2009—2020年已连续12年成功举办"国培计划"示范项目"培训管理者团队研修班",该研修班前期研修主题为"教师培训管理工具箱及其应用",突出教师培训应知应会的内容和培训管理实务。自2012年以后,随着全国教师培训工作的深入推进,培训质量提高和培训专业化问题日益受到重视,培训管理者更加期待掌握"工具"背后的方法和原理,以进一步把握教师培训规律。这种"远迁移"类的系统培训理论学习和培训专业化能力提升需求日益凸显。项目团队对培训管理者群体学习及其岗位工作需求开展深入研究,同时关注全国教师培训政策形势和实践发展要求,将培训主题拓展到"提高教师培训师胜任力"领域,陆续推出提高教师培训师胜任力的系列培训主题,其中包括培训项目系统设计能力、培训课程创新开发能力、培训有效实施能力、培训专业化评估能力等。该项目培训主题的提出与选择主要考虑以下几点。

一是基于学员需求。教师培训管理者职业发展水平要求他们,从行政管理到项目管理、从课程开发到项目开发、从政策了解到实际操作、从培训工具应用到开发培训工具所必需的一系列培训胜任力发展。

二是基于工作需求。教师培训工作要求培训管理者的工作重心从职前培养到职前职后培养培训一体化，从理论研究到实践前沿，从教师培训行政性事务问题处理到教师培训专业化问题解决能力。

三是基于组织需求。"国培计划"项目的各级管理和承办单位急需一批有项目管理执行能力的行政管理者与培训专家，能不断适应基础教育改革需要与教师队伍建设发展形势，实现"精准培训""提质增效"，有效贯彻落实"国培计划"政策精神和项目要求。

四是基于培训案例资源开发。多年来，北京教育学院培训团队在教师培训项目管理方面积累了丰富的工作经验和培训案例，开发了大量的培训管理工具与学习资源，并结合培训主题需要持续创新开发一系列培训课程，集成"学习产品"。

五是基于教师在职教育的理论研究。北京教育学院重视对教师培训研究工作，先后两次将"教师培训学"（2010—2016年）、"教师职后教育创新与发展"（2018—2021年）设立为一级学科建设平台项目，组织专门研究团队致力于教师培训、学习和发展的课题研究、人才培养、团队建设、培训资源开发等学科建设工作，为实施"国培计划"项目培养了一支潜心研究和开拓创新的培训专业化团队。

培训主题的提出是团队协作和集体承诺的结果。培训团队需要集体研究、反复推敲培训主题所涉及问题的内涵、外延、范畴、培训价值和意义。对于培训周期较长的项目，还需要研究和确定培训主题的结构化和系统性问题，整体设计一级主题下的二级及三级主题（见表4-5），以避免因描述得"泛泛"或"较多"而不能聚焦。比如，如果把"提高教师综合素质""教师专业化发展""语文教师能力提高培训""数学教师教法培训"等作为一个短期集中培训项目的培训主题，就显得宽泛、笼统，缺少针对性。

表4-5 教师培训主题列表举例

项目类型	培训主题举例	推荐培训对象	培训时间参考
新教师培训	新学校组织文化的理解与融入	入职第一周	1—2 天
	教案的规范设计	入职第一学期	7—10 天
	教育教学基本功训练	入职第一年	1—3 个月
骨干教师培训	骨干教师职业再发展规划与导航	学校骨干	5—7 天
	名师工作坊研修方案的创新设计与有效实施	市级学科骨干 省级学科骨干 省市学科带头人	15—30 天
	课程与教学领导力的理解与行动		3—10 月(半脱产)
班主任教师培训	班主任管理规程与实务	普通班主任教师	1—2 天
	班级文化建设的有效方法与策略	资深班主任教师	7—10 天
	中学班集体建设的行动学习	全员班主任	3—10 月(半脱产)
幼儿园教师培训	岗位职责与保育工作须知	新教师	1—2 天
	家园共育中的人际沟通能力	全体	7—10 天
	园本培训课程设计与示范实施	骨干教师	1—3 个月
培训师培训	教师培训方案的系统设计与优化	项目负责人	5—7 天
	培训管理工具箱的开发与应用	培训管理者	10—15 天
	实战性培训课程设计方法	培训师	5—15 天
	教师培训师胜任力培训与微认证	全体培训师	1 年(半脱产)
校本培训	校本研修的一页纸行动计划编制	校本培训团队	1—2 天
	主题式校本(园本)培训项目方案的系统设计与优化	校长、园长、校本培训团队	5—7 天
	校本培训项目创新设计与有效实施	校本培训团队	1—2 个学期

归纳来看,培训师须运用以上五个"筛子"精准设计培训主题,使培训主题体现"针对性""实用性""科学性""前沿性""可操作性"特征。

（二）培训目标阐述：既清晰明确又可操作

如果说培训主题是培训要解决的问题领域和范围，那么，培训目标则是该问题领域中具体可见的航标。"目标"中"目"表示"眼睛"，"标"表示"标记"或"指标"，"目标"就是能用眼睛看见的"标记"，意思是想要达到标准的"指标"。

教师培训目标指向该项目的受训群体在培训后期望达到的可测可评效果，体现学员培训后在知识、技能、能力、态度、行为等方面的变化和发展状态。它主要分析培训具体解决什么问题，解决到什么程度。例如，学员通过培训后了解了什么，掌握了什么，学会了什么，产生了哪些改变，对工作实绩有哪些影响，等等。

培训目标是培训方案实施的导航灯。有了明确的培训总体目标和各层次的具体目标，对于培训师来说，就能有的放矢地确定施教计划和做好充分准备；对于学员来说，就会理解培训活动的意义与价值，对接自己的具体学习目标，在配合和参与培训活动时避免被动与盲目。相反，如果培训目标不明确，则易造成培训师与学员之间供需信息不对称，偏离培训的期望，存在人力、物力、时间和精力浪费以及培训成本提高的管理风险，从而可能导致培训的失败。

可见，培训目标对培训方案来说，是继培训主题之后的又一重要先导因素。只有明确了目标才有可能科学设计培训方案的课程资源、培训方式、预期成果等其他各个部分。

有效培训目标应既便于学员理解和接受，也便于培训师操作实施、监测评估和实现预期目标。在培训行业中，如何准确地表述培训目标有着明确的格式与技术要求。

在阐述培训目标时，通常采用"ABCD"格式，即"行为主体（Audience）在什么样的环境下（Condition）做什么样的行为（Behavior）可以达到什么样的水平（Degree）"[①]。例如，在一项技能培训活动中，培训目标描述如下，"在培训结束后，学员（行为主体）学会装配投影仪部件，写出所有零件，

---

① 高艳.论教学目标的设计与编写［J］.中国成人教育,2001(4):33-35.

(执行行为)在不看厂家说明书情况下(执行条件)能在 10 分钟内装好投影仪(执行标准)"。这种表述可被借鉴到教师培训目标阐述(见链接4-2)。

链接4-2 教师培训目标的表述样例

样例 1：北京教育学院于 2020 年、2021 年分别举办过两期校本培训者关于如何系统设计和有效校本培训项目的专题培训班,其培训目标表述为:学员(行为主体)通过 120 课时的在线学习、集中培训、自主学习和现场指导活动,了解教师培训的基本理论基础,理解校本培训内涵、类型、模式特征、项目设计原则,知晓北京市校本培训工作相关政策;体验线上线下混合式和参与式培训研修情境,掌握校本培训项目各要素的设计方法与技术,为解决校本培训的针对性、实效性和发展性问题做好准备(执行行为)。学员培训后能结合自己学校教师队伍建设的实际需要,按照培训项目提供的校本培训方案设计模板(执行条件),学会系统设计一个提高教师课堂教学创新能力的校本培训专题项目,并能在本年度有效实施(执行标准)。

在阐述培训目标时,也可以先描述培训总体目标,再陈述具体目标。培训总体目标是宏观上的、较抽象的,它需要不断分层次细化,使其具体化,具有可操作性。

但是,描述目标时,切忌抽象、模糊、庞大和泛泛而谈。如"提高学员综合素质""发展学员各项能力""提升学员教育教学水平""增加学员的理论知识和实践经验",等等。这些内容是大多数教师培训项目的期望和目的,不是某个培训项目所特有的,也不符合培训目标"ABCD"表述格式,因此,在实施方案中不宜以培训目标出现。

检核培训目标描述是否得当,通常采用"SMART"工具,即培训目标描述内容要符合以下五个特征。

一是具体的(Specific)。用行为动词描述培训对象行为变化情况,通过清晰、精练和准确的文字表述出来。

二是可评估的(Measurable)。培训目标与培训预期成果要一致,预测出何时产出何种成果,尽可能用数字明确地量化表述出来。

三是能实现的(Achievable)。目标易于实现,能够使培训师与学员在培训过程中清楚地感受到整个培训活动是按照计划稳步推进和逐步达成的。

四是切合实际的(Realistic)。培训目标与学员的生活经验和认知背景相符,并与其个人兴趣、专业发展、岗位工作等利益紧密相关,能够引发学员的学习内驱力,愿意为此奋斗,容易在实践中实现。

五是限定时间(Time Bound)。培训目标体现出在特定时间或分阶段要达成的培训与学习效果。

某班主任培训项目的培训目标表述为"通过培训,使中学骨干班主任能够达到以下培训目标:(1)深刻领会科学的、与时俱进的教育理念和班级管理理念;(2)提升从事德育教学与班级管理的实践能力和教育研究能力;(3)在本学校和所在地区内发挥引领与示范作用;(4)充分利用和挖掘培训学员内部的教学资源,实现班主任培训的可持续发展"。

以上目标表述显然不符合 SMART 特征,是个病例。这四点显然不是培训目标,而是培训管理者的目的、意图和希望。如"提升从事德育教学和班级管理的实践能力和教育研究能力",不妨改为"学员培训后能够知晓和理解班级文化建设的三种主要模式的内涵,结合本人工作实践采集三个典型案例加以分析;培训结束后,学员学会制订自己班级文化建设的一项年度行动计划,并能用于今后实践工作中"。这里的"三个模式""三个案例""一项行动计划",显然体现出"具体的""可评估的""能实现的""切合实际的""限定时间的"五大特征,"看得见""摸得着",很容易成为培训师和学员共同的实践目标。如果这些目标能够按预期培训计划实现,那么"提升从事德育教学和班级管理的实践能力和教育研究能力"便能由虚到实,培训目标的操作性才容易落实。

(三)培训课程设计:以终为始、路径便捷

有效的培训犹如学习者在培训师引导下的一次愉快而颇有收获的旅行,有美丽的风景,也有动人的故事和难忘的印象,更有来自导游的启发和"驴友们"的友情。培训课程就像旅行路线图,学习者沿着这条路径获取知识,掌握技能,提升能力,发展思维,感悟智慧,在不同程度上产生行

为方式的改变和心智模式的变化与发展。每位旅行者尽管行程相同,但各自获得的体验和感悟不同。事实上,抵达旅行目的地并不是唯一有价值的,同样重要的是在过程中的美好体验和心灵收获,这些过程之物便是旅途真正所得,培训课程也是如此。

　　培训课程设计实质上就是为学习者绘制一份以终为始的行动学习导图。如果说培训需求分析确定了学习者的出发点,培训目标指明了一个能用眼睛看见的"标杆"或"目的地",那么,课程便是由培训师组织、引导学员从学习出发点到达那个"标杆"或"目的地"之间的行动路径。

　　例如,我们选择"如何创建以学生为本(Student-centered Learning, SCL)课堂"作为培训的主题(见图4-2),那么,需要对"如何创建以学生为本课堂"要有一个问题解决的路径。图4-2中由八个课程模块组合的学习路径便是我们所说的课程设计。

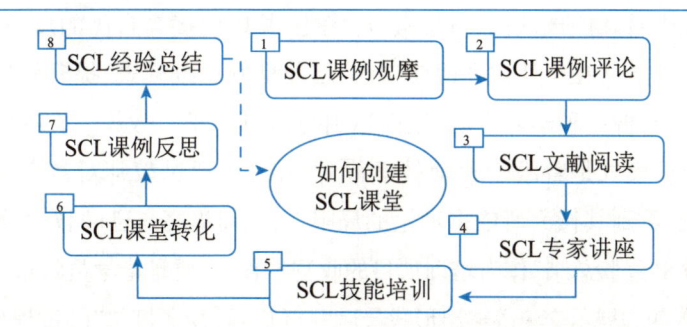

图4-2　创建以学生为本(SCL)课堂的培训课程

　　模块1"课例观摩"是指在培训开始选择一个以学生为本的教学课例供学员们观看、感受、体验,产生以学生为本课堂的实际概念和问题意识,完成学习的第一次认知建构。

　　模块2"课例评论"是指培训师指导学员在自己已有经验背景下把模块1与自己教学经验联系起来,梳理出对以学生为本课堂的基本认识和问题困惑,形成经验感知的学习基础,产生求知愿望和更多学习期待,完成学习的第二次认知建构。

　　模块3"文献阅读"是指培训师指导学员自学关于以学生为本教育理论的培训教材,带着模块1和模块2现场学习时产生的问题困惑与认识经验去系统学习以学生为本课堂的基本概念、原理、策略、方法，产生以学生为本课堂的抽象概念和更多问题，完成学习的第三次认知建构。

模块4"专家讲座"是建立在前三个模块学习基础上的，实际上是培训师帮助学员将知识进一步"打包"，进一步理解以学生为本课堂的基本概念、原理、策略、方法等系统知识，体现认知结构从同化到顺应的过渡变化。

模块5"技能培训"是培训师在前四个模块的认知能力提高基础上帮助学员获得以学生为本课程教学技能的训练活动，缩小"知识理解"与"知识应用"之间存在的差距，为学习迁移做好准备。

模块6"课堂转化"是培训师指导学员将前五个模块获得的知识和技能转化应用于真实情境中。通过模拟练习和修正，初步形成以学生为本课堂的教学设计与实施能力。

模块7"课例反思"是指学员在培训师指导下在多次教学设计和反复实践过程中对课例再认识、再思考、再优化，并以此提高自己的反思能力。教师反思的意义在于认识和改变自己，培养良好思维模式，提升解决问题能力，有效掌握一种学习方法，逐渐达到"远迁移"学习效果。在教师培训中引入反思模式是着眼于教师教学行为的改进，通过教师对教学活动的自我觉察，看到其行为所依据理论的局限性，从而提高自己的教学效能。①

模块8"经验总结"作为培训项目的收官课程，主要是指学员将培训成果以文本、视频和展示交流等输出形式最后"打包"固化。"打包"的过程虽然以学员为主体，但是培训师的设计、指导、教练和评价作用不可忽视，避免培训师和学员在这次创建以学生为本课堂的学习旅行中"行百里者半九十"。

从课程设计基本原理和成人学习特征来看，教师培训课程设计应该关注以下五个方面。

第一，课程结构呈现模块化特征。培训师要充分考虑培训课程如何在培训目标和培训预期成果之间搭建桥梁。教师培训不同于大学培养阶段强调系统知识学习，其更强调解决实践问题方法的习得和能力提高，因

---

① 张立昌.自我实践反思是教师成长的重要途径[J].教育实践与研究,2001(7):3.

此,课程主要体现由模块、专题和单元组合的结构化特征,即培训项目围绕培训主题,针对培训目标和预期成果,进一步运用统合的思维,采取三步骤设计策略:首先设计出结构化的课程模块,其次在模块中设计若干系列性专题,最后每个专题内容再细分为多形态的单元活动。各课程模块之间、各模块的专题之间、各专题的单元活动之间,呈现清晰的逻辑结构。如果说每个课程模块都是个旅游景区,那么每个专题就是旅游景点,而这些单元活动便是到达旅游地的一系列观光体验(见表4-6)。

表4-6　教师培训课程结构化设计模型

模块课程	专题课程	单元活动	备注
模块1	专题1	单元1	1. 模块课程、专题课程和单元活动的课时根据培训项目周期和培训内容确定。通常,单元活动时间可以10—30分钟为单位;专题课程时间可以1—4小时为单位;模块课程可以1—3天为单位。
		单元2	
		单元3	
	专题2	单元4	
		单元5	
	专题3	单元6	
		单元7	
		单元8	2. 各单元活动形式可以根据单元目标、内容、对象和培训条件等因素,选择集体讲座、分组讨论、课例研修、现场观摩、网络指导等其中一种或多种培训教学形式。
模块2	专题4	单元9	
		单元10	
	专题5	单元11	
		单元12	
		单元13	3.各模块、各专题、各单元之间构成结构化、逻辑化、层次化的体系。
模块3	专题6	单元14	
		单元15	
	专题7	单元16	
	专题8	单元17	
模块4	专题9	单元18	
		单元19	
	专题10	单元20	
		单元21	

第二,课程内容编排符合成人学习特征。成人学习要遵循自愿、经验、自主和行动四大原则。教师作为成年人在学习中带着实践经验、工作

难题、实用目的来参加培训,他们具备自学能力,愿意参与问题交流,但更需要有效指导,他们不习惯被动接受知识,反对灌输,排斥自己多年形成的心智模式被改造。因此,建议培训课程按以下逻辑顺序安排活动内容:(1)呈现学习案例材料;(2)设计学习体验情境;(3)引发共鸣与思考;(4)提供方法和技术支持;(5)获得解决问题的方法和能力。

第三,课程形态呈现多样化。基于教师作为学习者而不是被动的学员的培训理念,有效教师培训一般体现教师学习的五大特征。(1)学习心向的积极性;(2)学习内容的有意义;(3)学习时间的便捷性;(4)学习方式的适宜性;(5)学习条件的援助性。为此,培训课程需要多种形态相结合,如知识、技能、能力、思维、心理和行为等各类素质拓展课程相结合;理论学习课程、现场体验课程、实践操作课程和成果指导课程相结合;现场面授课程与网络虚拟课程相结合。

第四,课程进度安排得短、平、快。课程进度是指培训课程开展所需的实际时间以及具体配置。培训课程所需的时间过长会影响学员工作和休息,而且令人疲惫,难以获得良好的培训效果;时间过短则可能使大量学习内容难以被学员吸收和消化。因此,课程设计者要以人为本,把课程进度安排得短、平、快,须特别注意以下几点。(1)集中学习周期不宜过长,连续学习时间不要超过5天。5天以上的学习项目,要设计培训期间的间歇时间,供学习者通过休息、娱乐和其他活动形式来调整学习心理。(2)每天的学习要点最多不要超过5个,以3个为最佳。各学习要点之间的逻辑性越强,越能帮助学习者记忆和掌握。(3)通常上午学员精力充沛,可多安排理论学习,下午最好多安排实践与观摩活动。但是,上午的理论学习与下午的实践研修活动主题最好一致,以便课程相互统合和提高学习效果。(4)每天可留出半小时时间用来答疑、学员评教或处理当天突发问题。(5)课程进度要基于培训经验和学习情境,具有一定弹性。

第五,课程设计应克服五大缺陷。(1)课程设置缺少科学依据。对培训课程规划和专业化培训标准重视不够,对课程规划的四大基础(社会力量、人的发展理论、学习的本质和知识的本质)研究不够,课程资源碎片化和随意性组合,课程体系不够健全。(2)课程形态单一。深受大学和中小学的传统学科课程影响,重视知识补偿式的学科理论课程,忽视能力拓展和行为转化的实践活动课程。(3)课程之间无逻辑联系,甚至存在冲突。课程内容与培训主题、培训目标和培训预期成果脱节,各专题讲座和单元活动之间缺乏逻辑性,培训活动安排随意性大,甚至因人(培训师)设课,大杂烩式课程容易误导学员。(4)重培训内容,轻培训方法。单一关注课标解读、教材文本分析、教法研究等学科教育内容,培训课程不能走出职前培养课程的"系统知识"窠臼,忽视成人学习规律和培训自身规律下的培训方法要求,成人学习特征和"培训"实践特色不鲜明。(5)缺乏创造性。习惯模仿和因循守旧,不善于设计个性化、情境化、生成性培训课程,忽视培训机构内外优质培训资源的灵活嵌入和有效整合,培训课程观念更新速度慢,"核心技术"含量不够。

(四)培训成果预设:种瓜得瓜、种豆得豆

培训成果是培训投入后的产出形式,既是学员学习时的收获,也是培训师在培训投入后水到渠成的产出结果。在培训方案中预设教师培训成果要注意以下几个方面。

第一,培训成果体现培训投入与培训产出的前后因果联系。培训成果应该与需求分析、主题确定、目标设置、课程实施等培训投入要素首尾呼应、一线贯穿,体现培训需求得到满足的表现、培训主题涉及问题解决的程度、培训目标达成的情况以及培训课程生成的结果。

第二,培训成果采用量化作品的表述形式。培训成果形式包括在培训目标引导下学员的学习作品,如研修论文、工作设计、艺术创作、课例汇集、行动计划等,也包括培训师和培训团队的工作作品,如项目绩效报告、汇报展示活动、论文论著、音像作品、再生培训资源等。如果能够确定培训后要完成的作品数量、类别和名称,则更有利于培训有效实施与评估。

第三,培训成果兼顾学员与项目本身的双向收获。学员的学习成果是培训项目的首要产出形式,但是培训项目自身的研修成果也是非常重要的,它是项目可持续性发展的重要条件和标志。通常预设两类培训成果,有助于培训项目绩效和价值倍增。

第四,培训成果凸显项目带来的显性与隐性的变化特征。无论是学

习作品，还是工作作品，一方面，它们是体现学习者和培训师在项目前后的变化依据，如经过培训完成的优秀作品；另一方面，也是变化的程度和形态，例如，一件作品和多件作品说明培训成果的数量差异，作品本身及其质量分析体现可见价值和意义，是培训的显性成果；而那些作品背后所呈现的价值和将来产生的持续变化与影响，是培训的隐性成果。

第五，预设的培训成果要看得见、摸得到、用得上。避免两个误区：一是成果与培训目标混淆。虽然培训方案一般要求目标与成果一致，但目标不等于成果。例如，如果说"学员培训后学会设计课例研修活动"是某个培训方案所设置的培训目标，那么培训成果可能为"学员经培训所完成的达到培训标准要求的若干份课例研修的行动方案""若干课例研修设计案例"或"一本关于如何开展课例研修的论文集"等具体产出。二是成果与学员工作改进脱节。培训成果要体现学习者如何把培训内容转化为学习结果，如何把学习结果应用于工作绩效提高。如果培训成果与工作绩效脱节，那么培训的针对性和实效性就难实现。

第三节　教师培训项目方案设计的工作方法

一个成功的培训项目离不开一份精心设计的培训方案，培训方案设计是整个培训项目体系中的关键一环。若要实现培训项目的专业化管理，培训方案的设计方法也应该趋于规范化和专业化，上接培训政策要求，下接培训绩效需要，左观课改、教改、评改的改革动向，右看学生、教师、学校发展现状，以系统思维把握多方整体需求和全局利益诉求。

一、理解顶层设计

顶层设计是工程学术语，本义是统筹考虑项目各层次和各要素，追根溯源，统揽全局，在最高层次上寻求问题的解决之道，后来沿用到经济学、管理学和艺术学等领域。

教师培训顶层设计是指国家和地方教师培训主管部门,针对规模较大、周期较长、涉及面较广的大型培训项目提出的宏观规划和实施指南。其主要内容一般包括教师培训工作的社会背景和政策需求、培训工作指导思想和任务要求、培训总体目标和基本标准、培训对象范围和项目体系、培训制度和机制、培训重大措施和对策、培训资源和条件保障等。

通常,各级政府教师工作主管部门多以正式文件形式向社会和培训机构发布有关教师培训的指导意见或规划。例如,2021 年 5 月颁布的《教育部 财政部关于实施中小学幼儿园教师国家级培训计划(2021—2025年)的通知》,以及两个附件《"国培计划"示范项目指导方案》和《"国培计划"中西部骨干项目指导方案》,这些关于"国培计划"的国家级顶层设计都成为各省规划和实施"十四五"时期"国培计划"的主要政策依据。各省制订的"国培计划"五年规划和年度实施计划又作为省级顶层设计,对于特定培训项目的培训实施方案设计来说,为其提供了政策依据、培训需求导向、培训制度框架、实施条件保障和行动实施指南。

二、让实施方案落地

如果说"顶层设计"体现"自上而下"的系统谋划,那么,"方案落地"便是"自下而上"有效推进培训项目的关键行为。

项目负责人帮助项目利益相关者了解培训的实施方案,更是培训能够落地的基本前提。项目委托方、项目管理团队、培训师、咨询专家和学员代表等培训利益相关者以不同方式深入参与培训方案设计工作,不仅有助完善实施方案内容,而且更有助于方案在实施中得到充分理解和支持。

培训实施方案作为项目运行的施工图,需要明确每个实施步骤、实施活动、实施环节的时间、地点、任务、目标、投入资源、结果产出、责任人和参与人员等相关要素。通常,培训项目管理机构制定各自统一的实施方案模板,其包括的培训项目要素大同小异。如果培训方案的操作路径清楚,相关人员就能在信息对称状态下有效工作与学习。

培训方案要避免主观主义的缺陷。培训方案不能落地的主要原因是实施方案为一人独自构思和仓促赶写的文稿，脱离培训机构实施条件，脱离学员实际学习需求，忽视团队集体智慧，忽视实施过程细节安排。

三、开展团队作业

教师培训专业化的重要标志是有一支专门从事教师培训工作的专业化队伍，其专业能力具有不可替代性。他们的专业性不仅体现在某门特定学科专业、学科教育学方面，而且熟知培训学或人力资源管理领域。这支专业化队伍将成为未来的新型交叉学科"教师培训学"的专门人才，也就是我们今天呼唤的教师培训师。

方案设计能力是教师培训师的重要专业能力之一。鉴于目前教师培训师队伍正处于初生或成长阶段，以团队作业方式开展培训方案设计工作尤为必要。项目负责人在设计培训方案过程中，首先有必要组织本部门同事共同研究讨论，出台培训方案草案；其次要及时向学科专家、培训专家、中小学一线优秀教师组成的专家团队咨询，从多方获取意见与建议；最后再吸取各方专家的意见和建议，从规范性、专业性、创造性、可操作性、实效性等方面进一步将之完善。

附录一:"国培计划"示范项目培训实施方案模板

一、培训主题

【培训主题名称，不超过30字。】

二、目标和成果产出

【请根据"国培计划"对该类项目的目标要求，阐述本项目能够达到的具体目标和成果产出。不超过200字。】

三、需求分析

【请根据本项目的目标定位、培训经验及学员需求调查情况，分析培训对象的需求。不超过300字。】

四、内容设计

【请用图示化方式表达培训内容设计及模块设置之间的逻辑关系,列出培训课程计划表。】

培训课程计划	维度	专题	学时	内容要点	设置依据	课程形态	培训方式	授课教师	单位	职称	是否为一线教师/教研员/校长

五、在线培训硬件条件介绍

【请简要介绍开展在线培训的硬件条件等。不超过300字,相应的证明材料可另附。如无在线培训,不填写此栏。】

六、考核评价

【请着重阐释本项目对学员的考核评估要求,如果设计了绩效考核任务,也需在此陈述。不超过200字。】

七、跟踪指导

【请简要介绍本项目将对学员采用的训后跟踪指导的时间表和工作计划。不超过200字。】

八、资源建设

【请列出拟开发和使用的资源清单。可通过图片、视频等其他方式予以展示。不超过200字。】

九、实践基地

【列出供学员进行教学观摩实践的实践基地。不超过200字。】

十、后勤保障

【请说明组织管理、教学条件、食宿条件等安排设想。不超过200字。】

十一、培训特色与创新

【请简要阐述培训主题设计、课程内容、培训方式、考核评估、后勤保

障等方面的亮点、特色、创新之处。不超过 500 字。】

十二、成果转化

【请简要说明项目成果转化的思路、预期取得的成果等。不超过 300 字。】

十三、专家评审意见(签字)

附录二:北京教育学院教师干部专题培训项目实施方案模板

一、背景及意义

【陈述培训项目主题,说明其背景(基于政策、文献和需求调研依据)与价值意义。】

二、培训目标

【说明项目主题对学员的培训目标,并列举学员结业应达到的基本要求,包括素质要求、能力要求、知识结构要求等方面。】

三、培训对象

【说明项目适用的培训对象特点及人数。】

四、培训学时

【说明为完成本专题学习并获得结业证书需要的时限(总学时),专题培训的起止时间。】

五、课程结构与课程内容

【说明基于培训目标整体设计课程内容框架结构(内容维度);说明基于总课时合理分配每个培训专题或环节的课程内容,并按照教学进程给出详细的课程内容提纲,撰写明确具体且具有可操作性的内容要点和相应的教学方式方法;实践教学设计要与课程目标相符,与课程内容要点相衔接,要有明确的活动主题和活动目标,活动内容和活动安排要具有可操作性。】

六、培训方式

【说明培训项目主要采取的培训方式,鼓励采用混合式、多元化的培

训方式。】

七、培训产出

（一）学员考核与结业

【说明培训项目对学员结业要求、考核形式、内容、考核成绩的确定等。】

（二）项目团队研究成果

【说明在培训过程中拟开展的调研、研究以及所要呈现的成果等。】

八、培训师资

【说明培训项目中院内、院外、高校、一线、企业等各类教师群体的比例。以表格形式列出授课成员的具体信息，包括姓名、性别、年龄、职务职称、工作单位、研究方向、课程任务等。】

姓名	性别	年龄	职务职称	工作单位	研究方向	课程任务

本章学习建议

一、学习目标

通过本章学习，你应该能够：

1. 了解教师培训项目方案设计的意义与价值。

2. 理解教师培训项目方案设计的各个核心要素内容的表达要求。

3. 运用学员中心、结果导向和系统思维等专业理念，学会设计一份规范的教师培训方案。

二、讨论题

1. 教师培训项目方案设计质量方面常见的问题有哪些？这些问题可

能给培训带来哪些风险？

2. 教师培训项目方案设计通常要关注哪些核心要素？如何把这些核心要素进行分类和排序？

3. 如何确定教师培训项目的培训主题？除了本章中的五个"筛子"以外，还有哪些要素影响培训主题的选择？试举例说明。

4. 如何理解 ABCD 目标表达格式和 SMART 目标评价标准？试举例说明。

5. 专题培训项目的培训课程设计如何体现逻辑性、结构化？

6. 如何理解培训成果的可视化？

三、应用题

1. 运用一个培训方案的评价标准去分析自己的一份培训设计方案的规范程度。基于该案例分析，请你提出培训方案设计的注意事项。

2. 访谈 2—3 位培训效果比较好的项目负责人，了解他们所负责的培训项目方案制定的过程。这些项目负责人有哪些方案设计经验值得你学习借鉴？你对他们的培训方案设计工作有何建议？

3. 以本单位或本部门近期若干份教师培训项目申报书文本为研究对象，列出项目申报书中培训设计的问题清单。可分为三个层次列出：第一个层次是初步清单，把所能想到的问题按照分类全部列出；第二个层次是围绕焦点问题列出的问题清单；第三个层次是按照症结点列出的问题清单，画出问题树。

四、本章培训活动示例

活动名称

六顶思维帽。

活动主题

教师培训项目设计的案例研讨。

活动概述

组织学员分为六个小组，运用"六顶思维帽"方式讨论一份教师培训项目设计方案,对其培训核心要素表达的准确性、逻辑性、可操作性等方面提出完善建议。

活动目标

复习巩固教师培训项目方案设计的基本要求,理解教师培训项目方案设计的评价标准,体验"六顶思维帽"的参与式研修,整体把握教师培训项目方案的设计方法与注意事项。

参与对象

30—48 位有过教师培训经验的培训讲师或培训管理者。

活动流程

1. 活动方法介绍。培训师作为主持人,简要介绍"六顶思维帽"活动目的、方法和步骤,明确每组研讨任务分工与帽子角色:黄帽(评估该方案的优点)、黑帽(列举该方案的缺点)、红帽(对该方案进行直觉判断)、白帽(用中立而客观的事实和数据阐述该方案内容、特征、问题等情况)、绿帽(提出创造性、求异性的具体化建议)、蓝帽(总结归纳,做出决策和结论)。

2. 案例介绍。由主持人或培训方案设计案例的设计者简要介绍该案例的设计背景、设计过程、内容要素、应用计划等,帮助学员们全面了解该案例设计内容。

3. 小组内部讨论。由组长负责组织本组学员围绕本组帽子角色的讨论任务交流每人观点,然后汇集本组的 3—5 项观点,完成海报纸。

4. 集体交流分享。各组选派 1 位成员作为本组成果展示代表,就本组海报纸上的讨论结果做展示汇报。小组汇报按照以下顺序:黄帽、黑帽、红帽、白帽、绿帽、蓝帽。每个小组汇报时间控制在 2—3 分钟,观点简明扼要。

5. 培训师归纳。培训师基于全班展示结果和自己的认识,点评各组观点,引导大家一方面通过情境体验的方式掌握"六顶思维帽"与案例研修相结合的参与式培训方法,另一方面引导大家准确把握培训方案设计的内容要求和评价标准。

6. 个人行动计划。每位学员根据本次培训活动,设计一次"六顶思维帽"的应用行动计划,或者结合学习收获进一步完善自己的培训项目设计方案。

支持条件

1. 每组安排5—8人,合计6组。

2. 参与式场地,方便小组之间走动、交流和作业展示。

3. 提前准备即时贴、海报纸、马克笔等活动材料。

4. 活动时长60—100分钟,可根据需要调整和控制。

效果检测

1. 现场观察各活动流程中任务完成进度与学员参与状态。

2. 一周后检查学员行动计划完成情况,评价本次培训的产出结果。

3. 应用问卷或访谈测试学员对培训项目方案设计和"六项思维帽"的理解与迁移应用情况。

补充说明

如果学员人数超过48人,那么,可以让每组多余出来的人员作为"六项思维帽"活动观察员,给予其明确的观察和评价任务。

如何开发教师培训课程

第 5 章

两 条 路

　　新年的夜晚。一位老人伫立在窗前。他悲戚地举目仰望苍天，繁星宛若玉色的百合漂浮在澄静的湖面上。老人又低头看看地面，几个比他更加无望的生命正走向它们的归宿——坟墓。老人在通往那块地方的路上，也已经消磨掉六十个寒暑了。在那旅途中，他除了有过失和懊悔之外，再也没有得到任何别的东西。他老态龙钟，头脑空虚，心绪忧郁，一把年纪折磨着老人。

　　年轻时代的情景浮现在老人眼前，他回想起那庄严的时刻，父亲将他置于两条道路的入口—— 一条路通往阳光灿烂的升平世界，田野里丰收在望，柔和悦耳的歌声四方回荡；另一条路却将行人引入漆黑的无底深渊，从那里涌流出来的是毒液而不是泉水，蛇蟒到处蠕动，吐着舌箭。

　　老人仰望天空，苦恼地失声喊道："青春啊，回来！父亲哟，把我重新放回人生的入口吧，我会选择一条正路的！"可是，父亲以及他自己的黄金时代却一去不复返了。

　　……

　　依然在人生的大门口徘徊逡巡，踌躇着不知该走哪条路的人们，记住吧，等到岁月流逝，你们在黢黑的山路上步履踉跄时，再来痛苦地叫喊："青春啊，回来！还我韶华！"那只能是徒劳的了。①

―――――――――

① 里克特.两条路[J].语文世界，1998（4）：6.

这是德国作家里克特的一篇励志散文故事，劝导和警醒人们慎重选择自己的青春道路。有效课程如同"一条通往阳光灿烂的升平世界之路"，既能帮助学习者在专业生涯中获得披荆斩棘的能力，不断克服和解决工作上的问题，又能将学习者引向积极人生，促进良好个性心理品质的形成，抵达教育教学的成功彼岸。相反地，无效课程就像"一条将行人引入漆黑的无底深渊之路"，给学习者带来的是麻木、焦虑、失望、惆怅、悲观的情绪，以及排斥、抵触、拒绝培训的厌学心理。

课程开发能力是培训师的核心技能，也是培训师走向培训专业化的必备条件。优秀培训师深知课程的价值与意义，往往都有自己开发的品牌课程。这些课程充分运用培训专业理论知识和专业技能技巧，既精心设计培训内容，又不断优选培训方法；既善于借鉴别人培训的经验，又勤于反思自己的培训实践。只有通过长时间积累与提炼，经过几十次甚至上百次的课堂锤炼，一门精品培训课程才会诞生。

本章主要阐述教师培训课程开发的理论基础，介绍培训课程开发模型和流程，列举课程计划编写的要素及其方法，与你共同进入教师培训师的第三项专业修炼——提高培训课程开发能力。

第一节　教师培训课程开发基础

培训课程开发是指为达到培训目标而对培训内容、培训方式、培训媒介、培训资源等一系列培训因素进行创造和改进的过程,可分为确定课程目标、组织课程内容、实施课程、评价课程四个基本阶段。

教师培训师卓越的课程开发能力的形成有赖于在了解培训课程概念的基础上,理解课程开发模型和课程开发流程,并掌握课程设计所需要的具体技能和方法。

一、理解教师培训课程的概念

在西方语言体系中,"课程"一词源于拉丁文"跑道",意思是跑的过程,课程是指学习的过程。在现代汉语中,课程被定义为"学校教学的科目和进程"。课程包括"学程"和"教程"。当代比较认可的定义为"课程是学习者在教育活动中获得的全部经验"①。

培训课程是指为实现培训目标而选择的结构性培训内容的总和,与学校教育的学科课程相比,其针对性、实用性、参与性非常突出,目标是能够在培训结束后帮助学习者获得学习成果并尽快转化为工作绩效。

教师培训课程是指在教师入职教育和在职教育领域中由培训师所组织、学员所体验的经验总和。它既来源于培训师在培训活动中提供的各种资料、传授的言语信息、呈现的观摩现场、营造的学习气场,也来源于学员在学习过程中的聆听、发问、交流、反思、行动等积极状态,以及师生在互动过程中所生成的体验情境、正式和非正式的交往环境。

教师培训课程作为成人学习经验的认知加工过程,远远超越以书本理论知识为中心的学科课程范畴。它是打破学科界限的综合性课程,体

---

① 帕克,哈斯.课程规划:当代之取向(第七版)[M].杭州:浙江教育出版社,2004:5.

现出的课程特征包括：以教师专业持续性发展为核心宗旨，以支持教师有效学习和促进学校工作改进为主要任务，以发展学习者问题解决能力为目标导向，以学员经验与发展需求的交集为内容基础，以参与、体验、示范和引导为主要实施方式，以多维多层绩效评估为评价理念与方式等。

二、重视教师培训课程的基础

教师培训课程规划以四大要素——社会需要、成人发展规律、教师学习规律、知识与经验的价值为支撑。这些要素成为教师培训课程开发的重要理论依据。

社会需要是任何课程开发的最高价值取向，教师培训课程也不例外。教师培训课程首要回答的问题包括：培训课程将把教师引到哪里去？如何通过培训课程影响教师，进而间接影响他们的学生融入和传承社会文化？如何在培训课程的开发、设计和实施中有效体现其社会价值和时代价值？这些问题正是教师培训社会需求分析所要解决的。

成人发展理论为教师培训课程开发提供心理逻辑依据。成人与青少年在身心发展规律方面存在巨大差异，成人培训课程需要关注成人学习中的共同性，如由于成人在经验基础上为解决问题而学习，并追求学习的短期效果，所以，成人培训课程需要能在工作情境与教育情境之间建立超级链接，让培训课程关注到工作岗位需求，使得工作岗位问题能在培训课程中找到答案。此外，成人学习心理也存在巨大的差异，可能是因为工作岗位不同而产生不同的学习需求，也可能是因为个性特征的不同而对学习抱有不同的态度与动机，还可能因为学习条件和环境的不同而倾向于不同的学习方式。因此，多样化、选择性、便捷式、针对性、实用性的课程最容易满足成人差异性的学习需要。

教师学习规律涉及教师学习的本质、外部条件、内在心理活动等问题的探讨，这为教师培训课程的内容设计和培训方法选择提供了重要依据。教师学习是在知识补偿过程中的被动知识消费，还是在经验反思过程中的经验建构，抑或在实践中生成和创造知识？继而教师培训课程形态主要是系统知识传授的学科课程，还是以经验统领的活动课程，抑或参与式、体验性、情境化的综合课程？教师究竟应该学习什么，如何有效学习，学习动机如何，学习能力怎样，实际学到了什么，学习与工作应用之间迁移条件有哪些等，都是教师培训课程开发所要考量的心理逻辑。

知识与经验的本质及其认识是教师培训课程开发的内容逻辑的起点。对于教师和教师培训来说，关键的问题是，什么知识与经验最有价值？哪些知识与经验是为教师专业长远发展奠定基础的？哪些是服务于教师眼前工作绩效提高的？能否把兼顾教师素养提升和工作绩效改进的双重培训目标的知识与经验融入培训课程？那些教师专业必需的本体性知识、条件性知识和实践性知识，在职前培养、资格训练和岗位培训、在职继续教育等不同学习阶段的内容重点是什么？具体到一个培训项目来说，培训课程开发还需考虑工作与学习的交替，实践经验反思与学习的交替、技能训练、知识记忆与巩固、情感感化与态度转变的内容融合等问题。

三、强化教师培训课程的"培训"元素

在规划教师培训课程时，尽管社会需要、成人发展规律、教师学习规律、知识与经验的价值这四个要素都非常重要，但是每个要素的受重视程度却存在差异。

20世纪八九十年代，由于相当数量的教师在职前没有接受过高等教育，知识补偿和学历提高成为我国教师继续教育的关注焦点，教师培训课程偏向于专题理论学习和学科知识传授。自2000年以后，随着素质教育和新课程改革的发展，要求教师熟知有关课程标准和探究性学习等新知识，从而掀起了有关教育理论和新课标培训的热潮，培训课程逐渐关注教师的条件性知识，教师专业化研究得到重视。然而，教师培训专业化的意识既没有随着对教师专业化发展研究的升温而觉醒，也没有从培训界有关培训的成功经验和案例中获得启发，教师培训课程长期远离"培训"的行业规律，固守着"学科教学"的工作惯性。

教师培训课程内容应存在两次专业升级。一是从学科知识及其教法升级到学科教育。知识传递是教育的基础，但不是教育的终极目的。教师在培训过程中扩充本体知识和提高传授技能固然重要，但更重要的是

理解每门知识传授共同的根本目标是儿童的发展。教师不仅要学会如何教学,更重要的是学会如何通过教学渠道去教育学生。二是从兼顾学科知识和学科教育内容升级到关注教师学习与培训方法本身。任何有效的课程都是内容与方法的统一。如果说我们为教师学习设计了一些价值很大的培训内容,那么,我们必须考虑这些内容如何被教师所接受,并行之有效地转化为教师工作实践中的教育生产力。教师培训课程需要"既有营养又好吸收",易学易用。

当前,有关教师学习和成人教育的因素并没有得到教师培训课程开发者的充分重视。多数教师培训工作者仍把自己的专业定位停滞在语文、数学、英语等学科内部,有待拓展或转换到语文教师教育、数学教师教育、英语教师教育等学科领域。在培训内容方面,对学科本身的关注大大超过对培训需求、培训方法和培训效果评价等培训元素的研究,是教师培训课程开发的重大观念障碍。

因此,开发教师培训课程需要进一步理解"教师""培训""课程"各自的独特意义,并在分析社会需要、成人发展规律、教师学习规律、知识与经验的价值四要素的基础上,凸显"专业化培训"的特征,以使所开发教师培训课程进入培训专业化轨道。

第二节　教师培训课程开发模型

模型,是指对现实世界事物、现象、过程、系统的简化描述或部分属性的模仿。作为一种特殊的工具,模型在各领域得到了广泛运用。[①] 在培训课程开发理论与实践领域,也出现了很多模型,其中有代表性的课程开发模型包括"教学系统设计模型""绩效技术模型""能力本位模型"。

---

① 方圆媛,刘美凤.绩效技术模型分类与比较[J].现代远程教育研究,2009(6):14.

一、"教学系统设计"模型

教学系统设计模型（Instructional System Design Model）简称"ISD"模型，是以传播理论、学习理论、教学理论为基础，运用系统理论观点和知识，从培训现状分析和学习方案设计出发，开发培训课程的一种理论和方法。其起源可以追溯到第二次世界大战时期美国军方使用的一种课程与教学设计系统方法。战争结束后，军方把该系统方法应用于培训材料和培训项目的开发。1982年，罗森伯格（J. Rosenberg）在《培训与开发杂志》中发表了题为"教学系统设计的基础知识"的论文，指出ISD模型不仅仅是一种序列，更是事件的一种关系，正是由于这样一种关系，该模式在用于培训开发时才是有效的。因为，它能保证每步决策都能依据组织机构、学习者与工作实际的具体需求而做出。① 教学系统设计模型如图5-1所示。

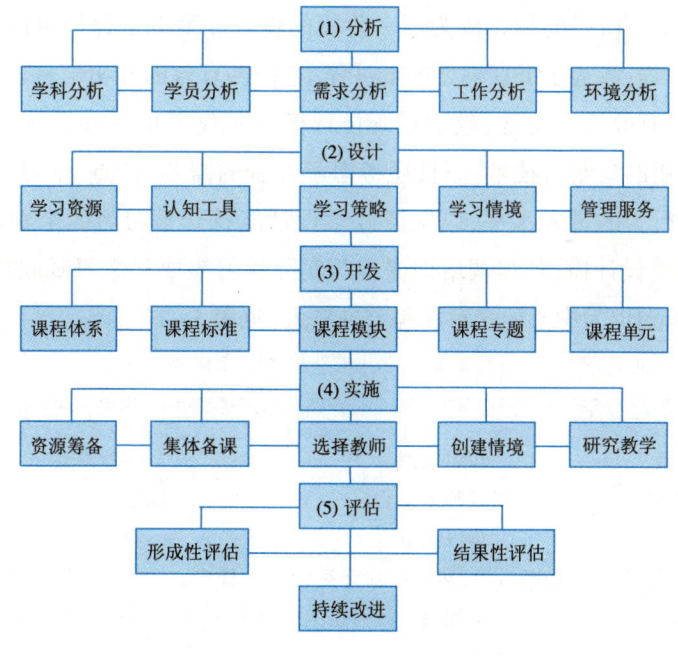

图5-1　教学系统设计模型

①　高文.教学系统设计（ISD）研究的历史回顾：教学设计研究的昨天、今天与明天（之一）[J].中国电化教育,2005(1):21.

（1）分析：对学科内容、学员状况、培训相关需求、组织工作情况和环境进行全方位的基线分析，为课程开发提供必要的基础。

（2）设计：针对分析结果，选择学习资源和认知开发工具，准备必要的学习情境和管理服务，设计有效学习策略。

（3）开发：根据设计内容开发课程，包括课程体系构建，课程标准制定，课程模块、课程专题和课程单元的内容选择和组织。

（4）实施：实施开发的课程，重视教师为学员学习创建积极参与的学习情境，帮助学员在体验中获得能力。

（5）评估：监测培训实施质量和效果，通过形成性评价和结果性评价，评估课程实施效果，并将评估反馈结果作为继续完善课程的重要依据。

ISD 模型可以通过其所有组成成分的协调工作来达到培训目的，从而为设计有意义、有效的培训提供示例。在五个主要阶段中，前四个阶段是连续的，上一阶段的输出成为下一阶段的输入。第五个评估阶段是一个互动的过程，渗透于 ISD 模型的全过程，它提供有效的输出信息以保证整个系统的有效性。总之，教学系统设计模型不仅考虑传递系统、信息材料、所采用的策略与技术，而且还考虑学习者的需要、特点、学习风格、实作水平、行为的进入水平，以保证教学设计能符合学习者的个别需要。[①]"教学系统设计模型"强调培训课程与实际学习需要和学习基础结合，同传统的以知识为中心的学科课程差异较大（见表 5-1）。

表 5-1　教学系统设计模型与传统学科课程比较

事项	传统的学科课程	ISD 模型的培训课程
立足点	知识传授	学习需要
课程原则	以教师为中心	以学员为中心
课程目标	难以测量	可以测量
活动过程	教师讲授、学员听讲为主	体验式、参与式、情境式学习
实施方式	课堂	灵活多样、资源丰富

[①]　高文.教学系统设计(ISD)研究的历史回顾：教学设计研究的昨天、今天与明天(之一)[J].中国电化教育,2005(1):22.

事项	传统的学科课程	ISD 模型的培训课程
评价	学员评议	多方评价
结果	系统知识为主,但很少用于工作	与工作需求紧密结合

二、绩效技术模型介绍

绩效技术模型（Human Performance Technology Model）简称"HPT"模型,是以行为心理学、人力资源管理学、组织管理学等理论为基础,通过确定绩效差距,设计和开发培训课程的一种操作方式。1992 年国际绩效促进协会提出了该模型,并将绩效改进分为五个环节,即绩效分析、原因分析、干预措施选择设计、干预措施实施与调整和评价。该模型的实质在于消除或减小绩效差距,体现了如何提高绩效的过程。其中,干预措施可分为学习型（教学型）干预和非学习型（非教学型）干预两大类。学习型干预措施的目的在于帮助人们获取知识与技能,而非学习型干预措施能激发个体的主动性和创造性,提高人的潜在能力,及时或实时地解决绩效问题。① 培训课程设计、开发、实施和评估属于绩效技术的重要措施,绩效技术模型用于培训课程开发的操作步骤及内容如图 5-2 所示。

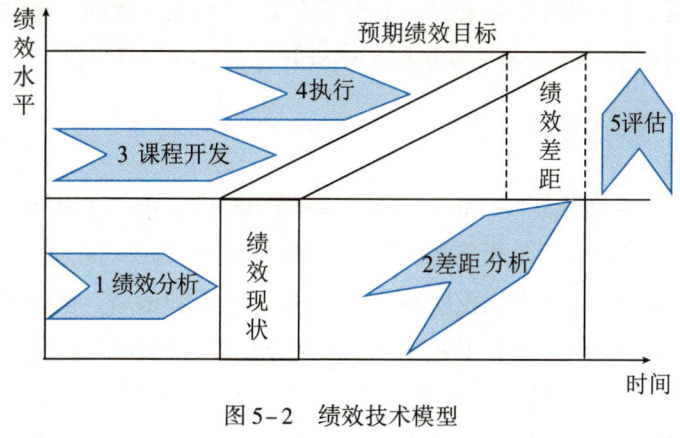

图 5-2　绩效技术模型

---

① 陈小微,陈世用,李金磊.基于 HPTM 的信息技术与课程整合[J].中国教育信息化,2007(11):63-64.

(1)绩效分析:从组织分析、岗位分析、环境分析等方面发现学习者工作绩效现状,为下一步绩效差距分析提供参照基础。

(2)绩效差距分析:把绩效现状与工作标准和预期目标对照,描述绩效差距并分析其产生原因,以便为缩小这一差距而应采取的措施(包括课程开发等)提供依据。

(3)课程开发:基于绩效改进的培训目标,开发学习者发展的课程和课程实施的支持系统(包括人力资源政策、财务、岗位人员安置等)。充分考虑培训课程开发所涉及的学习型和非学习型的干预措施。

(4)课程执行:实施开发的课程和变革人力资源管理政策,把培训作为重要的资本投入生产过程。在课程运用试行中持续补充完善开发的课程。

(5)课程评估:评估课程投入成本与产出效益。评价虽然是绩效技术模型的最后一个环节,但是它却贯穿于各个环节,并根据需要对各个环节进行及时调整而不是等到整个绩效过程结束后才对其中存在的问题做出反馈与调整。

绩效技术的课程开发模型是基于绩效目标导向的培训理念,更加关注培训课程为教师工作绩效改进服务而不是他们专业素质提高的长远目标。但是,这与教师专业发展并不相悖。实际上,通过教师工作绩效改进的途径促进教师专业持续发展的策略极其符合成人学习规律。

三、"能力本位模型"

"能力本位模型"(Competency Based Education Model)简称"CBE"模型。这里的能力,不是指单纯的技能,还包括知识、态度、情感等非操作性能力,强调职业或职业岗位所需能力的确定、学习和运用。该模型以美国著名心理学家布鲁姆的"掌握学习"思想为基础,以学员的自我学习为中心,注重"学"的内涵,强调学员在学习过程中的主导地位。它起源于第二次世界大战时期的美国,当时为弥补技术人员的缺乏,美国开展了大规模的教育与培训活动。当时,为解决美国出现的种种教育问题,美国联邦教育署决定采用"能力本位"的教师教育范式取代传统学科的培养模式,以改革教师教育来提高教育质量,随后大规模推广。[①]

能力本位模型的特点是:首先,由行业中一批具有代表性的专家组成专业委员会,按照岗位群的需要,层层分解,确定从事这一职业所应具备的能力,明确培养目标。然后再组织相关教学人员按照教学规律,将相同、相近的各项能力进行总结、归纳,构成教学模块,确定教学大纲,并以此施教。其科学性体现在它打破了传统的以学科知识为主导的课程与教学模式,强调以岗位群所需职业能力的培养为核心,保证了职业能力培养目标的顺利实现。[②]

能力本位模型如今被广泛应用于职业教育领域的技能类培训课程开发,对教师培训课程开发提供启发与借鉴。教师培训师可把学习者某一工作岗位所需的能力作为开发课程的标准,将学习者获得的相关能力作为培训的宗旨,并根据工作特征建立各种能力系统。这个系统由若干项综合能力构成,每项综合能力由若干专项能力构成,一个专项能力又由知识、技能、态度、经验构成。下面以教师培训师作为学习者为例,构建培训课程体系的框架。

表5-2以教师培训师的五项工作任务和六级能力要项组成的二维矩阵为依据,共计开发三十门教师培训师的培训课程。其中以五项任务为基础,可把培训师课程分为五大课程模块,即培训需求分析、培训方案设计、培训资源开发、培训组织实施和培训监测评估;每个模块按能力要项水平,可形成六级课程专题。例如,就"培训需求分析"模块的六级能力培训来说,在培训中可开发出"如何理解教师培训需求分析(1-A)""教师培训需求分析工具箱培训(2-A)""教师培训需求分析方法库培训(3-A)""教师培训需求分析的行动指导(4-A)""教师培训需求分析案例研究(5-A)""如何指导培训师学会做需求分析(6-A)"等。

---

① 顾月琴,孔晓明.CBE职教模式的特征分析及其借鉴作用[J].教育与职业,2015(15):69.

② 黄健.培训师(管理师)[M].北京:中国劳动社会保障出版社,2007:221.

表5-2 教师培训师的培训课程体系

工作任务	能力要项					
	1 理解概念	2 掌握工具	3 技能操作	4 工作改善	5 研究反思	6 培训指导
A 培训需求分析	1-A	2-A	3-A	4-A	5-A	6-A
B 培训方案设计	1-B	2-B	3-B	4-B	5-B	6-B
C 培训资源开发	1-C	2-C	3-C	4-C	5-C	6-C
D 培训组织实施	1-D	2-D	3-D	4-D	5-D	6-D
E 培训监测评估	1-E	2-E	3-E	4-E	5-E	6-E

第三节 教师培训课程开发流程

　　课程开发是课程形成、实施、评价和发展的全过程,涉及课程基本要素及其组织形式和方法的安排设计。为便于课程管理部门和培训师理解课程开发的活动内容和步骤,下面将介绍教师培训课程开发的基本流程(见图5-3)。

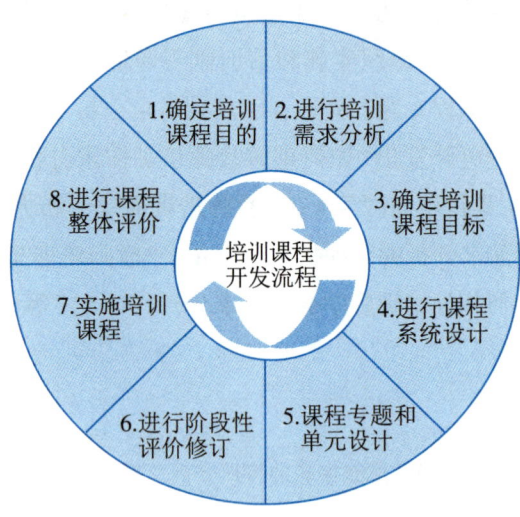

图5-3 教师培训课程开发的基本流程

一、确定培训课程目的

课程目的是在项目背景下说明学员为什么要培训，对课程目标、范围、对象和内容起指导作用。

二、进行培训需求分析

培训需求分析是课程开发的起点，用来判断组织和个人是否需要培训和需要培训哪些方面的重要依据。

三、确定培训课程目标

培训课程目标用来说明学员通过培训应达到的具体标准，具有可达、可测、可评的特征，不像课程目的那样比较宏观、抽象。

四、进行课程系统设计

课程系统设计是针对某一专题或某一类的培训需求所开展的课程整体建构和系统谋划，设计任务包括确定经费预算及资源条件、确定课程模块及其逻辑结构、设计课程形态及其相互支持关系、安排课程进度、选定培训场所、预测培训效果及其风险应对策略等。

五、课程专题和单元设计

课程专题和单元设计是在课程系统设计的基础上，具体确定各模块的每一专题和单元的培训内容、方法和材料的过程与技术。各专题之间、各单元之间的内容与课程目标相呼应，具有逻辑性，避免成为难以组合的"零件"。

六、进行阶段性评价修订

在完成课程专题和单元设计后，需要对课程目的、培训需求分析、课程目标、课程系统设计、专题和单元设计等进行阶段性评价与修订，以便为课程实施做好充分准备。

七、实施培训课程

实施培训课程工作包括培训教学、培训管理和培训服务三个方面。培训教学主要包括培训内容大纲准备、培训方式选择、教学技巧应用、课堂时间调控、学习氛围营造等方面。培训管理包括培训师的选择、培训质量监测、培训效果评估等。培训服务包括培训场地安置、教学设施设备准备、学员学习档案管理等。实施培训课程往往需要一个培训团队与培训师互相配合支持。

八、进行课程整体评价

培训课程整体评价是在课程实施后对课程全过程的培训投入与产出进行总结和判断，重点分析培训目标与预期成果的达成度、学员满意度及其原因。进行课程整体评价的主要目的是进一步完善培训课程的目标、结构、形态、内容和资源。具体评价方法可参阅本书第七章。

第四节　教师培训课程计划编写

开发一个完整的课程，一般会从简单到复杂、从概貌到细节依次编写五种文档，即课程简介、课程大纲、培训师教案、学员手册和幻灯片，形成课程计划的主要内容。

一、课程简介

课程简介是简要描述课程全貌的文字，一般包括课程名称、课程目标、培训对象、培训时间、培训师简介等五个部分。课程简介主要为学员和培训组织机构提供参考信息。

（一）课程名称

课程名称是用关键词、短语或短句对课程内容做出的最精练而简洁的表述,应突出课程标识性内容,如"如何设计教师培训实施方案""以学生为本的教学设计与体验""基于核心概念理解的高中地理教材分析""小学教师如何制订职业生涯规划"等。课程名称不能含混不清,如"教材分析""参观考察""追踪指导"等表述,会令人感到这些是不确定的或者是太笼统的课程内容。

(二)课程目标

课程目标是指在课程结束时希望学员在知识、技能、态度、能力和行为等方面达到的水平。"以学生为本的教学设计与体验"的全天培训课程目标为:"学员能够了解以学生为本的教育理念、教改背景和教学原则,理解以学生为本教学设计的环节和课堂教学事件;并能体验以学员为中心的参与式学习情境,学会'世界咖啡'活动组织方法,反思当前课堂教学存在的问题,为设计有效的课堂教学方案提供借鉴与参考。"

如果课程目标太大,最好把它分为几个小目标,然后在不同的培训课程中实现。目标要避免仅仅是培训师想做的,而不是参训者需要的;目标不要听起来内容丰富,但实际上意义却是含混不清的。

当培训师定好目标后,要问问自己:"这个目标学员在课程结束后能够达到吗?是否有足够时间让学员实践,以达到这个目标?我能在培训后测量出这个目标的达成度吗?"这些问题可以帮助培训师避免把目标仅仅作为培训师的主观意图,而不能成为学员可理解、可操作、可实现的目标。

(三)培训对象

为确保培训具有针对性,以顺利实现培训目标与培训效果,培训师有必要从学员的工作岗位和能力水平两个方面界定该课程的主要授课对象范围,如学习对象是普通学科教师、班主任还是教学管理人员,是入职期教师、熟练期教师、成长期教师或发展期的教师,还是其中几个专业发展阶段的教师。有的课程需要对培训对象学习条件提出特殊的要求,比如外语水平、工龄、年龄、学习能力和集训时间保障等。

界定培训课程的培训对象有助于培训管理方和学员根据自身实际情况选择最适合的课程,使他们"选对了路,上对了车"。

培训师在开展培训前,有必要详细了解自己的培训对象,如学员数量、工作岗位状况、教育背景、工作经历、本次学习期待等。培训师根据了解的情况，可用学员容易接受的方式和比较感兴趣的内容来准备教案、组织培训。

（四）培训时间

培训时间包括培训课程总时长和单元时间分配。告知培训时间有助于学员提前做好工作安排、心理准备和课程内容预习。

链接5-1 "以学生为本的教学设计与体验"培训工作坊

全天课程时间安排

上午

8:30—9:00　　　开场及学习热身

9:00—10:00　　基本理念和政策背景(讲授)

10:00—10:30　教学设计环节与事件(讨论)

10:30—10:40　课间休息

10:40—11:30　教学设计模型与借鉴(讲授)

11:30—11:50　总结、提问、答疑

中午

12:00—14:00　午餐休息

下午

14:00—14:30　一节学科教学设计案例介绍

14:30—15:00　学员讨论

15:00—15:10　课间休息

15:10—16:30　学员设计练习、教师指导

16:30—16:50　总结、提问、答疑

（五）培训师简介

在培训课上，培训师和学员相互认识与了解是保证培训课程成功的前提之一，因此，培训师简介是课程简介的一个重要组成部分。

培训师简介内容包括:培训师姓名、学历、工作经历、培训经历。如果增加一点有关培训师的专业特长、有影响力培训课程和学术成果的内容,会有助于展现培训师的能力,增强学员的认同感。如果培训师已经建立了自己的微信公众号、微博、博客、个人专业网页,不妨把这些信息一并提前介绍给学员。但是,与培训无关的信息在培训师简介中应该少提或不提。

二、课程大纲

课程大纲是在明确培训目标和对象之后,培训师对培训内容和方式的初步构思,是为课程设定的一个框架,便于充实和延伸。课程大纲既是为学员和培训组织机构提供的培训内容概要,也是培训师备课内容的路线和思路。培训师在编写课程大纲时,一般遵循以下五个主要步骤(见图5-4)。

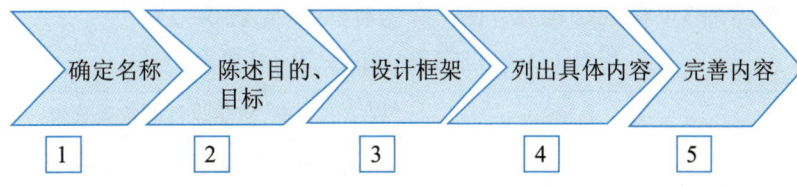

图5-4 课程大纲编写流程

(一)确定课程名称

课程名称要突出课程主题或主要内容,以关键词体现出标志性,表述简洁并易于他人理解。

(二)陈述课程目的、目标

课程目的(Aim)是培训师通过课程要实现的培训意图和主观意愿。如果说课程目标(Goal)可以表述为"学员能够了解以学生为本的教育理念、教改背景和教学原则,理解以学生为本教学设计的环节和课堂教学事件"。那么"强化学员的教学创新意识和提高其教学设计能力",就可以作为课程目的。可见,课程目的比较主观、抽象,对课程目标制定起着宏观指导作用,而课程目标比较客观、具体,是课程目的转化实践的微观体现。

关于目标表述方式可以参考第四章"如何设计教师培训项目方案"。

（三）设计框架

根据培训目标和对象，以文字提纲或图表形式为课程内容搭建一个逻辑框架，勾勒出清晰的课程结构，以便于学员容易理解和掌握。所有的培训课程基本都按照开场、主体和结尾三个部分设计课程内容。"开场"和"结尾"部分所涉及的活动内容参考本章后面内容。"主体"部分培训课程逻辑结构常见的有以下三种模式。

1.3W问题结构模式

"3W"是指"Why（为什么）""What（是什么）""How（怎样做）"三个问题。通过问题呈现内容的逻辑结构，比较符合人们理解和接受新知识的思维特征，逻辑严密，说服力强。例如，"以学生为本的教学设计"培训课程就是运用3W问题结构设计的一级内容框架（见表5-3）。

表5-3　培训课程的问题式设计框架

以学生为本的教学设计	为什么要"以学生为本"设计教学？（Why）	"以学生为本"教学设计的政策背景
		"以学生为本"教学设计的实践需求
		"以学生为本"教学设计的理论依据
	什么是"以学生为本"的教学设计？（What）	"以学生为本"教学设计的案例研修
		"以学生为本"教学设计的内涵
		"以学生为本"的教学设计与常规教学设计的区别
	如何设计"以学生为本"的教学方案？（How）	"以学生为本"教学设计的九大原则
		"以学生为本"教学设计的主要模型
		"以学生为本"教学设计的练习指导

2.流程结构模式

这是指按照流程、步骤或时间线来设计课程内容框架的模式。它适用于学习者获得程序性、操作性的知识和技能。例如，"教师培训项目方案设计"培训课程的一级和二级提纲都是按照方案设计流程与步骤来设计的（见表5-4）。

表5-4　培训课程的流程式设计框架

教师培训项目方案设计	模块一：分析学习需求	步骤1:分析培训对象特征和学情
		步骤2:聚焦培训主题
		步骤3:描述培训目标
		步骤4:预设培训成果
	模块二：设计实施策略	步骤5:搭建培训课程框架
		步骤6:整合培训实施方式
		步骤7:制定培训转化策略
		步骤8:确定培训质量内控方法
	模块三：配备培训资源	步骤9:优选培训师资团队
		步骤10:联合培训合作伙伴
		步骤11:组建培训管理服务团队
		步骤12:合理预算培训经费

3.并列结构模式

当一例培训课程需要很多独立内容来支撑,每个独立内容之间并没有严格的逻辑关系,但却为共同解决一个问题服务时,我们称其为并列结构。① 并列结构的培训内容相对独立,便于培训师根据需要灵活取舍部分内容和调整内容顺序。例如,"中小学校长的专业领导力提升"课程内容包括6个能力领域,培训师可根据项目定位、学情状况、培训时长等要素弹性选择和实施课程内容(见表5-5)。

表5-5　培训课程的并列式设计框架

中小学校长的专业领导力提升	能力一:规划学校发展	要点1:政策、理论和实践的认识与理解
		要点2:方法、技术和工具的应用练习与指导
		要点3:学习成果转化的行动计划和案例研修
	能力二:营造育人文化	要点1:政策、理论和实践的认识与理解
		要点2:方法、技术和工具的应用练习与指导
		要点3:学习成果转化的行动计划和案例研修
	能力三:领导课程教学	要点1:政策、理论和实践的认识与理解
		要点2:方法、技术和工具的应用练习与指导
		要点3:学习成果转化的行动计划和案例研修

① 陈霞.教师培训课程设计[M].上海:上海教育出版社,2019:103.

（续表）

中小学校长的专业领导力提升	能力四:引领教师成长	要点1:政策、理论和实践的认识与理解
		要点2:方法、技术和工具的应用练习与指导
		要点3:学习成果转化的行动计划和案例研修
	能力五:优化内部管理	要点1:政策、理论和实践的认识与理解
		要点2:方法、技术和工具的应用练习与指导
		要点3:学习成果转化的行动计划和案例研修
	能力六:调适外部环境	要点1:政策、理论和实践的认识与理解
		要点2:方法、技术和工具的应用练习与指导
		要点3:学习成果转化的行动计划和案例研修

（四）列出内容细节

"内容细节"是在一级和二级标题基础上对课程内容的展开。培训师一方面要考虑呈现哪些最有价值的课程内容材料和组织最有效的学习活动,另一方面还要选择最适合成人学习心理特征的方式方法,做到培训内容与培训形式的统一。

美国培训专家鲍勃·派克(Bob Pike)提倡按照"活动—讨论—运用"的逻辑方式编制参与式课程内容,即先组织学员做一个活动,然后讨论这个活动是怎样做的、感觉如何、结果怎样,最后考虑如何将此活动学以致用。为了确保课程内容的传授效果,可按照"体验""理论""认知"三要素不同组合顺序,形成"体验—理论—认知"(E - T - A)、"体验—认知—理论"(E - A - T)、"理论—体验—认知"(T - E - A)三种方法来呈现所传授的内容细节(见图5 - 5)。

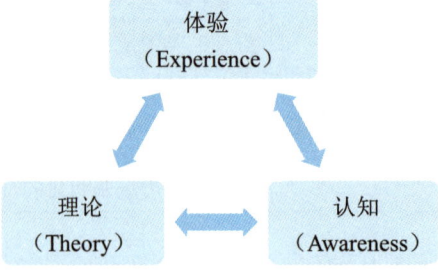

图5 - 5　培训内容传授方法

"体验—理论—认知"方法是培训师首先要给学员一定的体验,然后告诉他们体验背后的原因或道理,这样就会使学员产生一定的认知。

　　"理论—体验—认知"的方法主要运用于学员对教授的主题毫无经验或了解,需要培训师先为他们讲解一些理论,然后再给他们创造一些体验,让他们产生认知。

　　有时候培训师给学员提供一种体验后,并不是立即告知理论,而是组织学员通过讨论反思其获得的启发,形成对活动的个人认知,最后再讲解理论,而这些理论仅是作为学员体验后的补充和润色,是学员自己发掘出来的。这种"体验—认知—理论"方法与传统的学习活动顺序正好相反。[①]

　　就培训课程的单元细节方法来说,可根据培训活动目标、对象特征、内容难度等情况选择"E－T－A""E－A－T""T－E－A"其中的呈现方法。但是,在一个专题培训课程中可将三种方法整合应用。

　　例如,在"实战性教师培训课程的创新设计与体验"培训课程中,我们可把培训课程内容细节根据时间先后顺序分以下五个活动呈现出来。

　　(1)学习需求前置调研:在本次上课前一天向学员发出一个学习需求的调研问题,"你在教师培训课程设计上遇到的主要挑战是什么?简要列出1—2个学习需求问题"。培训师第二天在培训课堂开始组织全体学员互评、讨论和归纳所有观点,形成对培训课程设计问题的认识,为学习新内容做好准备(体验—认知)。

　　(2)案例分析:培训师以"创建以学生为本(SCL)课堂的培训课程"为例(见图4-2,本书第四章第二节),组织学员讨论该项目课程安排与自己参与的项目有何异同,有效培训课程的系数变量包括哪些,成人培训课程与职前教育和中小学课程有何区别,教师培训课程包括哪些形态,复习八大培训课程模块的各自功能与特征、内在逻辑关系、理论依据(认知—理论)。

　　(3)"世界咖啡":培训师组织"世界咖啡"活动,会谈主题为"实战性培训课程设计的流程与步骤",引导学员通过体验式、情境性、结构化的参

　　① 派克.重构学习体验[M].南京:江苏人民出版社,2015:87－92.

与式活动认识和理解实战性培训课程设计的流程与步骤,同时学会"世界咖啡"的组织方法与技巧(体验—认知)。

(4)理论讲授:课程的定义、成人学习心理特征、影响教师培训课程的变量因素、培训课程设计的若干模型及其应用价值(认知—理论)。

(5)练习指导:组织学员课后应用培训课程设计的相关理论模型、方法和技术,根据本次培训所提供的设计模板,修改和完善自己的培训课程设计(体验—理论—认知)。

以上课程案例的学习对象主要是具有培训课程开发经验但观念比较囿于传统讲授课程的培训者,培训师采用"学习需求前置调研 + 案例分析 + 世界咖啡 + 理论讲授 + 练习指导"的组合形式,在(1)与(2)两个活动、(3)与(4)两个活动中,两次体现"体验—认知—理论"的方法;而在(5)中则采取了"体验—理论—认知"的方法,将学习提升到新的认知水平。

以上由五个活动组成的培训课程突出案例教学、情境体验、概念建构和迁移应用的教育理念,其主要目的是帮助学习者通过"活动—讨论—应用"的参与式活动方式来理解和掌握教师培训课程创新设计的理念与方法。如果该课程内容都以"理论讲授"为主要课程形态和活动起点,以突出理论知识的系统传授,却忽视知识获得的体验过程,那么,对于大多数学习者来说,该课程的实效性会很难得到保证。因为我们都明白一个简单的道理:用保守的教学方法很难教人掌握创新的教学方法,而让学习者置身于创新方法的学习情境之中进行体验学习才更加有效。这也是本书所积极倡导的"嵌入体验、以境启智、以法授法"的培训理念与方式。

(五)完善调整内容

在课程投入实施之前,培训师需要针对具体的学习对象、目标、条件、内容、方式、资源等课程要素,修改完善课程大纲,以便课程更具有针对性。

每次课程实施过程中生成的培训知识和经验又可以及时地被吸纳到课程大纲之中,作为课程改进的智慧源泉。

课程大纲应该是一个不断充实、调整、完善的培训资源。培训师在不断完善课程大纲的过程中打造出精品课程。

学员是坐着的"老师",他们是培训课程改进的智慧源泉;培训师是站着的"学生",在课程实施的过程中不断学习与改进。教学相长是培训师专业修炼的黄金法则。

三、培训师教案

课程简介和课程大纲完成后,培训师需要根据课程大纲的思路,按照培训课程时间分配来进行资料收集和课程编排,准备好自己的培训教案。无论是现场集中授课培训,还是现场观摩指导,抑或远程在线培训,所有的培训教学活动都要对开场、主体和结尾三个阶段做好设计和准备。

(一)开场

良好的开始是成功的一半。精彩的开场方式和内容将给学员学习状态与培训效果带来积极的影响,如很快化解师生之间、学员之间的陌生感,打破沉闷乏味或紧张的课堂环境,营造轻松愉悦和鼓励参与的课堂氛围,调动学员对课程的兴趣和信任感,等等。两种不同类型培训教学活动的开场方式可参见表5-6。

表5-6 两类培训开场方式

类型	开场方式	内容说明	注意事项
集中授课培训	自我介绍	实事求是介绍专业背景和特长,提高学员对培训师的认同,拉近师生距离	切忌用时过长,骄傲炫耀,避免一开始就让学员产生不好印象
	直奔主题	开门见山讲授培训内容,让学员感到简洁高效	适宜于学员学习动机积极并对培训内容有一定专业基础的培训班
	案例故事	通过案例故事引起学员的学习趣味,营造轻松的课堂气氛	故事不宜太长,要与培训主题紧密相关,把寓意表现出来

（续表）

类型	开场方式	内容说明	注意事项
集中授课培训	破冰游戏	通过游戏开展破冰活动可以消除学员之间的隔阂，组建学习小组，为参与式教学营造愉悦氛围和做好分组准备	准备好适宜的场地和必要的教具，让学员明了游戏规则，掌握好时间
	双向沟通	通过提问、对话，广泛地与学员交流，相互认识，相互了解学习需求与培训计划	适用于班额小的培训课堂
现场观摩指导	场外准备	为避免影响观摩现场正常教学秩序，可以提前在场外组织学员了解现场观摩的目的、任务分工、重点事项和相关人员等	提前准备好有关观摩活动的背景材料和有关注意事项
	场内准备	帮助学员身临其境了解观摩现场的物理环境和相关人员，明了观摩目的和任务	开场准备活动简短，严格掌握时间，注意介绍到在场的每个人或每类群体
	内外结合	把场内外准备结合起来	根据观摩条件和环境，把两部分活动时间和内容分配好

无论采用哪种方式开场，概述培训的目的和目标、重要性和内容是必不可少的。

1. 目的和目标

学员为什么花费自己的工作或休息时间坐在这里接受培训？这次培训活动能给学员带来什么？要解决学员学习和工作中的什么问题？学员将会获得什么？这些关于培训目的和目标的问题也是学员学习的原因，开头就要取得学员的理解，以便调动他们的学习积极性。

2. 重要性

这次培训的紧迫性和必要性是什么？对学员的工作有何价值和意

义？如果不参加这次培训活动或者达不到培训目标,会对学员专业发展和工作带来什么消极影响或危害？这些关于培训重要性的问题要在培训开头通过不同形式渗透到学员思想之中,以便强化他们的学习动机。

3. 内容概述

大概介绍培训的主要内容、结构、方法、注意事项等,帮助学员了解和驾驭培训活动的全貌,在培训过程中发挥学习主动性。

(二) 主体

主体部分是培训课程的"核心技术",占用培训时间最长。对于课堂培训活动来说,主体部分的编写方式是:先列出课程第一个一级要点,再引出各个分论点,每个分论点下列出一系列论据来支撑,然后对第一个一级要点进行小结,再过渡到第二个一级要点,按同样顺序和方式开展下去,直到完成所有要点。

一次培训要达到的目标可能包括知识、技能、态度等多个方面,也可能重点在其中一个或几个方面。就知识类目标而言,绝非通过单一内容和方式就能有效实现。

为此,培训师在课程主体内容中应该考虑文本类知识、讲述类知识、观摩类知识、讨论类知识、操作类知识的有效混搭,并将案例、故事、游戏、参观、论坛、沙龙、阅读等活动情境嵌入重要学术观点陈述和理论知识学习活动,建构一个最经济、最适宜、最有效的课程内容体系,避免以单一的知识形态呈现课程内容带来的弊端(见表5-7)。

表5-7 教师培训课程的知识形态特征

知识形态	培训师	学员	积极效果	弊端	补充条件	必要条件
文本类知识	准备指导	阅读	学习便捷,知识系统,速度适宜	缺少集体氛围,信息源单一,没有互动气氛	文本易得,可读性强	
讲述类知识	传授答疑	聆听	知识系统,高效快捷,具有学术权威	缺少针对性、操作性,被动性强,容易疲劳	掌握演讲技巧与课堂组织和调动方法	
观摩类知识	协调指导	观察	情境性、体验性、应用性强,易调动多种感官,便于近迁移	知识不系统,带有不确定性	学习资源要便捷、具有生成潜力	(1)材料有意义 (2)学员有动机 (3)方式易接受
讨论类知识	组织指导	发言	表达机会多,相互启发	耗时较长,缺少系统知识和技能训练	创建讨论和问题指导情境	
操作类知识	演示指导	模拟	多种感官体验、技能训练,实用性强	知识容量少,耗时较长	学员具备技能基础,培训师具备指导和教练技术	

请根据以下问题测评和反思自己对课程主体内容的准备情况。

(1)你的课程主体内容包括几类知识?各类知识之间的逻辑顺序和构建思路是什么?

(2)你是否掌握和具备课程主体内容实现的三个必要条件(材料有意义、学员有动机、方式易接受)?你是否创建各类知识学习的补充条件?

(3)针对不同类型的知识学习,你的角色和作用是什么?学员的角色和作用是什么?你和学员之间配合默契吗?

(4)你能预测到培训后每类知识学习的积极效果吗?

（5）你能排除每类知识学习的弊端和风险吗？

培训师在准备课程主体内容时，要从学员需求、动机和培训资源条件角度，经常反思课程内容和方式的针对性和实效性，不要想当然地认为自己设计的内容都能被学员接受。

其实，在"知道""理解""应用"之间，存在巨大差距，培训师不能仅限于帮助学员达到"知道"水平的培训目标，还要帮助他们在"理解"的过程中，朝着"应用"以上水平的目标前进，以获得更大的专业发展。

（三）结尾

好的结尾是圆满结束培训活动的标志，可强化以下培训效果：总结培训要点，加强学员记忆；激发学员继续学习热情，激励学员根据培训内容去迁移转化；加深培训印象，提升培训项目、课程、教师的影响力。培训师可以参考以下培训结尾方法（见表5-8）。

表5-8　培训结尾方法

结尾方式	内容说明	注意事项
重申重点	简要概括和回顾培训内容要点，强化培训重点，帮助学员记忆	要简明扼要，突出重点，与培训课程一级标题对应
故事寓意	运用哲理性故事，突出培训主题，引发学员对培训内容的思考	故事要简短、风趣、幽默，并易于学员理解其寓意
名言点睛	在培训主题和内容顺畅完成后，可以引用名人格言，作为培训结尾的点睛之笔	名言要精练、寓意深远，并贴切培训主题
问题设问	运用2—3个设问或思考题，引发学员对培训内容的回顾和反思，帮助学员检测学习效果	问题要对应于培训要点，难易度适宜，有助学员培训后反思
行动导向	由培训师或学员的领导，根据培训目标指导编制行动计划或布置培训后的迁移转化工作，体现学以致用和师干联动	一般作为最后一门课程的结尾方式。提前做好施训方与委托方之间的沟通协调

无论是培训教案的开头、结尾，还是主体部分，都需要具有创造性，以满足不同学员的个性学习需求和他们持续变化的工作要求。

培训师应当永远记住：这个世界唯一不变的就是不断变化，培训没有固定的方式与内容，在终身学习状态下要"打移动靶子"。

四、学员手册

学员手册是为学员参加培训提供的学习讲义。学员可通过它了解培训课程的目标、内容框架、教学计划，还可以在上课时用来记录每个单元的知识要点、心得体会、疑难问题、作业和下次活动注意事项等。

培训师可根据培训项目需要，结合成人学习特点，采用活页形式，重点考虑以下要素来编写学员手册。

（一）封面

封面可以设计得简洁大方，标明培训项目或课程名称、施训单位名称、标徽和培训时间。若能为该项目设计一个寓意深刻、美观大方的标识标徽，则更能体现培训文化和学员手册的个性风格。

（二）扉页

扉页是学员一翻开手册就容易读到的内容，要把最重要的和比较醒目的文字和图片放在这里。如一句培训学习的励志格言、一封致学员的学习倡议书、培训目标、课程框架思维导图等。

（三）主体

学员手册的主体部分包括项目背景材料和课堂学习随记。

项目背景材料包括学习目标、培训课程表、培训方案、作息时间表、生活服务指南、培训须知等信息。这些是成人学习时希望获取的资料信息，它们不仅能促进学员更好地掌握培训内容，而且发挥着服务管理的积极作用。

课堂学习随记是根据培训课程实施进度，为每个单元学习活动准备的1—2页记录纸。课堂学习随记部分要给学员留下足够的空白，供学员把学习要点、心得、问题等记录下来，以便理解、记忆、生成。也可把学员评教单附上，帮助学员在每单元学习后按评价指标和问题要求，及时评价培训效果和反思学习成果。

学员手册的结尾部分可以汇集培训师简介、学员通讯录、项目管理团队通讯录等内容，最好再留下若干页空白纸，以备记录增加的相关内容。

为了提高学员手册的应用效果，避免学员忽视其中关键信息以及由于在课堂笔记上花费过多时间而带来的过重认知负荷等问题，也可在学员手册的相关栏目上适当提供学习策略和提示。

（四）活页

活页是培训师在培训过程中，根据课程进度与需要向学员分发的补充学习资料，如研修案例、讨论问题、游戏材料、补充阅读内容、教师PPT等。

链接5-2　活页发放注意事项①

◆掌握活页发放时机，应是培训进行到相应课程内容时。

◆发放活页资料前应向学员讲清使用活页资料的目的和方法。

◆提前做好资料的准备工作，避免临时出现差错或数量不足。

◆培训师应该注意控制活页发放现场的程序，避免出现混乱局面。

◆活页资料如有需要回收的，还应做好回收工作。

活页是教师培训课程的重要扩展资源，有助于拓宽学员的学习视野和深度，增强其学习兴趣，从而更有效地理解培训内容。

为便于学员保存活页内容，学员手册可全部采用活页形式。

---

① 黄健.培训师（管理师）[M].北京:中国劳动社会保障出版社,2008:143.

（五）学员手册样例

1. 封面

"国培计划"（2011）——培训团队研修项目

中小学教师培训管理者团队研修班

学员研修手册

学员姓名 _____

学员单位 _____

北京教育学院 2011 年 10 月

2. 目录

3. 扉页内容

致学员一封信

尊敬的各位学员：

欢迎您加入"国培计划"——2011 年北京教育学院中小学教师培训管理团队研修班！

我们首先希望您了解这次研修班 10 天的行动目标和计划,也希望您从教师培训管理者角度思考:我是谁? 我从哪里来,要到哪里去? 我带来了什么,将要带回什么?

我们期待着您带着您渊博的学识和独到的见解,正式地和非正式地,畅谈您在教师培训领域的真知灼见,把您的知识、经验和智慧贡献给研修团队!

我们更期待着您带着您的微笑和欣赏他人的心情,珍惜这次与全国教师培训管理同仁相识、相知、相学的机会,有意识地和无意识地传递着您的真诚、友谊和合作精神,为了这个研修共同体的持续成长和发展倍增您的价值元素。

在北京秋意正浓的十月,"国培计划"为我们搭建了经验分享、观点交流、智慧共生的平台,相信我们会在此努力,学有所思,学有所获,学有所用,共同为我国教师培训与管理专业化做出最大贡献!

一次相识、相知、相学,终生同道、同志、同行!

"国培计划(2011)——培训团队研修项目"

北京教育学院中小学教师培训管理团队研修班项目组

2011 年 10 月 18 日

4. 培训目标

了解我们的培训目标

通过 10 天的参与式研修活动,以"教师培训管理方法与工具"为研修主题:

◆ 了解教师培训管理的政策形势、项目管理理论和培训管理实践案例。

◆ 体验教师培训管理的实践活动与具体情境。

◆ 理解教师培训管理的问题解决方法。

◆ 掌握教师培训管理的有关方法及其应用工具。

◆ 结合本人岗位实际需要,制订一份"教师培训管理创新的行动计划",将其运用于今后三年教师培训项目的项目开发、实施和质量管理等活动中。

5. 课程计划(内容略)

时间/地点	活动专题	活动方式	主讲教师	学习提示

6. 培训实施方案(内容略)

7.学员研修守则

学员研修守则

为了保证研修目标的顺利实现,也为了保证学员优质完成研修任务,特制定以下守则,要求每位学员自觉遵守执行以下要点。

一、管理要求

1.服从项目组和班委会的统一管理。

2.保管好个人物品,爱护公共财物、设施,自觉维护教室、房间的环境卫生。

3.如有身体不适或其他困难,请及时与项目管理人员联系。

二、学习要求

1.熟知项目实施方案和学员守则,明确学习内容和学习任务。

2.遵守考勤制度,不无故缺课、旷课,不迟到、不早退;若有特殊原因不能上课,请向项目负责人请假。

3.遵守课堂纪律,不得在课堂上随意出入教室或接打电话。

4.主动学习,积极参与,每日做好听课记录,如实填写培训评价,认真完成作业。

5.学员考核依据为:出勤情况记录、研修日志质量、作业与研修成果。

---

8. 学员生活指南

学员生活指南

一、作息安排

早餐:7:15—8:20(北京教育学院食堂一层)

上午:8:30—11:45(北京教育学院南楼503)

中餐:11:45—12:30(北京教育学院食堂一层)

下午:14:30—17:30(北京教育学院南楼503)

晚餐:17:45—18:45(北京教育学院食堂一层)

自习:19:00—21:00(宾馆房间)

二、就餐规定

1.自觉维护餐厅就餐秩序,做到文明就餐。

2.注意保持餐厅卫生,不乱倒剩菜剩饭。

3.爱护餐厅内的公物和设施,不随意损坏。

4.用餐后,请自觉将公共餐具送到指定地点,不得将餐具带出食堂。

三、住宿要求

1.自觉遵守培训作息时间,每天晚上10点前必须归宿,不得擅自在外留宿。如因特殊情况不能返回,应事先告知班主任。

2.按时就寝,保证睡眠,夜间不要大声喧哗,不得干扰他人学习、休息。

3.注意安全,防火防盗。人走断电,关好门窗。

四、其他要求

1.学员在培训期(10月18—27日)外消费和培训期内非项目组提供的服务消费,由个人直接与宾馆工作人员联系,费用自理。

2.提前预订返程车票、机票,咨询电话:××××××××(机票)。

9.学员通讯录

学员通讯录

序号	省别	姓名	性别	工作单位	职称	职务	联系电话
1							
2							
3							
⋮							
N							

10. 常用电话

项目管理组

序号	姓名	性别	工作职责	联系电话	邮箱
1			项目负责人		
2			项目业务助理		
3			项目秘书		
4			项目业务助理		
5			班主任		

后勤保障组

序号	姓名	性别	部门	联系电话	备注
1			食堂		
2			医务室		
3			电教		
4			网络维护		
5			饭店前台		

网络资源

班级公共邮箱	
虚拟研修室	

11. 研修日志

活动时间		研修方式	
主题		主讲/主持人	
学习记录与反思	一、活动内容		

（续表）

活动时间		研修方式	
主题		主讲/主持人	
学习记录与反思	二、研修反思 1.本次培训最有价值的3个知识点 2.本次培训最深切的3点体验感受 3.本次培训对我工作改进的1个行动借鉴		
评价	一、我对该次培训：□很满意　　□满意　　□一般　　□不满意 二、对该次培训的改进建议		

五、幻灯片

幻灯片是培训师借助课程大纲通过 PowerPoint 文稿形式向学员所展示的讲课提纲，它是集文字、图片、声音、音像等于一体的演示文稿。

幻灯片编制主要包括字体字号、颜色、图表、声音、动态效果、附件等选用和链接等内容。培训师需要专门学习和实践 PowerPoint 软件使用方法，并能结合培训内容与方式的需要，通过思维导图、Flash 等软件工具，制作效果精良的幻灯片，让培训活动取得事半功倍的效果。

培训师制作和使用幻灯片时要尽量做到：(1)简单、清楚、明了，每一页只表达一个主题；(2)利用不同颜色来活跃气氛，但每篇不超过3种不同颜色；(3)巧用图表、图片、艺术字等，借助精美模板，表现寓意和突出重点，但要避免模糊不清；(4)编制完成后要检测幻灯片的文字、图片、声音、音像的效果，保证上课时不出现意外；(5)投影距离要保证所有学员能看清，不要用身体、鼠标或其他物体干扰学员视线，运用无线遥控播放器，能收到良好的效果。

本章学习建议

一、学习目标

通过本章学习,你应该能够:

1. 了解教师培训课程开发的含义和基本依据。

2. 理解教师培训课程开发的主要模型和运行流程。

3. 根据格式与要求编写教师培训课程计划的主要文字内容。

二、讨论题

1. 教师培训课程与大中小学的学科课程有何本质区别?

2. 教师培训课程开发的主要理论依据是什么?

3. 为什么要强化教师培训课程的"培训"元素?

4. 试对比培训课程开发的三个模型,分析其有何异同点?

三、应用题

1. 以新教师培训课程开发为任务目标,运用"能力本位模型"构建教师培训课程体系框架,以图表形式呈现。

2. 在本章教师培训课程开发基本流程的基础上,列出每个流程步骤的二级要素,进一步充实和完善流程内容,绘制教师培训课程开发详细流程图。

3. 以自己已经实施过的一例单元培训课程、模块培训课程或项目课程为对象,参照本章教师培训课程计划格式与要求,编写一套培训课程计划文本,用作培训教材。

四、本章培训活动示例

活动名称

世界咖啡。

活动主题

研讨教师培训课程与大中小学的学科课程有何本质区别。

活动概述

培训师组织全班学员借鉴"世界咖啡"国际会议模式，针对"教师培训课程与大中小学的学科课程有何本质区别"的活动主题，发表各自的见解，并站在他人视角，互相碰撞意见，激发创新智慧，发现教师培训课程与大中小学的学科课程的本质差异。

活动目标

了解"世界咖啡"的活动流程与规则，理解"世界咖啡"的活动原则，通过体验"世界咖啡"的活动情境掌握参与式培训的技术与方法。集体汇集出教师培训课程与大中小学的学科课程的本质差异，为进一步学习和解决教师培训课程开发问题做好认知准备。

参与对象

30—50位有过教师培训教学经验的培训讲师。

活动流程

1. "世界咖啡"活动准备和介绍。培训师简要介绍"世界咖啡"会谈主题、活动流程与时间安排和注意事项。

2. 推选桌长和活动准备。为活跃气氛和鼓励大家民主参与，培训师提出2条非专业性的桌长标准，如上衣扣子最多、颜色最深的学员担任桌长。确定桌长后组织每组学员整理桌面和领取研修活动物料等。

3. 首轮小组讨论。由桌长首先组织本组成员先在便签贴上写下关于"教师培训课程与大中小学的学科课程本质区别"的2—3个观点，每张便签贴只写一个观点。然后，组织小组成员交流发言，简要介绍各自观点。最后，把本组的所有观点归纳分类，提炼出5个重要观点写在海报纸上。首轮小组讨论时间为15分钟，15分钟后培训师示意首轮讨论结束，进入第二轮重新分组讨论。

4. 第二轮重新分组讨论。桌长留下，其他成员分散到不同小组，重新组合后继续讨论。桌长和新成员相互介绍本组观点，相互发问和质疑。每人记录最有价值的观点。第二轮小组讨论时间为10分钟，10分钟后培训师示意讨论结束,进入第三轮讨论活动。

5. 第三轮"淘宝活动"。桌长继续留下,热情接待其他小组访问者的到来。其他成员访问没有到过的各个小组,随意走动,随意浏览,收集最有价值的观点。第三轮"淘宝活动"时间为 10 分钟,10 分钟后培训师示意活动结束,大家回到原始小组。

6. 集体展示。培训师组织各组在借鉴其他小组观点的基础上再进一步提炼本组关于教师培训课程与大中小学的学科课程本质区别的核心观点,并在全班展示。

7. 培训师传授。培训师基于全班展示结果和自己研究情况,点评各组观点,引导大家达成集体共识,并进一步精讲教师培训课程开发的基本含义、理论依据和本质特征。

8. 培训结束时总结"世界咖啡"的操作原则和方法,并留作业。

支持条件

1. 参与式场地,方便小组之间走动、交流和作业展示。

2. 提前准备便签贴、海报纸、马克笔、计时器等活动物料。

3. 活动时长 30—60 分钟,可根据需要调整和控制。

效果检测

1. 现场观察各轮活动中任务完成进度与学员参与状态。

2. 一周内检查和评价各小组的"世界咖啡"活动设计方案。

补充说明

如果学员人数超过 50 人,甚至接近 100 人,那么,可以通过扩大培训空间组织现场培训活动,但是,每组人数须控制在 5—7 人。

第6章

如何选择和运用教师培训方法

不龟手之药

宋国有个人善于制作冻疮药，能使手不受冻皲裂，只因他家世世代代以漂洗丝絮为职业。有个外来人听说防冻疮药的事，愿意出一百两黄金购买他的药方。

宋人便召集族人商议道："我家祖祖辈辈干漂洗丝絮的工作，收入不过几两金。现在一下子就可以卖得一百两黄金，还是把药方卖给他吧。"

外来人买到了防冻疮药方，凭此游说吴王。这时，越国侵略吴国，吴王就派此人统率部队。数九寒冬与越军在水上作战，打败越军，于是吴王割地封赏他。

同样是能够使手免于冻裂的药方，有人因此受吴王封赏，有人却不过用它使自己不再终生干漂洗丝絮的苦力。这就是由于利用方法上存在差异导致的。

以上故事出自《庄子·内篇·逍遥游》。同样是拥有能使手不被冻伤的药，宋国人世世代代干着漂洗丝絮的苦力，始终贫困清苦；而吴国用于军事作战，则可以战胜敌人。由此可见，同样一件事物，由于使用场合和对象不同，其结果和收效也大不一样。

如今，在教师培训活动中，针对同样的培训项目，面对同类的培训对象和学习需求，由于培训师所选择的培训方法不同，在培训效果上就会产生较大的差异。

理解、设计和运用培训方法，是教师培训师提高培训教学能力的关键，也是有效实施培训课程和取得预期培训效果的根本保证。

很多培训方法已经为培训师们所熟知，但是，能否灵活运用这些培训方法，使之在实践中创造性地落地，还存在水平高低的差别。

本章根据教师培训方法的应用特征，介绍教师培训常用的五类主要方法，并予以比较分析，与你共同进入教师培训师的第四项专业修炼——提高教师培训方法的选择与运用能力。

第一节　教师培训方法概述

就教师培训师的专业发展来说,学科学识才能固然重要,但掌握科学的培训方法更为重要。如何把自己的学识才能有效地传播、传递给学员们？如何帮助学员把培训内容转化为学习成果,把学习成果应用到中小学工作实践中？如何催化中小学教师教育教学的实践智慧？教师培训方法的灵活应用和选择就成为提高教师培训效果的重要环节。

随着教师培训的理论发展和实践创新,各种培训方法日渐成熟。国内外培训界往往采用不同的维度阐述培训方法。有的按培训内容来阐述培训方法,包括以传授知识为主的培训方法(如课堂讲授、视听法、阅读指导等),以训练为主的培训方法(如游戏训练、岗位实践、案例模拟等),以改变态度和行为为主的培训方法(如榜样示范、角色扮演、拓展训练等)。有的按学员学习方式来阐述培训方法,包括脱产学习(如集中授课、居家自学、学历进修),半脱产学习(如行动学习、参观考察、短期访学等)和在职学习(如师带徒、工作现场观摩、影子培训等)。还有的按培训技术和手段来阐述培训方法:包括传统培训方法(如讲授法、研讨法、传递法、自主学习、团队建设法等)和现代培训方法(如远程学习、拓展训练、混合式培训等)。

教师培训常用的五类主要方法,包括讲授法、研讨法、传递法、自我指导学习和团队建设法。

一、讲授法

讲授法(Presentation Methods)是培训师主要运用语言向学习者传授系统学习内容的培训方法,通常在以下培训情况中采用:(1)向学员介绍系统理论知识和新的教育教学技能;(2)阐明和强调培训学习内容的要点和重点;(3)介绍培训内容的相关背景知识;(4)澄清学员学习中的困惑和问题,提供问题解决办法;(5)在培训时做开场白和培训后总结。

(一)讲授方式

讲授法是比较常用的培训方法之一,一般分为三种讲授方式:灌输式讲授、启发式讲授和点评式讲授。

1. 灌输式讲授

培训师在讲台上讲解，学生在台下听讲、做笔记。信息完全是从培训师一方传出，学员只是被动接受。采用灌输式讲授不要求学员参与，培训师主要依靠精彩的培训内容和良好的口头表达能力来吸引学员注意力，否则，时间久了学员容易疲劳和注意力下降。

2. 启发式讲授

启发式讲授是培训师以提问的方式让学员思考和回答，然后进行总结，不像灌输式讲授那样一开始就将问题、分析和结论和盘托出。在启发式讲授过程中，培训师和学员之间有一定的交流，学员有一定的参与。善于提问和引导学员思考是启发式讲授成功的关键。

3. 点评式讲授

培训师课前将课程讲义、辅助材料、学习要点等提前发给学员，要求学员充分预习和完成学习任务，上课时培训师只是讲解重点、难点和回答学员的问题。采用点评式讲授，可大大提高学员学习的自主性、参与性和针对性，但是培训内容的信息量相对有限。点评式讲授要求培训师课前做好充分准备和在课堂上灵活解决生成性问题。

(二)讲授法的优缺点

传统的培训大都依赖于讲授法，它主要有以下优点：首先是经济高效。可以由一个人同时向许多学员培训，传递信息比较密集，有利于学员系统掌握有关知识，培训效率比较高，培训成本比较低。其次是有利于培训师发挥作用。培训师可以控制讲授的内容和方式，对学员的知识学习、能力训练、思维启迪和方法示范等方面起着主导作用，而且能准确把握时间进度。最后是易于操作。一般培训主题确定后，只需要根据讲授内容确定相应的主讲人，提供一间合适的教室，确定培训时间，召集学员到场即可，学员数量可多可少。

但是，讲授法也有很多弊端。首先是学员为被动学习。讲授法的培训过程是由培训师控制内容和进度，师生之间交流和反馈不够，学员之间也缺少学习交流和相互影响，过多的讲授容易使学员产生抵触情绪。其次是缺少直观体验。讲授法仅利用语言，从理论上传授知识和技能，不能给学员提供感性认识，可能对培训内容的理解和迁移带来障碍。再次是记忆效果相对不佳。单纯的灌输、单向的信息交流，不利于学习内容的消化和记忆。最后是针对性不强。讲授法针对学员的普遍性问题，采用统一内容、同一方法进行培训，难以照顾到每名学员的具体需求、个别问题和学习方式的差异。

（三）讲授法的实施要点

讲授法作为最基础的培训方法，应用范围很广，但也存在明显缺点。为使讲授法能充分发挥作用，收到较好效果，操作时需要注意以下几个方面。

1. 提前布置教室座位

如果需要突出培训师作用，便于培训师控制和学生集中精力，那么最好采用学生全部面向教室前面的传统布置方式；如果需要突出学生的位置，便于学生能够相互影响和交流，形成活跃的课堂气氛，那么可以根据学员人数和教室空间情况，选择环形布置法、鱼骨刺布置法、U 形布置法或 V 形布置法等。

2. 精心准备讲授内容

培训师应深入了解培训对象的学习兴趣和内在动机，仔细分析他们的学习能力、工作状况、职业发展需求等问题，确定适宜的培训目标、讲授内容和讲授方式，形成具体的授课计划。

3. 严格控制讲授时间

每段讲授时间不要太长，最好控制在 20 分钟之内。20 分钟的讲授内容不应该超过 3—5 个要点，以便学员有吸收、思考和质疑的时间，达到有效记忆和理解的效果。

4. 灵活调节课堂气氛

为了调节学员一直处于紧张听讲状态的左脑，讲授过程中可增加课堂提问、简短故事、幽默笑话、演示活动、身体运动等小活动，以激发学员的右脑思维，为继续积极投入下阶段听讲做好准备。

5.善于利用多种媒介辅助教学

通常学员担心记不住讲授内容,会在讲授过程中忙于记笔记而不能集中注意力听讲和思考问题。为避免此类现象发生,培训师可以在讲授前或下课后发给学员阅读材料、讲稿提纲、幻灯片讲义,以供他们仔细咀嚼消化。培训师也可以通过图文并茂的幻灯片和录音、录像等教辅材料,调整学员左右脑思维的活动状态。

二、研讨法

研讨法(Discussion Methods)是教师培训师组织学员站在相互平等的立场上发言,彼此倾听他人讲话,同时把自己的知识和见解讲给他人听,通过集体交流的形式共同解决问题的培训方法。

通常会在以下培训情况中采用研讨法:(1)顺应成人学习心理需要,为学员提供表达自己观点的机会;(2)会谈和收集大家观点,挖潜集体智慧;(3)澄清问题事实,加深对问题的理解,以达成统一意见;(4)通过相互交流,促进学员学习反思和加深对知识的理解和记忆;(5)激发学员学习兴趣,调整课堂学习气氛,作为讲授课的辅助方法。

(一)研讨方式

研讨法也是培训师常用的培训方法之一。以下几种研讨方式值得尝试:头脑风暴、"世界咖啡"、案例研讨、主题辩论等。

1.头脑风暴

头脑风暴(Brain-storming)是指教师培训师作为主持人组织学员在正常融洽和不受任何限制的气氛中,以会议形式进行讨论、座谈,打破常规,积极思考,畅所欲言,充分发表看法,其目的在于产生新观念或激发创新设想。

头脑风暴法又可分为直接头脑风暴法(通常简称为头脑风暴法)和质疑头脑风暴法(也称反头脑风暴法)。前者是尽可能激发学员群体决策和提出创造性观点,产生尽可能多设想的方法。后者则是对前者提出的设想、方案逐一质疑,分析其现实可行性的方法。

采用头脑风暴法组织集体研讨时,培训师作为活动主持人和书记员,一般按照以下操作程序来组织活动。

第一，准备阶段。培训师事先对所议问题进行一定的研究，弄清问题的实质，找到问题的关键，设定解决问题所要达到的目标，然后将培训的时间地点、所要解决的问题、可供参考的资料和设想、需要达到的目标等事宜一并提前告知学员，让大家做好充分的准备。

第二，热身阶段。这个阶段的目的是创造一种自由、宽松、祥和的氛围，使大家得以放松，进入一种无拘无束的状态。主持人宣布开始后，先说明讨论活动规则，然后随便谈些有趣的话题或问题，让大家的思维处于轻松和活跃的状态。如果所提问题与活动主题有着某种联系，人们便会轻松自如地导入讨论议题，效果自然更好。

第三，明确问题。培训师扼要地介绍有待解决的问题。介绍时须简洁、明确，不可过分周全，否则，过多的信息会限制学员的思维，干扰思维创新和想象力的发挥。

第四，重新表述问题。经过一段时间的讨论后，大家对问题已有了较深程度的理解。这时，为了使大家对问题的表述能够具有新角度、新思维，培训师或书记员要记录大家的发言，并对发言记录进行整理。通过记录的整理和归纳，找出富有创意的见解以及具有启发性的表述，供下一步畅谈时参考。

第五，畅谈阶段。畅谈是头脑风暴法的创意阶段。为了使大家能够畅所欲言，需要制定一定的规则：其一，不要私下交谈，以免分散注意力；其二，不妨碍他人发言，不去评论他人发言，每人只谈自己的想法；其三，发表见解时要简单明了，一次发言只谈一种见解。主持人首先要向大家宣布规则，随后引导大家自由想象，自由发言，自由发挥，使彼此相互启发、相互补充，真正做到知无不言，言无不尽，畅所欲言，然后将发言记录进行整理。

第六，筛选阶段。培训活动结束后的一两天内，培训师应进一步了解学员在培训后产生的新想法和新思路，以补充培训记录。然后将大家的想法整理成若干方案，经过反复比较和优中择优，最后确定1—3个最佳方案。这些最佳方案往往是多种创意的优势组合，是集体智慧的结晶。

一次成功的头脑风暴除了严格遵守程序要求,更为关键的是研讨方式要体现以下几个特点。

第一,自由畅谈。学员不应受任何条条框框的限制,应放松思想,让思维自由驰骋,从不同角度、不同层次、不同方位大胆地展开想象,尽可能标新立异,与众不同,提出独创性的想法。

第二,延迟评判。头脑风暴法必须坚持当场不对任何设想做出评价的原则。既不肯定某个设想,又不否定某个设想,也不对某个设想发表评论性意见,一切评价和判断都要延迟到讨论活动结束以后进行。这样做一方面是为了防止评判约束学员的积极思维,破坏自由畅谈的有利气氛;另一方面是为了集中精力先进行设想,避免进行应该在后一阶段完成的工作,不让影响创造性设想的不利因素大量产生。

第三,禁止批评。禁止批评是头脑风暴法应该遵循的一个重要原则。参加头脑风暴活动的每个人都不能对别人的设想提出批评意见,因为批评对创造性思维无疑会产生抑制作用。同时,发言人的自我批评也应禁止。有些人习惯用一些自谦之词,这些自我批评性质的说法同样会破坏讨论气氛,影响自由畅想。

第四,追求数量。头脑风暴会议的目标是获得尽可能多的设想,追求数量是它的首要任务。每位学员都要抓紧时间多思考,多提设想,至于设想的质量问题,可留到讨论活动后的筛选阶段去解决。在某种意义上,设想的质量和数量密切相关,产生的设想越多,其中的创造性设想就可能越多。

第五,善于激发。主持头脑风暴法的培训师,要比较熟悉所讨论问题的背景,掌握头脑风暴法的处理程序和处理方法。培训师的发言应能激发学员的思维"灵感",促使学员感到急需回答培训师提出的问题。通常在"头脑风暴"开始时,培训师需要采取询问的做法,因为主持者很难在培训开始的5—10分钟内立刻创造一个自由交换意见的气氛,并使参加者踊跃发言。培训师的主动活动也只限于培训开始之时,一旦学员被鼓励起来以后,新的设想就会源源不断地涌现出来。这时,培训师只需根据头脑风暴的原则进行适当引导即可。应当指出,发言量越大,意见越多,所论问题越广越深,出现有价值设想的概率也就越大。

2. 世界咖啡

"世界咖啡"由美国人朱安妮塔·布朗(Juanita Brown)和戴维·伊萨克(David Isaacs)共同创造,本是在商业界、教育界、政府机关和国际组织中采用的跨界式的深度会谈的会议模式。如今,"世界咖啡"作为一种有效的集体讨论方式,已被应用于各种培训活动中。它通过营造大家聚在一起喝咖啡聊天的情境和氛围,让不同专业背景、不同职务、不同部门的人坐在一起,进行心无挂碍的轻松交流和畅谈,针对一个或数个主题,发表各自的见解,互相碰撞意见,激发出意想不到的创新思想和集体智慧。教师培训师组织"世界咖啡"活动的工作步骤如下。

第一,理解"世界咖啡"的含义和基本应用原理。可通过认真阅读《世界咖啡:创造集体智慧的汇谈方法》[①]一书,了解"世界咖啡"的活动案例和方法,创造性地运用到教师培训活动中。

第二,确定"世界咖啡"的适用范围。一般来说,"世界咖啡"活动比较适用于以下几种培训情况:(1)帮助大家获得各自观点,集体生成对问题的认识;(2)加深小组成员的相互关系、彼此了解和对结果的共同责任;(3)为培训师与学员之间建立有意义的良性互动;(4)聚集集体智慧来解决共同难题,激发创造性思维;(5)让第一次参与集体会谈者体验集体性智力劳动成果和民主式学习气氛,实现价值教育的目的。

第三,制订"世界咖啡"活动实施方案。一旦确定要通过"世界咖啡"的形式组织培训活动,培训师应提前做好准备,包括确定培训对象规模、会谈主题、培训场地布置、培训设施与教具学具、培训时间和其他方面的培训服务支持等。

第四,掌握实施过程中的主要环节和注意事项。通常,"世界咖啡"培训活动时间周期可长可短,下面是为期半天的"世界咖啡"培训活动议程案例。

---

① 布朗,伊萨克,等.世界咖啡:创造集体智慧的汇谈方法[M].郝耀伟,译.北京:机械工业出版社,2010.

链接 6 - 1   **"世界咖啡"培训活动议程案例**

8:30— 8:50　培训师介绍讨论主题和活动步骤,并提出有关注意事项。(20分钟内完成)

8:50— 9:30　学员布置自己的咖啡桌,大家推选桌长,桌长组织讨论,每人轮流发言(每次发言1—3分钟);本桌把讨论出的5个观点写在白纸上;桌长留下,其他成员带着5条观点分散到其他咖啡桌交流和"淘宝"。(40分钟内完成)

9:30— 9:50　桌长热情接待来访学员,首先扼要介绍本桌首轮会谈的5个观点;来宾分别介绍自己咖啡桌的5个观点,对新到咖啡桌的5个观点发表意见和建议;桌长记录、补充、完善本桌上述5条观点,并开始准备5分钟的汇报内容。(20分钟内完成)

9:50— 10:00　桌长继续留下,其他成员第二次分散到不同咖啡桌,同上轮一样的方式讨论。(10分钟内完成)

10:00—10:15　休息和自由交流。(10分钟内完成)

10:15—10:25　各桌成员回到本桌,桌长与本桌学员一起讨论和完善本桌的5个观点,推荐一位代表在全班做3—5分钟的集体汇报,交流讨论收获和感受。

10:15—11:30　各桌代表分别向全班做汇报交流,也可以增加学员代表点评活动环节,最后,培训师根据实际学习需要进行归纳和总结。

第五,把握"世界咖啡"活动原则。(1)设定参与式研修情境;(2)营造热情友好的氛围;(3)探索真正重要的问题;(4)鼓励每个人的积极投入与贡献;(5)组织各组之间来回走动,交流并连接不同观点;(6)共同倾听不同的模式、见解和深刻的问题;(7)收获与分享集体智慧。[①]

---

① 布朗,伊萨克,等.世界咖啡:创造集体智慧的汇谈方法[M].郝耀伟,译.北京:机械工业出版社,2010:145 - 148.

3. 案例研讨

案例研讨来源于 20 世纪初哈佛大学创造的案例教学法,即围绕一定的培训目的把真实的情境加以典型化处理,形成供学员思考分析和决断的案例(通常为书面、视频或现场形式),通过独立研究和相互讨论的方式来提高学员分析问题、解决问题能力的一种方法。案例研讨有一个基本的假设前提,即学员能够通过对这些过程的研究与发现来进行学习,在必要的时候回忆并应用这些知识与技能。案例研讨非常适合于问题探究、开发分析、综合评估等综合智能开发活动。这些智能通常是大学教授、管理者、医生和其他的专业人员所必需的。

案例研讨一般包括以下两种讨论方式。

其一是小组分组案例研讨。其实施程序包括组成学习小组、决定分组讨论时间、开始阶段提供实施纲要、实施过程进行巡视和检讨分组讨论情形。小组分组案例研讨的时机一般在全班案例研讨之前开展,其目的是为学员提供更多的公平讨论发言机会,或者在案例过于复杂、难度较高时进行预热。

其二是全班案例研讨。实施程序包括开始讨论阶段(提出案例症结或确定案例的事实和议题),综合讨论阶段(运用"问"与"答"的方式,针对"分析的问题、挑战的问题、行动的问题、假设的问题、预测的问题和与课程相关的问题",进行自由开放的讨论活动),归纳结论阶段(归纳学习者的不同观点和想法,并做总结,提出综合和概要的说明与整理)。

全班案例研讨是案例讨论的核心,也是案例教学经常采用的方式。一般在学习者阅读和熟悉案例之后即可进行全班案例研讨。如果事先安排了小组分组案例研讨,那么在全班案例研讨前,最好安排一段时间由各小组现场汇报讨论结果,然后再进行全班案例研讨。[①]

案例研讨的优点包括:(1)能够实现教学相长。一方面,培训师是整个教学的主导者,掌握着教学进程,引导学员思考,组织讨论研究,进行总结、归纳。另一方面,在教学中通过案例研讨,不但可以发现自己的弱点,

---

① 张民杰. 案例教学法[M]. 北京:九州出版社,2006:103－109.

而且可以从学员那里了解到大量的感性材料。(2)能够调动学员学习的主动性。由于不断变换教学形式,学员大脑兴奋点不断转移,注意力能够得到及时调节,有利于学员的精神始终维持在最佳状态。(3)生动具体、直观易学。案例研讨的最大特点是它的真实性,由于教学内容是具体的实例,加之采用了形象、直观、生动的形式,给人以身临其境之感,易于学习和理解。(4)能够集思广益。培训师在课堂上不是"独唱",而是和大家一起讨论思考;学员在课堂上也不是忙于记笔记,而是共同探讨问题。由于调动了集体的智慧和力量,研讨较容易开阔思路,进而显现良好的效果。

当然,案例研讨也存在不足之处,主要表现在两个方面。其一是案例资源往往不能满足培训的需要。研究和编制一个好的案例,至少需要两三个月的时间,而且编写一个有效的案例需要相当丰富的技能和经验。因此,案例可能不能及时切合现实情况的需要。这是阻碍案例研讨推广和普及的一个主要原因。其二是案例研讨需要较多的培训时间,对培训师和学员的要求也比较高。

因此,培训师在组织案例研讨时应注意以下几个问题。(1)案例研讨应尽量摒弃主观臆想的成分,培训师要掌握会场,引导讨论方向,为此,要特别注意培养驾驭和引导培训现场的能力。(2)案例研讨耗时较多,因而案例选择要精练,开始组织案例讨论时要做好充分准备。(3)学员一般都具有实践经验,不必担心讨论不起来,但一定要有理论知识做支撑,即案例研讨一定要在理论学习的基础上进行。

4.主题辩论

主题辩论是以学员为主体,以反向思维和发散性思维为特征,组织小组或全班成员围绕特定的论题辩驳问难,各抒己见,互相学习,在辩论中主动获取知识、提高认识的一种研讨方法。

主题辩论把辩论赛引入培训教学,采用外部强化手段,激发学员内部学习需要和动机,营造外部的竞争和合作气氛;强有力的任务驱动,能增进学员的交往合作智能。这是传统的课堂教学无法做到的。

主题辩论具有以下几个教学特征:(1)能为培训师提供交流和反思机

会;(2)能将课堂预设和生成有机结合;(3)课堂辩论会激发出创造的火花,使课堂变得更生动;(4)能将培训师主导与学员自主有机结合;(5)能将竞争和合作有机结合;(6)能改变浅显的课堂讨论,提高学员的逻辑思辨能力、表达能力以及民主意识。

　　教学方式的改变,需要教学条件做出相应改变。主题辩论培训课堂课桌椅的摆放不同于一般的课堂,它突出了小组合作、学员互学的特点。由于传统培训课堂教学是以培训师为中心,因此课桌椅的摆放整齐,学员全部面朝讲台,突出培训师的中心地位。辩论式教学则不然,因为是辩论,就要有正反方,首先学员要有正反两大阵营。其次是小组合作,各方都有不同的合作小组,因此课桌椅摆放以体现、方便小组合作为主。主辩者站在讲台两侧,后援团各据一方,再以小组为单位围坐,既分又合,适合学员交流。

(二)研讨法的优缺点

　　研讨法的优点包括:(1)为每人提供表达意见的机会,有利于学员积极思考、培养学员分析问题的能力和语言表达能力;(2)多向式交流,培训师与学员、学员与学员之间相互交流、启发,从而在集体经验中学习,容易生成新的观点和收获;(3)通过提问、回答、辩论、总结、倾听等方式,相互启发,加深学员对培训内容的理解,激发学习兴趣和动机;(4)小组讨论能使学员产生归属感,集体讨论容易使学员感受到集体的力量和智慧。

　　研讨法的缺点包括:(1)讨论的形式优先,讨论的内容往往容易被忽视;(2)讨论不易深入,课堂容易充斥没有经过慎重考虑的发言;(3)与讲授法比较,讨论花费时间较长;(4)少数人的意见容易占上风,有时会误导学习方向。

(三)研讨法的实施要点

　　为了提高研讨效果,培训师要发挥设计、组织、引导、激励、促进、掌控等方面的积极作用,使研讨法的运用能够扬长避短。培训师要特别做到以下几点。

1.研讨题目要合适

　　研讨题目要体现培训内容的核心主题,应与学员实际工作紧密联系,反映实际工作中普遍存在的问题或亟待解决的问题；题目应具有启发性，能引导学员开展丰富的思维活动，激发学员的创造性认识；题目应难度适当，结合培训目标和内容，并根据学员知识和能力水平确定；题目陈述要简明扼要，不要因为表达不清而影响讨论的方向。

2. 做好充分准备

培训前要制订研讨计划，准备研讨材料，明确研讨问题，预计研讨过程中可能出现的问题并制定各种应对措施，准备研讨结束前的总结。

3. 创造良好的学习气氛

培训师要引导学员允许不同意见、观点的存在，使学员感到自己受到尊重；要让学员自己去讨论，培训师的介入要恰到好处，避免过度与不足；培训师要发挥对研讨的引导作用，如讨论偏离主题时，应及时纠正，若出现冷场时，可以提出引导性问题帮助学员思考与辩论。

4. 鼓励每位学员踊跃发言

培训师要注意观察研讨现场，鼓励每位学员积极参与研讨，鼓励学员发表独到见解，并及时给予肯定。

5. 掌控好研讨时间和节奏

培训师要根据研讨任务，指导学员合理分配研讨时间，提醒研讨活动进度，引导研讨按照预设的时间和发展轨迹进行。

三、传递法

传递法（Hands-on Methods）指培训师通过特定的实践活动传递教育教学技能、态度、能力的培训方法。这类方法包括行为示范法、角色扮演法、现场法等。

传递法适用于以下情况：开发特定技能，理解技能和行为如何运用于工作之中，亲身经历任务完成的全过程，处理工作中产生的人际关系问题。

（一）传递方式

1. 行为示范法

行为示范法（Behavior Modeling）是指向学员提供一个演示关键行为的示范者，然后让他们去实践这些关键行为的培训方法。

行为示范法以社会学习理论为理论基础,强调学习是通过观察示范者演示的行为及替代强化情境而发生的。替代强化是指学员看到示范者由于采取某些行为而受到强化。例如,新教师在观摩优秀教师的课堂教学中对其教学板书、语气声调、导入方式、提问方法、激励语言等留下深刻印象。

行为示范法包括以下三个教学活动步骤:(1)介绍。通过视频演示关键行为,介绍技能模型的理论基础,组织学员讨论应用这些技能的经历。(2)技能准备与开发。观看示范演示,参与角色扮演,接受有关关键行为的执行状态的口头或视频反馈。(3)应用规则。设定改进目标,明确可应用关键行为的情形,承诺关键行为在实际工作中的应用。[①]

在教师培训实践中,行为示范培训方法更多地被应用在体育、美术、音乐、英语、语文、通用技术和信息技术等学科领域中。每期行为示范培训都包括关键行为的基础理论讲解,观看示范者演示关键行为的视频,使用角色扮演的实践机会,对视频中示范者的行为进行评价和用于说明如何将关键行为应用于工作中的规划过程。在实践过程中,培训师要指导学员提出反馈,让学员知道他们的行为与示范者所演示的关键行为的接近程度。行为示范培训课程开发包括以下四个核心任务。

第一,明确关键行为。关键行为是指完成一项任务所必需的一组行为。例如,如果培训师通过行为示范方式培训学员"世界咖啡"的操作程序和步骤中的一系列关键行为,即为行为演示的重点,要求学员认真观看和模仿。

第二,设计示范演示。示范演示为学员提供了他们将要进行模仿的一组关键行为。视频如今已成为示范演示的主要方法。有效的示范演示具有六个特征:(1)演示能清楚地展示关键行为,音乐和场景不会干扰学员观看和理解关键行为;(2)示范者对于学员来说是可信的;(3)提供一些对关键行为的解释和说明;(4)每种关键行为至少播放两遍;(5)回顾全部

---

① 诺伊.雇员培训与开发(第三版)[M].徐芳,译.北京:中国人民大学出版社,2007:206-208.

系列关键行为；（6）提供正确使用关键行为和错误使用关键行为的两种示范，体现不使用关键行为而失败的结果。

第三，提供实践机会。可以让学员演练并思考关键行为，或者将学员置于必须使用关键行为的情境中。在角色演练时，最好采用分组形式，将2—3人或者更多人组成小组，互相观摩，多次练习，形成同伴互学、助学的学习氛围。培训师发挥指导作用，特别是向学员提供反馈，如采取正强化方式，表扬那些执行正确行为的学员，对于模仿失误的行为给予及时纠偏。

第四，促进培训成果转化。通过指导学员制订关于在工作中运用关键行为的行动计划来保证培训成果转化。培训师可跟踪学员的行动计划执行情况，也可以让学员之间组成合作小组，互相督促和定期交流。如果条件允许，培训师可以组织培训成果转化的交流与展示活动，进一步总结成果转化的经验和行为示范的培训效果。

行为示范更适于学习某一技能或行为，而不太适于理论知识的学习。它从培训方法和操作技术层面可为"师徒结对""跟岗学习""影子培训""跟踪转化"等模块课程的设计与开发提供有益支持。

2. 角色扮演法

角色扮演法是在一个模拟真实工作的情境中，由学员扮演不同的角色，去处理各种问题，以此帮助学员获得学习体验和提高行动能力的培训方法。

角色扮演法是由集体心理疗法发展而来的，适用于达成以下培训目标：（1）通过营造真实的问题情境，强化学员的职业角色和专业发展需求，激发学员的学习动机。（2）通过换位和多位思考，重塑和调整学员的心智模式，转变学员的态度和思维方式。（3）通过"做"获得体验和行为调整，培养学员问题解决能力。

下面以"班主任与学生的有效沟通技能培训"为例，介绍角色扮演法的操作步骤。

第一步：培训准备。如其他培训方法那样，培训师在实施角色扮演法之前要做一系列培训准备，主要包括以下方面。

第一,确定演练的主题和内容。例如,如果培训师把"班主任与学生的有效沟通技能"作为角色扮演活动的主题,那么,与此主题相关的具体演示活动目标、扮演活动环节和方法等内容,都需要培训师提前做好准备。

第二,设定角色。例如,这个扮演活动的主要角色为班主任和学生,那么,假设班主任是哪个学段的,性别是女或是男,是否为经验型或新手型班主任,以及需要选择多少学员扮演学生,学生角色的个性特征等,都需要培训师根据培训目标来设计和确定。

第三,准备资料。培训师要为角色扮演者准备演练指导,包括解释角色特点、背景、态度及如何扮演好角色等,就表演内容提供明确的表演剧本或表演的基本框架。为观察者提供观察指导,包括角色扮演的背景资料、观察者的检查提纲、建议提问的问题等。

第四,制订培训课程。培训师应该制订一份角色扮演法的完整课程计划及时间安排,周密考虑演示活动所需的道具和材料等必要的培训课程资源与条件。

第五,准备录制设备。如果条件允许,最好能准备摄像机记录演练的全部过程,以便课后观察和分析。

第二步:演练准备。为了保证演练达到预期效果,使作为观察者的其他学员获得有价值的学习情境和足够的研讨分析信息,演练前的准备十分必要。有经验的培训师会注意做好以下几方面的准备。

第一,背景介绍。培训师会介绍角色扮演法的基本内容、操作方法和要注意的问题,以及本次活动的主题和预期目标。

第二,角色分派。学员可以自愿报名,或按照实际工作岗位指派,或随机选择。除了演示者外,其他学员均作为观察者,或做好轮流担当扮演者的准备。

第三,演示指导。培训师指导演示者准备角色。如培训师在指导一位扮演学生的学员时可以指出:"设想你是一位中学生,今天上午对班主任教师的批评怀有消极情绪,下午班主任教师找你谈话时就把上午的情绪表现出来。"

第四,预热活动。演练前做一些热身活动,如演示者通过自我介绍、三分钟演讲、相互问候等方式,寻找所扮演角色的感觉,以引导大家共同创造一个轻松愉快的学习气氛。

第三步:演练活动。这是角色扮演法培训的主要部分,一般通过以下六个主要环节完成。

第一,培训师介绍演练的特定情境和角色特点,全体学员认真聆听。

第二,演示者开始表演,表演结束后全体观察者鼓掌。

第三,表演结束后,观察者以小组为单位对演示者的表演进行分析评价,可采取"3—2—1"的三明治评价方式,即评价内容结构包括 3 条优点、2 条不足、1 条今后改进建议。各小组对于讨论内容加以整理。

第四,各小组代表发言,发言方式最好也采用"3—2—1"的发言内容结构。

第五,重新演出,或播放录像,对问题予以确认,培训师对各组评论进行评价反馈与指导。

第六,角色扮演者发表对自己和对方角色的感想及今后的改进方法,各组讨论该活动的学习成果。

为使角色扮演更有效,培训师需要在角色扮演前、扮演期间、扮演后进行许多活动,以下几点需要特别注意。

第一,明确角色扮演中三个重要角色的主要任务。导演——培训师作为导演,指导整个演练过程,起着组织和指导作用;演示者——学员无论是自愿或者指定,其积极主动的情绪非常重要;观察者——多数学员承担仔细观察整个表演过程并进行分析、评价的任务,是角色扮演法培训课程的主角。

第二,在角色扮演之前,培训师向学员说明活动目的是非常关键的,这能使他们感到活动更有意义,更愿意去学习。向学员说明角色扮演方法、各种角色情况及活动时间安排,有时可以通过视频提供角色扮演案例,以帮助扮演者迅速掌握扮演方法和要求,更有利于收到预期效果。

第三,在培训活动期间,培训师要监控好活动时间、学员的感情投入程度及各个观察小组的关注焦点。

第四,在角色扮演结束时,培训师要组织好提问,学员相互讨论和交流角色扮演活动的感受、对待问题情境的见解、学到的东西、获得的经验、实践工作中采取的行动,以及演示情境和结果与实际工作情况之间的联系等。学员通过观察后的体验与反思更能生成角色扮演法的培训效果。

第五,角色扮演法需要进一步借鉴电影、戏剧、小品等文艺形式所具有的魅力,深入挖掘培训环境和表演情境对学员产生的感染力和影响力,从而使培训的效果和教育价值倍增。同时,角色扮演法可以辅以讲授、研讨、案例研究等方法,以增强培训的效果。

3. 现场法

现场法(On-the-job Training, OJT)又称现场培训,是指组织学员在教育教学工作现场(如中小学课堂、教学实验室、课外活动、同行办公室和其他教学与管理活动现场等),通过观察并仿效同事、同行或师傅工作时的行为来学习的培训方法。我们在教师培训中采用的追踪指导、课例研修、师傅带徒等培训方式都属于现场培训。

现场法适用于以下五类学员:(1)新入职教师。他们具备系统的专业知识,但缺少教育教学的实践经验和相关技能,不熟悉工作环境。(2)新任务教师。在推行新课程标准、数字化教学等教育改革计划时,培训有经验的教师进行专业能力升级,以适应新的工作需要。可以在同一个单位开展,也可以采取外派岗位挂职或访学等形式。(3)新岗教师,即有一定教育教学工作经验,但原先从事的工作与现在从事或兼任的工作完全不同的换岗或晋升的新岗教师。包括那些首次成为班主任、教研组长、年级组长、毕业班教师、跨学科教师等的专任教师和兼职管理人员。(4)有相关工作经验的新聘任教师。例如,一位英语教师,原来可能在职业高中工作过,现在来到一所小学教英语,虽然英语教学工作有相似之处,但仍然需要对小学英语教学对象、教学内容和教学方法加以熟悉。(5)需要改善工作绩效的其他教师。例如,北京市推行的"农村教师研修工作站培训"①

---

① 钟亚妮.农村教师研修工作站培训模式研究[G]//李方.教师培训研究与评论:第1辑.北京:北京师范大学出版社,2010:55-61.

和湖北省推行的"农村骨干教师跟岗培训"①,都采用名校导师带教方式,让参训学员离开自己学校,通过"零距离"的观察和体验进一步提升教育教学能力。

我国台湾地区的李汉雄博士提出了现场培训的六种方法(见表6-1),即说明、见习、实习、分担、代理、承办。这六种方法的应用过程实际是将学员从对工作的完全陌生状态引导至完全进入角色,可供新教师培训借鉴。

表6-1 现场培训的六种方法②

六阶段		内容	重点
a	说明	针对培训项目说明意义和内容,让学员理解	在充分协商中进行指导:(1)让学员提问、重视交流;(2)尽可能向其展示;(3)一边确认对方是否了解一边进行
b	见习	上司或老员工做给学员看,让他掌握要领,暂时不让他本人动手	(1)让学员特别注意重要的部分;(2)示范完成后,针对培训内容指导者与学员就心得体会进行交流
c	实习	学员在上司或老员工协助下完成指定的工作,上司或老员工根据学员工作中的具体表现随时给予指导	让学员有充分的自信:(1)工作的开展应由易到难;(2)在做的过程中把握要领;(3)切身感受工作氛围
d	分担	让学员与指导者共同分担一项工作,使其有机会进一步锻炼	(1)让学员大胆实践,不要怕犯错误;(2)随时对学员给予指导

---

① 黄颂,李贤智.解析农村骨干教师跟岗培训的有效策略[G]//李方.教师培训研究与评论:第2辑.北京:北京师范大学出版社,2011:188-195.
② 参见:郭京生,潘立.人员培训实务[M].北京:机械工业出版社,2010:103-104.

六阶段		内容	重点
e	代理	制造机会让学员代理与该项能力关系密切的某项工作	指导者要信任与关心:(1)学员已经具备相应能力应当放手;(2)要求学员遇到困难时立刻报告,指导者给予指导
f	承办	由代理到正式让学员负责,担当与该项能力相关的某项工作	指导者要尊重本人意愿和自主性:(1)学员开始承办时,指导者注意观察;(2)遇到问题时让学员思考原因、对策;(3)及时给予鼓励

　　教师培训师在开展现场培训时,不能想当然地认为学员只要跟在名师后面就能达到预期的学习目标和培训成果。为保证有效性,现场培训应该从粗犷式走向精细化,具体包括以下措施。

　　第一,必须采用结构化形式,对说明、见习、实习、分担、代理、承办等培训工作环节进行周密安排,关注每个环节的实际效果。

　　第二,要选用可信赖的培训师、最适合的管理者或同事作为行为或技能的示范者,对于特定的关键行为开展交流、实践、反馈和强化活动。

　　第三,树立领导者成为培训师的理念,明确规定培养下属是各级领导的重要职责,对各级领导进行如何培养下属的培训,以便为现场培训提供培训师资源。

　　第四,人事部门要将现场培训与学员的个人专业发展规划、工作绩效考核联系起来,以激发其学习动机。同时,要定期检查现场培训情况,为克服现场培训出现的偏差或干扰提供管理保障。

　　第五,将现场培训与课堂培训结合起来,以课堂培训弥补现场培训不能提供系统理论知识、没有足够的时间来讨论问题、缺少集体学习情境等不足。

　　现场培训的评价应该从多个角度进行,其中包括:(1)考评学员的工作成绩和水平是否提高;(2)观察学员的态度、行为是否发生变化;(3)聆听学员培训后的感受;(4)向学员的同事、学生、家长、学校领导等相关人员了解其培训后的变化。现场培训的评价特点是通过指导者和学员之间的交流得出结论。如果确认培训后未收到预期效果,指导者和学员应共同查找原因,重新制订培训计划。

(二)传递法优缺点

1.优点

第一,与讲授法和研讨法相比,传递法与学员的实际工作联系更加直接和紧密,学习过程更加直观和真实,对学习内容的理解和记忆更深刻,并能及时获得学习结果的反馈。

第二,传递法中呈现的案例故事、行为模仿、任务驱动、现场观摩和真实问题,易吸引成人学习者,比较符合成人的学习心理规律,具有基于工作经验、注重培训实效、热衷活动参与、关注学习结果、行为迁移转化等特点。

第三,传递法有助于学员理解技能和行为如何运用于工作中,亲身经历工作任务完成的全过程,或亲自处理工作中遇到的实际问题,可在掌握工作技能的同时提高工作认识和态度,进而形成相应的工作能力。

第四,无论是示范行为、角色扮演,还是现场培训,都有利于学员之间加强合作,增进学员之间的理解、交流,从而共同营造同行切磋、同伴学习、相互分享的培训情境。

第五,传递法比较灵活,形式不拘一格,而且为培训师和学员学习活动方式留有较大的创造空间,因此,容易调动学员的学习动机和积极性。

2.缺点

第一,传递法不适合传授系统的理论知识和深入研讨系列性问题,单位时间内呈现给学员的新知识、新理念等信息量有限。

第二,传递法需要特定的学习条件、环境和资源,不像讲授法和研讨法相对简单。示范行为和角色扮演的培训准备工作费时较长,现场培训对工作现场和同行指导者的要求标准比较专业。

第三,传递法易受非计划因素影响,个别或少数学员的消极心理情绪和不配合行为容易干扰其他学员的学习状态,可能会给培训带来风险。

这对培训师的个性心理品质、人际交往能力、培训现场机智应变能力都是很大的挑战。

（三）传递法实施要点

传递法是要求学习者积极参与的培训方法，在实施中要注意以下几点。

1. 培训任务要适合

传递法适用于实现开发特定技能、转变学习者行为和态度、形成一定工作能力等目标，所以，从一开始选择传递法作为主要培训方法时，就要明确培训目的和任务是否适合。

2. 培训内容要周密计划

传递法的活动干扰因素较多，容易产生"会看的，看门道；不会看的，看热闹"的局面。如果能在周密的计划下组织各种传递法培训活动，那么就能够比较好地保证培训效果。

3. 培训现场和环境要做好设计

传递法的成效很大程度上取决于学员对学习环境的良好感受和学习情境的积极建构。培训师对培训地点选择、活动空间布置、培训时间长短安排、培训设施和培训资料准备等方面，都要考虑怎样为学员提供适宜的学习环境，各个要素都可能对传递法培训带来积极的或消极的影响。

4. 培训师要有灵活的应变能力

传递法既是对培训师组织协调和沟通交流能力的考验，也是对其灵活应变能力的挑战。培训师要备好可供替换的互动活动方案及备选指导内容，同时要善于观察，注重细节，随时留意学员的情绪变化和细微表现，学会灵活地处理偶发事件，在偶然中引导出必然。

另外，传递法要与讲授法、研讨法等其他培训方法配合使用，取长补短。

四、自我指导学习

自我指导学习（Self-directed Learning），又称自我导向性学习，是指由学员全权负责学习，什么时候学习、学习什么内容、如何安排学习进度等都由学员决定。培训师只是提供辅助，包括负责评估他们的学习情况，回答提出的问题，提供学习参考资源和建立学习平台。

自我指导学习的适用范围：从培训内容来看，比较适用于知识的习得和技能的练习；从培训体系来看，既适用于岗前培训，又适用于在岗培训，新老教师都可以通过自我指导学习掌握必备的知识和技能。

（一）实施方式

从培训角度来看，自我指导学习并不是放任自流，而是实施培训计划的一种方法，因此，有必要对自我指导学习进行有效的组织，一般采用以下三种方式。

1.阅读指导

阅读指导是指培训师在培训需求分析的基础上制订培训计划、确定培训目标，然后指定与培训项目需求和培训目标相匹配的学习资料让学员自学的培训方法。通常，培训师在指导学员阅读活动时需要注意以下几个方面。

第一，选定合适的学习资料。这些学习资料要切合培训目标和学习需求，可以是培训项目组选编的学习资料，如教学设计模板、课程标准文本、学校规章制度、教育法律法规等，也可以是书籍、杂志和音像制品等。

第二，规定学习的完成时间和具体要求。如果阅读活动作为嵌入培训项目中的一部分，那么，学习时间就需要根据整个培训计划安排的进展做出规定。培训师还要提出相关的阅读学习要求，以便阅读学习与前后培训内容衔接起来。

第三，监控学习过程与结果。阅读任务布置好以后，培训师需要采取积极的措施帮助和促进学员顺利地进行学习，其间举行学习交流会和座谈会让学员交流学习心得，有助于学习深化；要求学员定期提交学习报告，有助于督促学员掌握学习进度；举办网络和电话答疑，有助于帮助学员解决学习中的难题，鼓励学员坚持下去；考试是评价学习成果的基本手段，虽然往往不受成人学员欢迎，但是，培训师通过考试给予明确要求和适当压力也会促进学员学习。

2. 网络学习

网络学习(E-learning)是指通过在线计算机和互联网开展教学与传递学习课程的方式。网络学习包括基于网络培训、远程学习、虚拟课堂、任务支持、仿真模拟培训以及学习入门等多种方式。①

网络学习需要具备以下具体条件:(1)建立便捷的学习管理系统平台,作为学习资源与信息管理的工具;(2)学员拥有个人电脑及便捷的上网条件,便于超越学习时空的限制;(3)提供丰富的网络课程,包括根据培训需求建构课程体系、提供课程内容和学习指南;(4)配备在线培训师和网络教务人员,保证必要的教学指导、信息管理、技术服务;(5)形成网络学习的激励机制和各项评价制度,保障网络学习的质量和预期效果。

网络学习虽然不完全是自我指导学习,但是可作为自我指导学习的重要实施方式之一。它具有以下优势:(1)学员可在自己选定的时间学习;(2)学员可在自己选定的空间学习;(3)便于学员与指导者之间的交流;(4)信息量大,学习资源丰富,选择性强;(5)学习内容易于保存;(6)学习成本相对较低,且有利于解决工学矛盾。

然而,网络学习也有自身的劣势:(1)培训目标受到限制,主要适合知识方面的培训,其他方面的目标较难实现;(2)课程内容比较呆板,很难根据学员的具体情况进行调整;(3)学习进程主要依赖学员自觉,难以统一控制;(4)缺少学员与学员之间、学员与培训师之间的面对面沟通,不具备提升集体学习气氛的感染力。

阻碍网络学习质量的原因非常复杂,主要影响因素包括:(1)学员自身。如缺少积极学习动机、自主学习习惯、熟练操作技术和群体归属感心理等。(2)培训课程设计。如课程说明不够,教学材料质量较差,学习资源获得性无法保障,学习评价技术不完备等。(3)教学人员。如缺乏必要的网络教育观念,不了解学员的需要,无法获得专业训练。(4)其他方面。

---

① 诺伊.雇员培训与开发(第三版)[M].徐芳,译.北京:中国人民大学出版社,2007:233.

如组织机构的管理质量,资金投入对硬件条件和人员保障等。①

网络学习已经成为教师终身学习体系的重要方式。为提高网络学习的有效性,培训师需要关注以下几点。

第一,转变网络学习观念。深入探究网络学习供给侧改革问题,积极开发提高学员学习选择性、自主性、适应性的网络培训项目。网络学习供给主体从单方机构转变为培训院校、培训企业、政府管理机构、中小学需求方多元协同,供给内容从稳态标准化转变为生成个性化,供给模式由供给驱动的教育服务转变为学习者驱动的教育服务。②

第二,改进网络学习方式。将网络学习与其他培训形式有效结合,形成"混合式学习"。在深入探究、精准掌握从业人员学习需求的基础上,依据专业特点和课程教学需要,改进当前网络学习模式与方法的单一性,建立网络教学与面授辅导、自主学习与协作学习、理论学习与实践实训相结合的灵活学习模式,使网络学习不仅能充分发挥自我指导学习的重要作用,而且能克服自身的不足,发挥超越网络学习的知识传递传统功能。

第三,强化团队之间协作。网络学习涉及的培训团队至少包括主讲教师、助学教师、教辅团队、管理者等,各自发挥不同作用。培训师需要对网络学习的内容传递、活动组织和学习评价等方面发挥专业性支持。③

3.电视教育

电视教育是指运用电视媒介开展的视听合一的教育形式。一方面,通过专门的电视教育系统组织教育活动,如我国的国家开放大学、各个省市地方开放大学组织教师通过电视开展的学习活动;另一方面也包括电视自身发挥的教育功能,如中国教育电视台和其他各类电视台等,均不同程度地发挥着教育作用。

① 蒋成凤,魏志慧,师书恩.网络学习障碍分析与研究综述[J].中国远程教育,2003(11):33-35.

② 陈丽,林世员,赵宏,等.新时期高校网络教育改革创新的方向与着力点[J].中国远程教育,2021(6):14-15.

③ 闫寒冰.从"使学习真正发生"到"使学习达到目标":远程教育中的学术性支持误区辨析[J].远程教育杂志,2011,29(3):49-53.

在国外,许多企业都拥有自己的闭路电视教育系统,课程是分类设置的,每堂课一般会在不同时间段多次播放,学员可以选择合适的时间进行学习。

电视教育以传播科学知识、传承优秀文化、传递教育信息、传播先进教育理念为己任,通过新闻信息、资讯服务、访谈对话、纪录片、综艺节目、情景剧等节目形态,完成与目标观众群之间的交流。

由于电视教育具有特殊的传播特征,如传播内容、形态的多元化,强大的传播优势,强烈的渗透性,成本低廉,弥补体制内教育的不足,因此,电视教育在自我指导学习方面发挥着独特作用。[①]

(二)自我指导学习的优缺点

自我指导学习的主要优点是能够让学员自行制订学习计划并接受有关学习绩效的反馈。这对于教师专业发展来说有着特别的意义和价值,主要体现在以下五个方面。[②]

第一,自我指导学习有利于激发和保持教师专业发展的积极性。哲学与心理学的研究表明,自主性是人之主体性和能动性的实质性内涵,是"人格成长"的核心要素,每一个人都有追求自主意志和自由意志的欲望,都不愿意被客体和外界环境所宰制与限定。自我指导学习能使教师根据自己的基础、兴趣和需要,自主地确定学习的目标、内容、方式以及学习的发动、监控和终结等,使教师拥有充分的专业发展自主权和决策权。这种以教师为本位的思想和活动,能充分尊重教师的自主意志,尊重教师的感受,尊重教师的需要,尊重教师的人格,尊重教师的行为习惯和行为方式,也能有效地激发、维持教师投身专业学习和发展的积极性与主动性,同时,教师积极性、主动性和自主性的充分发挥,反过来也会提升对自己的选择负责、对自己的行为负责的理性意识和责任意识,促使教师努力克服各种困难和障碍,使学习和发展能持续不断地进行下去。

---

① 张冠文.电视教育功能探析[J].中国成人教育,2004(1):51-52.
② 李广平,于杨,宫勋.自我导向性学习与教师专业发展[J].外国教育研究,2005(6):43-44.

第二，自我指导学习有利于适应教师专业发展的个性化需求。由于每位教师的遗传素质、个性特征、认知风格以及所受的教育、知识结构、家庭环境、生活经历、志向抱负等方面都有不同之处，使教师之间必然存在一定差异。而且，每位教师所处的专业发展阶段不同，所处的工作环境不同，所关注的问题不同，都会导致教师之间的差异。同时，教师又是一个不断变化与发展的个体，其特点、爱好、兴趣和需要也是不断变化与发展的。这一切必然使教师们在学习与专业发展上表现出很大的不同。因此，只有适合教师个体的风格、特点与需求的学习与发展活动，对他们才有意义。自我指导学习是由教师自己确立、发起、实施和监控的学习活动，这样的学习在学习风格、学习进度、学习方法、资源利用等方面能最大限度地满足和适应教师的个体需要与特点，能充分考虑教师的实际状况，由教师按自己的意愿来做决定，也必将更具个性化，更有针对性。

第三，自我指导学习有利于教师建构个人实践知识。有关教师知识的研究表明，教师的教育理论知识和学科专业知识都不能直接对教学质量起决定作用，只有将这些知识转化为教师的个人实践知识，才能对教师的教学发挥最大的影响力。教师的个人实践知识一般是指教师真正信奉的，并在其教育教学实践中实际使用和（或）表现出来的对教育教学的认识。教师对这类知识虽然缺乏明确的意识，但它却是教师教学实践的基础，是教师实践智慧的源泉，在教师的教学工作中发挥着不可替代的作用。教师的实践知识通常呈内隐状态。它基于教师的个人经验和个性特征，嵌入教师日常的教育教学情境和行动中，深藏在知识冰山的下部，具有隐蔽性、非系统性、缄默性等特点。因而，这类知识不能通过传授或从旁观察的方式来学习，它的形成是一个逐渐积累的过程，是一个需要教师主动建构和反思的过程。① 而教师的自我指导学习正可以克服知识传授的局限，发挥教师建构知识的积极性和创造性，由教师自己选择学习的问题，在自己已有知识和经验的基础上，按照自己的方式去反思经验、诠释

---

① 陈向明. 实践性知识：教师专业发展的知识基础[J]. 北京大学教育评论，2003（1）：105.

理论,从而生产和建构出能有效指导教师实践的个性化知识与理论。

第四,自我指导学习有利于提高教师参与专业发展的可能性。长期以来,培训经费不足和教师的工学矛盾,是影响教师接受在职培训和参与专业发展的两大障碍。虽然,各级政府十分重视教师培训和专业发展,但由于我国经济发展的不平衡,一些地方教师培训经费难以保障,这一问题在经济不发达省份县域更为严重。教师的自我指导学习虽然需要借助他人的辅导、支持和帮助,也需要适当接受专家的培训和参与集中的活动,但它以教师自我为导向,由教师自己来实施,其费用支出比集中接受统一培训要少得多,政府、学校和教师的负担会小很多,教师参与的可能性和积极性也会相应地提高。另外,一般来说,中小学的人员编制比较紧张,教师的教学工作负担比较重,即使教师具有专业发展的愿望和积极性,也有接受在职培训的经费保障,但往往会因脱离不开教学工作,而使学习搁浅。自我指导学习以教师为主体,以教师工作的学校为主要场所,由教师结合实际工作中的问题来设计和实施,可以有效地缓解工学矛盾,提高学习与发展的效率。

第五,自我指导学习有利于增强教师专业发展活动的实效性。传统教师在职培训和专业发展的规模化、标准化与统一化等外在性特征无法顾及教师个体状况和实际需要,因此带来了专业发展目标单一、针对性不强、效果不佳等问题,在很大程度上影响了教师的专业成长与发展。自我指导学习是由教师自己确定目标、选择内容,这样,教师就可根据自己的意愿,针对自己的实际状况进行学习。教师往往选择自己最需要学习和补充、对自己教学工作最有价值以及最能解决实际问题的知识领域和教学技能作为学习对象。这种基于问题的学习,需要教师对问题情境进行深入的分析之后,收集与问题相关的知识、经验、案例和各种相关信息,并调动高级思维能力,综合运用各种知识、技能和方法,加深对问题的理解和认识,从而提高解决问题的能力。

自我指导学习的不足主要在于:(1)它要求学员必须愿意自学,也就是说学员要有学习动力;(2)培训师的主体作用会受到限制,往往处于被动指导状态,团队学习、集体氛围、同伴互助、情境体验等培训活动很难有效组织起来;(3)对培训组织机构来说,除了把材料阅读指导嵌入培训项目以外,绝大多数自我指导学习的独立实施项目,如网络学习和电视教育,会导致开发成本比较高,而且其开发时间也比其他类型的培训项目更长。

(三) 自我指导学习的项目开发

对于教师培训师来说,掌握自我指导学习项目开发方法十分必要,以下是开发一个自我指导学习项目的主要步骤。

第一,进行教师工作分析,以确认教师工作包括的任务。工作分析是指通过收集、整理、研究有关工作信息,对工作的整体、各个组成部分及其内在结构与联系有一个比较清楚、深入和全面的认识。每项工作通常包括一系列或一组更细的任务。培训师要列出工作任务清单、每项任务的执行标准、工作执行的实际绩效,用以发现教师工作中存在的缺陷,进而确定哪些问题是自我指导学习可以帮助弥补的。

第二,列出与任务直接相关的、以学员为中心的学习目标。因为学习目标取代了培训师或指导者的地位,它们必须指明哪些信息是重要的,学员应该采取哪些行动以及掌握哪些内容。

第三,开发学习内容。学习内容一方面要按照以学员为中心的学习目标来制定,包括提供电视录像学习用的脚本、计算机培训用的教学视频、阅读指导用的书籍和资料。另一方面还要考虑沟通培训内容所需要的媒介,如资料文本、录像机、计算机、网站等。

第四,将开发内容分为若干部分或单元。第一部分要从学习目标开始,并包括评估学员学习行为的方法。每一部分还要配有实践练习、学习方法指导和参考资料目录等。

第五,开发评估内容,包括对学员的评估及自我指导学习内容的评估。对学员的评估要以学习目标为依据,监测学习目标的达成度。对自我学习内容的评估包括判断所学内容是否便于应用,材料是否过时,是否按照预期利用了评估内容,以及学员是否掌握了学习目标。[1]

社会进步和发展所需要的高素质、专业化、创新型教师,既要是"知识人",又要是"道德人"。为此,教师应该积极参与学习,而不是仅仅为了获得继续教育学分和迫于工作压力接受培训,教育主管部门、教师培训机构和教师所在学校应该意识到:利用新技术提供一个有利于自我指导学习的"硬平台"固然重要,但是如何从成人教育学、培训管理学、教育工程学角度,开发一系列便于教师自学的"巧项目"(Smart Project),更加迫在眉睫。

五、团队建设法

团队建设法(Group Building Methods)是用以提高学员综合能力和团队工作有效性的培训方法。团队建设法包括体验学习、户外培训和行动学习。

团队建设法让学员共享各种观点和经历,建立集体统一性,了解人际关系的力量,并审视自身和同事的优缺点,从而高效实现心智模式的转变与发展,这是演示法和传递法不可比拟的。

团队建设法注重帮助团队提高综合能力,以保证有效的团队合作。这种培训方法中的大多数培训技术都有助于提高团队工作绩效,建立新的团队,促进团队之间的理解和联系。所有培训都包括对团队功能的感受、认知、信念的检验,集体讨论和制订行动计划,将培训内容用于工作以提高团队绩效。

(一)团队建设方式

1. 体验学习[2]

体验学习的相关理论源远流长,其研究史可追溯到杜威、皮亚杰、勒

---

① 诺伊. 雇员培训与开发(第三版)[M]. 徐芳,译. 北京:中国人民大学出版社,2007:200-201.

② 参见:石雷山,王灿明. 大卫·库伯的体验学习[J]. 教育理论与实践,2009(10):49-50.

温、詹姆斯、荣格、弗莱尔、罗杰斯等人，但集大成者却是美国的体验学习专家大卫·库伯（David A. Kolb）。库伯从哲学、心理学、生理学等多种学科详尽地阐述了自己对体验学习的看法。

第一，库伯把体验学习看作由具体体验，经反思观察、抽象概括与行动应用再回到具体体验所组成的完整过程。在这个过程中，学习者首先通过亲身的参与产生了感觉或感受；接着通过对亲身经历或是通过交流、讨论观察到的感觉或感受进行分析、思考和评价，明确自己学到了什么、发现了什么。然后，学员把反思和观察到的结果进一步抽象，形成一般性的结论或理论，或者是对发现的现象和问题进行因果解释。最后，学员还要在新的情境中检验结论或理论假设的正确性、合理性。如果检验得到了证实，学习便暂告结束，学生只要把刚才发现的结论迁移到其他情境中加以应用就可以了。如果检验没有得到证实，将会导向新一轮的具体体验，一个新的学习循环又开始了。因此，体验学习的过程又被人们形象地称为"体验学习圈"（见图6-1）。

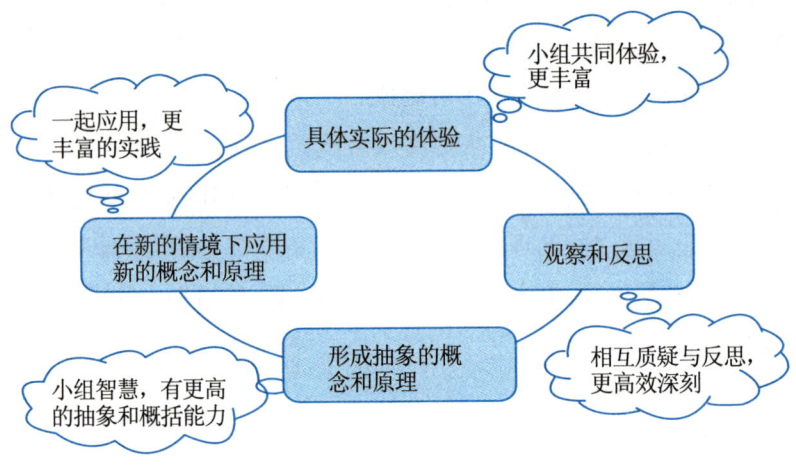

图6-1 库伯"体验学习圈"

第二，学习可以由"体验学习圈"中的任何一点进入。尽管库伯一直强调体验在学习中的重要性，但他也反复强调学习者不必总是从具体体验开始。

第三，"体验学习圈"需要学员的体验、反思、思维和行动的全部参与，并要对学习情境和学习要求做出相应的回应。因此，体验学习理论把学习看作对情感、知觉、符号和行为的整合，是对知、情、意、行的统一，同时还把学习看作一个开放的系统，是学员的内部经验与外部环境不断交换的结果。

第四，"体验学习圈"只是一种理想化的学习过程。学员由具体体验经反思观察、抽象概括与行动应用，再回到具体体验中，这是一种理想化的学习模型。在实际的学习过程中，很少有学员能够解决所有的辩证对立冲突，而经常习惯于以一种固定的方式对外部环境做出反应。

体验学习理论对有效组织成人学习活动和开展教师培训项目有着重要的启发和指导价值。

第一，具体体验架起了社会知识向个人知识转化的桥梁，提高了学员的学习实效性。学员在课堂上的学习可以看作社会知识向个人知识转化的过程。然而，仅靠简单的识记和储存是不能完成这一转化的，学员必须把此时的社会知识还原成当初的个人知识才可以理解其意义，也就是要找到社会知识产生时的情境或类似情境。这就是体验的必要之所在，它可以帮助学习者建构理解社会知识所必需的经验。具体体验通过把感觉、心情与情绪融入真实的环境之中，并与之相互作用以进行体验。毫无疑问，这是一种"身临其境"式的亲身体验。因此，通过具体体验进行学习，学习将不再是一件困难的事情。"不闻不若闻之，闻之不若见之，见之不若知之，知之不若行之。"①

第二，兼顾直接经验与间接经验的学习，通过体验达到经验与理性的统一。体验学习在重视具体体验或直接经验的同时，并没有否认抽象概括或间接经验在个体学习和发展中的重要性。事实上，库伯一直试图通过体验的转换来达到经验与理性的统一。在体验的转换中，学员需要辩证地解决具体与抽象、反思与行动之间的双重对立。在体验学习理论看来，任何单一方面都难以获得事实的真相。

---

① 楼宇烈.荀子新注[M].北京:中华书局,2018:133.

第三,有效学习是由具体体验、反思观察、抽象概括与行动应用所组成的完整过程。在体验学习中,我们不是简单地停留于学员的体验,而是要通过学员对体验进行反思和观察,以形成富有意义的结论。至此,学员的学习并没有结束。一个完整的体验学习过程还要求学员把所得的结论应用于新的情境,在新的情境中检验结论的正确性。这样,学员势必又会产生新的体验,从而使原有的结论或得到证实,或被修改,或形成一个新的结论。

第四,有效学习是由学习者选择最适合自己的学习方式实现的。体验学习要求学员能够运用四种不同类型的学习能力:具体体验能力使个体能够超越实际的情境;反思观察能力允许个体对各种不同的体验进行反思;抽象概括能力用于符号表征或对过去的体验进行解释;行动应用能力用于检验建立在先前理论解释基础上的假设,以期能够解决实践中的问题。但是,学员在具体的学习情境中经常倾向于选择某一种或某几种学习能力。例如,有些人以较为具体、此时此地的方式获取新信息,而有些人却以符号、抽象的方式获取新信息;有些人可能有意识地通过内部反思加工经验,而有些人却通过操纵情境或以外部行动加工经验。学习者在发展过程中喜欢以自己偏爱的方式进行学习,从而扬长避短,充分发挥学习的优势。

体验学习培训项目要获得成功,培训师必须遵循以下几条原则。

第一,保证培训与一个要解决的具体问题相联系。这个问题可以是我们在组织教师研修活动时着手解决的,也可以是培训需求调研发现的。如果我们把学员们亟待解决和共同关注的工作实践问题,作为体验学习的进入情境,那么就很容易创建团队学习的氛围。

第二,唤起学员积极的学习情绪和探究意愿。培训要让学员处于并不轻松的状态,但也不能过度紧张。既要鼓起学员的学习士气,又要帮助学员理解学习的意义。学员彼此从学习探究角度互相质疑,容易产生深刻高效的观察与反思效果。

第三,培训师要组织多种形态的学习活动。学员有充分的机会在参与、讨论、交流和反思中学习,是经验学习的重要条件。既要有聆听、观察、阅读、记录等信息输入式的学习活动，也要有叙说、质问、演示等信息输出式的学习活动。

第四，帮助学员理解体验学习的方式和项目期待。培训从一开始就要明确项目目标、学习结果和学员的学习角色，广泛征求学员对学习目标、活动安排、组织形式等方面的意见和建议。

第五，需要对培训项目进行评估。培训项目若采用体验学习法，则必须把该项目学习与学员态度、行为变化以及其他工作绩效结合起来，检测出本轮学习的成果和收获。每一轮体验学习圈中的学习成果和收获都将成为下一轮学习提高的基础与准备。

2. 户外培训

户外培训又叫"冒险性学习"或"拓展训练"，是以团队为单位和个人发展为目标的任何可以在教室环境以外进行的学习、练习、模拟活动，既包括许多集体育和冒险为一体的活动，如拔河、滑雪、徒步、野营、潜水、冲浪、溜冰、跳伞等，又包括体现游戏和训练特征的户外模拟活动，如蜘蛛网、孤岛求生、高空跨越等。

户外培训适用于教师培训的以下情况：(1)为经验丰富的骨干教师设置思维拓展培训项目；(2)为学校机构重组或轮岗学习开发校本培训；(3)培训教师的团队协作精神，人际交往能力，责任、尊重、自信等价值观念；(4)作为一种培训方法，为培训班级开展破冰分组，加快学员之间彼此认识和了解，以便形成团队协作学习氛围。

这种培训起源于20世纪40年代的英国。当时英国军舰在遭到德国潜艇袭击后沉没，大批水兵因此丧生。但总有少数人能在灾难中幸存下来。后来人们发现，这些幸存者并不是体能最好的人，而是求生意志强、海上经验最丰富的人。他们顽强抗争，终于坚持到获救的那一刻。于是拓展训练的独特创意和训练方式逐渐被推广开来，训练对象也由最初的海员扩大到军人、学生、工商业人员等各类群体；20世纪70年代被企业界所关注，如今在成人培训和学校教育中也开展起来。早先的户外培训重视个人技能的提高，而非团队精神的培养。但现在这种现象已得到扭转。户外培训既用来发展高水平的个人管理技能和领导能力，又被看作团队建设的重要方法。在实际应用中,存在四个级别的户外培训标准。

第一级别是传统的以课堂互动式培训活动为主,以传授知识和技能、完成特定任务为目的的活动,如班级破冰分组活动、培训课前热身活动、游戏或肢体演示活动等。

第二级别是低风险的户外培训活动,着重提高组织沟通能力、增强集体协作和团队合作精神等,如"蜘蛛网"活动。

第三级别也是低风险的户外培训活动,但多侧重在团队支持和同伴鼓励信任下对个人能力发起挑战,如"高空跨越"活动。

第四级别是高风险的户外培训活动和野地培训项目。主要目的是使培训学员更多地了解自己,理解自己和他人的关系,更深入地认识自己的能力和潜能,培养自我尊重、聪明睿智、立场坚定的品性等。

在设计户外项目和组织实施时,培训师要注意把握好以下几点。

第一,充分掌握项目培训需求。许多成功的户外培训项目有详细的指导说明、既定方向、适合对象等说明。为了使培训更加具有针对性,培训师在了解委托方培训需求的基础上,可根据学习需要帮助学员设计和选择上述不同级别标准的户外项目。

第二,明确户外培训目标。培训师和组织方要认识到:如果项目目标不明确,设计不合理,那么它只能起到娱乐作用。学员会感到很愉快,但是他们可能什么也学不到。

第三,确保户外培训的一系列活动顺序设计合理。一个独立的户外培训项目通常包括破冰启动、活动体验、反思分享和总结应用四个主要环节。每个环节由若干活动按一定顺序开展,如破冰启动环节包括介绍教练团队、介绍学习方式、介绍课程安排、学员相互介绍等具体活动,每个活动还需要阐明应注意的细节。

链接 6 – 2　如何组织分享活动？①

◆尽可能围成一个圆圈坐下，让每位学员都能看到其他成员。

◆避免学员懒散或坐姿不雅，保持团队在这个圆圈中有一个积极的群体状态。

◆尽可能让每位学员都有表达意见的机会。

◆避免无谓的争执，以免影响活动气氛。提醒发言冗长者，多听听他人意见。

◆尽可能让每位成员对自己的行为负责。

◆没有人会被强迫去做任何事。有时候，成员会被鼓励尝试新的事物，但无论什么时候，他们都有权利说"不"或者弃权。

第四，提供足够的活动和讲解时间。当计算团队讨论所需时间时，尽可能准确地核算，然后加上一段机动时间。时间过剩比时间紧张要好，讨论耗时较长比活动缺乏讨论要好。

第五，重点关注学员的体验和总结反馈。户外培训的关键是要利用训练对学员的心灵冲击，让其体会团队与组织的关系、个人与团队的关系、个人成长对集体（或学校组织）的贡献。培训后的回顾与分析能进一步让培训带来的感受在学员心中生根、发芽。另外，通过总结反馈，将学员培训过程中的照片、活动感言、片段、关键事件等反映出来，让学员持久保存对户外培训的记忆，不断领会其中的道理，进而将培训经验运用到工作中去。

第六，将授课培训与户外拓展训练相结合。室内授课便于学员获得知识，户外拓展训练可以促进学员知识、技能和态度的整合并形成能力。室内讲授式培训与户外体验式培训是相辅相成的。

3. 行动学习

行动学习通过一套完善的框架，保证小组成员能够在高效解决实际

---

① 林思宁.体验式学习[M].北京:北京大学出版社,2006:124 – 125.

问题的过程中进行学习和实现发展。行动学习的力量来源于小组成员对已有知识和经验的相互质疑，以及在行动基础上的深刻反思。因此，行动学习可以用公式表述为：AL = P + Q + R + I，即行动学习（Action Learning）= 结构化知识（Programmed Knowledge）+ 质疑（Insightful Questions）+ 反思（Reflection）+ 执行（Implementation）。

行动学习是一种综合的学习模式，包含四类重要的学习过程。（1）学习知识：从已有的知识中学习；（2）体验经验：从个人的经验中学习；（3）团队学习：从小组其他成员的经验中学习；（4）探索性地解决问题：在解决实际问题的过程中学习。

行动学习的适用范围比较广泛，特别适于运用在建设学习型组织、促进个人专业发展、提升组织领导力、加强团队建设和解决组织问题五个领域（见图6-2），已成为世界范围内人才培养的重要途径。

建设学习型组织	促进个人专业发展	提升组织领导力	加强团队建设	解决组织问题
• 行动学习参与性强，持续性好，是组织变革的重要方式 • 行动学习变革组织的变化，使质疑反思和学习成为组织的自觉行为 • 行动学习鼓励系统思维，而这正是学习型组织的核心	• 行动学习将个人成长作为最重要的目标之一 • 行动学习中的质疑和反思使每个人认识问题的能力都产生质的飞跃 • 行动学习促进成员之间的相互学习	• 行动学习已成为培养管理和领导人才的最重要的途径 • 行动学习以解决实际存在的问题为导向，在解决问题的过程中使领导力得到升华 • 行动学习鼓励领导者采用催化技术，能更好地凝聚人的智慧，并增加执行能力	• 行动学习采用的就是团队工作和学习方式 • 行动学习过程可以形成非常有效的团队工作技巧和习惯 • 行动学习促进了沟通，密切了感情	• 行动学习是解决复杂困难问题的有效方法 • 问题越富有挑战性，行动学习越能发挥作用 • 业绩提升是行动学习必然的副产品

图6-2　行动学习的五类重要应用

行动学习方法在教师培训领域得到国内外教育专家的关注。日本教育研究者在探讨教师专业发展时提出了一个包括"提出问题、制订计划、采取行动、进行观察、反思和修改计划"六个实践性循环过程的授业研究模式。我国香港地区在一百多所学校推行一种研究人员与中小学教师共同参与、致力于改善课堂教与学的教学研究活动;上海市教科院顾泠沅等人提出了"三阶段两反思"的"行动教育",强调把行动学习作为提升教师在职教育有效性的途径。

行动学习一般有七个关键步骤(见图6-3)。

行动学习的七个关键步骤

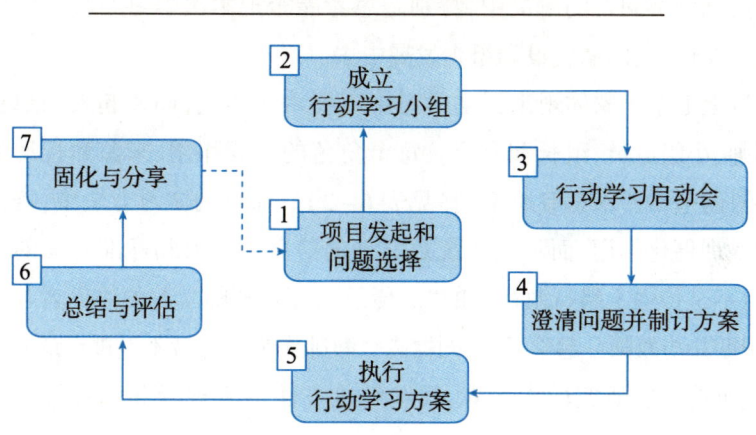

图6-3　行动学习的七个关键步骤

第一步骤:项目发起和问题选择。由发起人向全体成员说明组织面临的困难、存在的问题、所要执行的任务。

第二步骤:成立行动学习小组。行动学习小组一般由4—8人组成,可以是涉及同一问题的各部门代表,也可以是来自同一组织的不同职能部门,带着各自需要解决的问题。

第三步骤:行动学习启动会。由召集人组织各小组分析所面临的问题、思考解决问题的行动计划,并与其他小组交流。全体成员通过"誓师大会"的形式,正式启动行动学习计划。

第四步骤:澄清问题并制订方案。在培训师的指导下,各小组进一步澄清所要解决的问题及其症结所在,并就小组行动目标、活动安排、策略方法、预期成果等内容达成共识,最终制订一份行动学习的实施方案。

第五步骤:执行行动学习方案。各小组采用讨论学习与工作实践交错的形式,反复举行聚会、研讨、学习、实践活动,直到问题解决。

第六步骤：总结与评估。各小组可以在催化师与专家的指导下进一步总结反思小组工作经验、事物发展规律及问题解决原理。通过小组内自评和外部组织评价方式，评估行动学习的效果。

第七步骤：固化与分享。各小组采取小组或个体形式，把行动学习过程中的经验提炼出来，以供全体成员分享。思考这些经验和做法能否推广应用到同类问题的解决中，特别是思考能否把本次学习的收获应用到个人专业成长、团队建设和组织发展中去。

以上七个步骤体现出行动学习中需要六个角色，即发起人、召集人、培训师、小组成员、组长和专家。每个角色的主要作用、来源和行动学习对各自的基本要求都有所不同（见表6-2）。在行动学习方法中，培训师发挥培训催化作用，而不是传统意义上的信息提供者和标准答案的发布者，也不是传递上级行政命令的"二传手"，而是教师学习的协助者与合作者，帮助并与教师一起学习，共同提高。教师作为学习者不是被动的知识消费者，而是问题研究的参与者、问题解决方法的发现者和教育智慧的创造者。

表6-2　行动学习的六个角色

角色名称	主要作用	来源	基本要求
发起人	在组织内发起和推动行动学习	组织的高层领导，很多情况下是最高领导	深刻认识行动学习的意义和价值，具有推动组织变革的决心
召集人	具体管理和监督行动学习过程，为行动学习提供资源	一般由发起人委派，发起人也可以作为召集人	认识行动学习的价值，具有良好的沟通和协调能力，有一定的调配资源的能力
培训师	行动学习的设计和过程把握	可以来自内部，也可以外聘	具备催化技巧、良好的沟通和协调能力，做事认真，有热情，有稳定的心理素质

角色名称	主要作用	来源	基本要求
小组成员	解决问题的主体,并致力于自身的学习与发展	组织内部为主,有时候也从外部引进少量小组成员	对问题有基本的认识,关注问题的解决,有学习的承诺,专业背景体现互补性
组长	在培训师的指导下,具体组织小组研讨,负责行动学习小组行动计划的落实	组织内部,一般由相关职位的经理人员或业务骨干担任	掌握一般催化技巧,具有责任感和协调能力
专家	阶段性为行动学习小组提供理论或专业支持的人	一般来自外部的咨询公司、科研院所、政府主管部门、行业协会,也可以来自组织内部	对所请教的问题有很深的理论功底或了解最新的发展动态和信息

要确保行动学习法取得良好的学习效果,除了按照严格的程序来组织学习活动外,还必须具备以下五个必要条件。[1]

第一,领导充分重视。领导作为行动学习的发起人,要深刻认识到行动学习的意义和价值,具有推动组织变革的决心,才能使组织内的行动学习得到及时发起和强力推动。领导对行动学习培训的重视是保证组织者、参与者重视并积极参与,保证资源投入和相关方面支持的关键。领导的重视也能有效改变部分学员不重视行动学习的心态,比如,因工作任务的重要性、挑战性和紧迫性而把行动学习置于次要地位。所以,领导充分重视是成功开展行动学习的重要条件。

---

[1] 参见:林存华.行动学习法的利弊与实施要点[J].中国浦东干部学院学报,2009(9):124-125.

第二,合理的问题设计。在行动学习中,组织者和学员要选择自己在行动学习中所要分析和解决的问题。合理选择问题进行设计,是影响行动学习效果的基本因素。在设计研究问题时,必须避免下列情况:(1)把问题的范围定得太广泛;(2)选择特别琐碎的、不值得花费较多时间的问题;(3)选择超出学员水平的技术及技能问题;(4)选择无法引起学员学习兴趣的问题;(5)选择涉及机密或超出学员职权范围的问题。

第三,充分的资源投入。行动学习的开展,需要充足的时间、经费等方面的投入。行动学习的周期一般较长,它要求学员在繁重的日常工作之余,抽出专门时间投入行动学习中。同时,行动学习中通常会有大量的调查研究,而外出调研所产生的费用,往往高于在教室里听课需要支付的费用。因此,行动学习的费用一般要高于其他大多数培训方法所产生的费用。

第四,有效的组织管理。行动学习的组织者需要为行动学习成功开展提供有力保障。行动学习的组织者,无论是培训部门、人力资源管理部门还是综合管理部门,都要能够理解行动学习的精髓,有效地、精心地组织行动学习活动,使行动学习真正做出实效,达到预期的效果,而不是成为"走过场"的一种形式。另外,行动学习的开展,需要一套切实可行的管理、激励和评价制度,以确保学员积极主动地参与行动学习。

第五,良好的学习氛围。良好的学习氛围是保证行动学习效果的必不可少的条件。对于行动学习来说,良好的学习氛围或组织文化应该是:创造学习条件,进行好的实践,允许失败。要创造良好的学习氛围,组织者、培训师和学员必须尊重行动学习背后的价值观,即对自己、对他人诚实,尊重他人与他人的观点,对自己的行为负责等。这种氛围能够帮助行动学习小组成为一个有效的学习团体,并最终成为一个有效的自我促进小组,从而帮助每个行动学习小组与学员完成行动学习的目标,提高每个学员解决问题的能力。

(二)团队建设法的优缺点

与传统培训方法相比,团队建设法的主要优点表现为:(1)既便于学员个人专业能力的提升,又有利于组织工作绩效的提高;(2)既能从学员的实践经验出发,注重调动和发挥学员的主动性、积极性,体现培训的针对性,又能超越个体经验,关注学员的态度转变和心智模式改善,体现培训的实效性;(3)既吸收了讨论法、模拟法、案例法和讲授法等传统培训方法,又可以整合现代远程学习或在线学习方式。

目前,很多知名企业都通过团队建设法来解决组织的疑难杂症,提高员工的工作绩效水平,然而,在教师培训领域,团队建设法还未得到广泛重视,究其原因主要包括以下三点。

第一,对培训师的要求高。体验学习、户外培训和行动学习对培训师提出了严格的要求,要求培训师能够组织、协调学员进行一系列有效的学习活动。培训师不只是站在权威的讲台上"传道、授业、解惑",更要能创设、营造良好的学习气氛和环境,机智灵活地引导学员去综合分析和解决问题。因为无论何种培训形式,学习最终是通过学员自己完成的。在团队建设法中,培训师可以不是本行业的专家,但必须是培训方面的专家,有效地扮演管理师、教练员、催化师等角色。其应通过对培训过程的设计,激发、促进和辅助学员内部学习过程的发生和进行,使有效的学习发生在每名学员身上。

第二,难以获取系统知识。作为一种重在解决问题、提升学员能力、转变学员态度的培训方法,团队建设法在知识传授方面并不具有优势。虽然团队建设法并不排斥对知识的学习,但是学员在体验学习、户外培训和行动学习中所学的知识,仅仅是团队建设需要用到或可能用到的知识,而不是较为系统的、全面的知识。所以,团队建设法所呈现的知识是零散的、片断的,并不利于系统知识的学习,期待通过团队建设法来获取系统知识也是不现实的。而且,每个学员在团队建设法学习中形成的缄默知识,具有很强的个性化色彩,很难与他人共享。

第三,对学员要求很高。如果学员从进入培训班开始,就抱着原有的陈旧观念甚至错误观念,那么团队建设法可能会受到学员的抵制。户外培训要求学员勇敢面对各种冒险活动,克服自己的心理障碍,打破多年形成的心理模式去面对新的问题情境。体验学习和行动学习对学员提出了相当高的要求,如要求学员要有工作经验,并善于交流。在体验和行动过程中,每一个学员都要运用自己的生活和工作经验来发现问题,提出解决问题的种种方案,然后进行分析、讨论。

第二节 教师培训方法比较与选择

每种教师培训方法都有各自的优缺点。为了提高培训质量和学习效果,培训师需要根据具体情况选择适宜的培训方法,把几种培训方法"混搭"使用,扬长避短,提升培训效果。

一、按对培训目标的有效性比较各种培训方法

虽然教师培训方法对培训目标实现程度的影响还未得到正式评估,但是,基于多年来的培训实践,结合上述五类培训方法的概念和特征,我们可以看出各类培训方法都有各自的适用范围,对学习成果的影响也有相当大的交叉重叠(见表6-3)。

表6-3 按对培训目标的有效性比较各种培训方法

方法	目标				
	知识获取	技能习得	态度变化	能力提高	行为转变
讲授法	强	弱	一般	弱	弱
研讨法	一般	弱	一般	一般	弱
传递法	弱	强	一般	一般	强
自我指导学习	强	弱	弱	弱	弱
团队建设法	弱	一般	强	强	强

第一,如果培训目标定位为帮助学员获得知识,而不考虑这些知识对其行为、态度和能力的影响,一般选择讲授法和自我指导学习。

第二,团队建设法比较独特,既有利于个人学习,也有利于组织学习,而且对学员的态度转变、能力提高和行为变化最为有效。这也是一些企

业和学校为建设学习型组织,希望通过培训提高员工工作绩效而选择团队建设法的主要原因。

第三,大多数情况下,传递法能比讲授法提供更好的学习环境并更有利于培训成果转化,所以,如果培训师不受培训经费培训时间、场地等条件的限制,可更多地选择传递法而不是讲授法。

第四,研讨法除了对技能训练没有明显效果外,在知识获取、态度变化、能力提高和行为转变等培训目标实现上都处于中间水平。实际上培训师在应用其他培训方法时都或多或少的辅以研讨法,也就是说,研讨法单独起的作用似乎不十分明显,但是适时选择,特别是与其他培训方法结合起来,会收到单纯使用研讨法无法达到的效果。

二、按学员参与程度比较各种培训方法

有效教师培训通常是在学员与培训师之间的互动活动过程中实现的。从学员对培训活动的外显参与度来说,理论上存在以讲师为中心和以学员为中心的两类培训方法,但实际上培训课堂都一定程度上在两类极端方法之间变换,除非是那些满堂灌或放任自流的课堂。

从以上五类培训方法的学员参与度来看,自我指导学习和团队建设法体现出较高的学员参与度,其主要培训目的是提高能力和转变态度;而讲授法给予学员的参与机会较少,培训目的往往更倾向于知识传递方面;传递法和讨论法的学员参与度居中,主要用于训练技能和提升理念认识,由于培训师驾驭能力、组织方法、学员学习风格等因素的影响,这两类培训方法最容易活跃于培训师和学员之间,其效果有时是积极的,但有时也可能是消极的(见图6-4)。

北京教育学院多年承办"国培计划"示范培训的培训管理团队研修项目,曾经对学员课堂参与度与课程满意度的相关性做过统计与分析[①],结果发现既有学员课堂参与度与课程满意度之间呈正相关的案例(见图6-

---

① 这里的课堂参与度主要是指学员以主动提问、积极发言等外显行为方式参与课堂学习活动的频次。

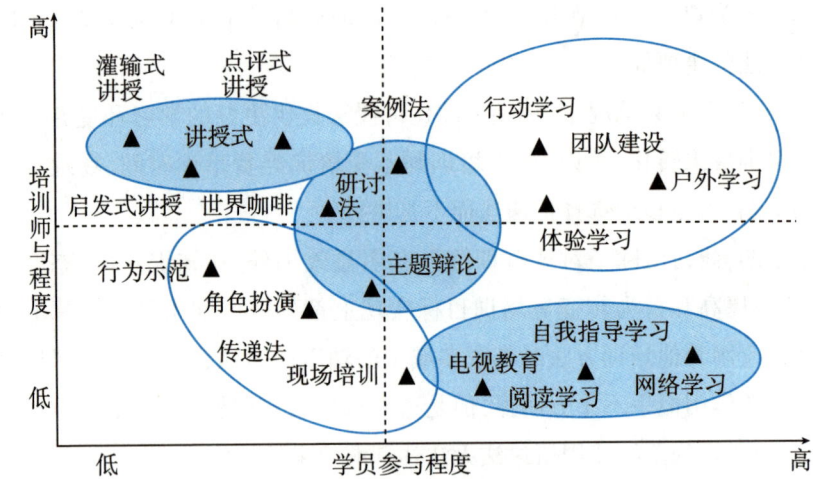

图6-4 不同教师培训方法中培训师与学员的参与程度比较

5），也有课堂参与度与课程满意度之间相关性不明显的案例（见图6-6），未发现课堂参与度与课程满意度之间呈负相关的培训班案例。

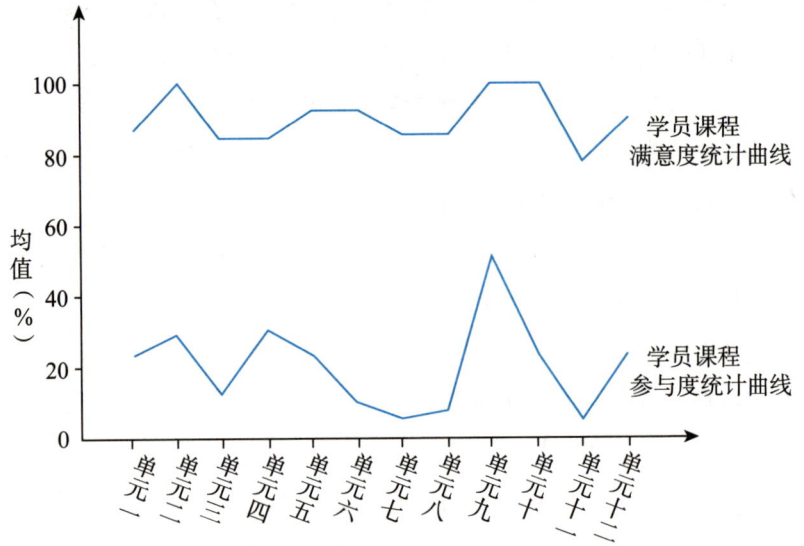

图6-5 学员课堂参与度与课程满意度之间呈正相关的案例

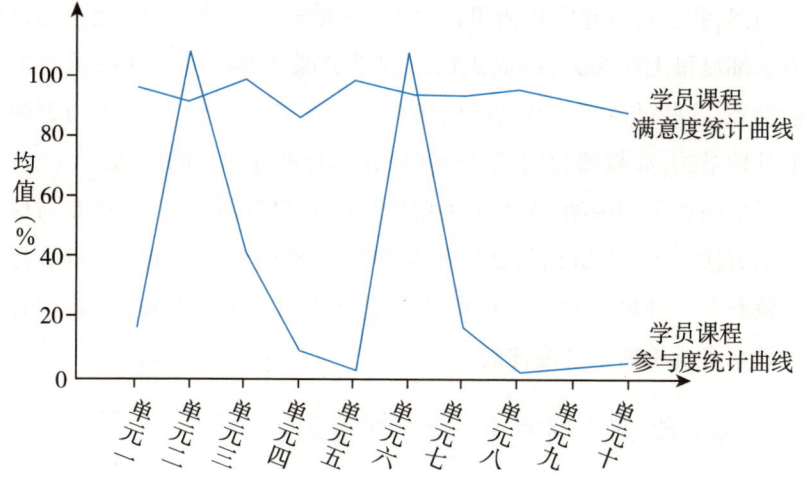

图6-6　学员课堂参与度与课程满意度之间相关性不明显的案例

　　在正相关的培训班案例中,培训师采用那些能调动学员参与学习积极性的方法,一般容易提高学员对该培训师及其课程的满意度;相反,那些灌输式培训、学员被动学习的方法通常不受学员欢迎。如图6-5所示,单元二和单元九的学员参与度最高,满意度均值也最高;单元三、单元七、单元八、单元十一的学员参与度较低,满意度均值也较低;单元一和单元十二的学员参与度处于中等水平,满意度均值也在中等水平。

　　在相关性不明显的培训班案例中(见图6-6),学员课堂参与度与课程满意度之间并不存在正相关,或相关性不强。学员对单元二和单元六的参与度最高,但满意度并不是最高;而单元三的学员参与度不及50%,但满意度均值很高,单元五的学员参与度最低,但满意度均值却最高。

　　通过对此类培训案例深入调查与研究,我们进一步发现学员课堂参与度与课程满意度之间无相关性的主要原因有两个方面:一是培训师的因素。那些采用讲授法的培训师呈现的培训内容对学员来说价值很大,而且培训师的表达能力很好,讲授法应用得非常成功;那些采用参与度强的培训方法的培训师没有真正掌握参与式培训方法,不善于组织和调动学员学习的积极性,参与式培训做得不够成功。二是学员的因素。学员对知识学习的期待心理和接受式学习风格往往限制了参与式培训方法的效果。

当然,我们可以想象班级里面由于"问题学员"比例很大,无论哪种培训方法都显得无能为力,因而难以发现学员课堂参与度与课程满意度之间的关系,这些超越培训范畴的问题在此不宜深入讨论,属于人力资源开发的其他措施,如教师聘用、工作考核、教师管理等解决的问题。

以上两类案例说明,无论是采用参与性强的培训方法,还是参与性弱的培训方法,都需要培训师认真把握好其基本用法、应用范围和适合对象。没有哪一种培训方法是万能的,最适合学员的就是最好的,培训师最能发挥自身所长的就是最佳的。

三、影响教师培训方法选择的主要因素

教学有法,但无定法,贵在得法。究竟需要选择何种培训方法,通常需要考虑以下几个因素。

第一,学习目标。学习目标对培训方法的选择有直接影响。在教师培训过程中是应该向学员传递知识,还是应该让他们积极地增长和创造知识?是把他们的专业素质放在培训目标首位,还是把提高工作绩效作为培训主要目的?是关注他们知识、技能和情感态度等方面其中一个目标的达成,还是兼顾多维目标同时有着重点的培训方向?表6-3列举了不同方法所侧重的培训目标。

第二,所需时间。有的培训所需时间较短,如讲授法、视听教学、观摩学习等;有的培训实施的时间较长,如行动学习、拓展训练、自主指导学习等。这就需要培训组织方和培训师根据学员所能投入的时间长短来选择培训方法。

第三,所需经费。有的培训方法需要的培训经费较少,如讲授法、研讨法、阅读指导等;有的需要的经费较多,如现场培训、拓展训练、网络学习等,不仅需要在培训硬件资源上投入较多,而且智力资源方面的投入也不少。

第四,学员数量。当学员人数不多时,小组讨论和角色扮演是比较好的选择,但当学员人数较多时,讲授法和网络学习可能会比较适当。学员人数不仅影响培训方法的选择,而且影响培训效果。

第五,学员学习基础。学习方法的选择要考虑学员本身的知识基础和学习能力。如果学员不善于表达或不习惯研讨的培训风格,那么,一开始就采用辩论和小组讨论的方法将难以取得预期的学习效果。

第六,相关技术和实践资源的支持。网络学习和电视教育都需要培训技术和平台的支持;拓展训练和"世界咖啡"活动则需要特定的培训设备、空间和学习环境;现场培训和课堂观摩不仅需要工作实践的研修案例和情境,更需要专业的实践指导教师和同行配合。

四、培训方法的选择与建议

作为一名培训师,在培训工作中经常需要选择一种主要的培训方法。在大量可供选择的培训方法面前,你可能因循守旧,习惯于那些最便利的或过去一直沿用的培训方法;你也可能会想挑战自我,通过培训方法的变换和创新增强培训效果,但又感到手足无措;你可能已经能够娴熟运用几种培训方法,感悟到培训方法的意义与功效。

对于教师培训新手来说,我们不妨重点了解每种培训方法的基本概念、实施方式、优点与不足、适用范围、需要的支持条件。这可能有利于我们在实践中不断提升培训方法的应用水平。

对于从事教师培训多年的"老战士"来说,不妨回顾和反思一下我们经常使用的培训方法有哪些,这些培训方法是如何支持我们把培训内容转化为学员学习成果和工作绩效的。为了挖掘你的培训潜力,你不妨尝试或创造条件实施一种新的培训方法。

对于优秀的培训师来说,你有哪些培训方法在实践中经常得到学员们的认可?你是否在培训实践中创造了一些新的培训方法?从优秀到卓越的方法就是把你的培训方法以案例、论文或其他形式体现出来,供培训同行们分享,助人者自助!

无论如何,对完美培训方法的追求应该永无止境,当然,我们始终没有否认培训内容的重要性;相反,应始终坚信培训内容是首要的,最佳的培训方法就是为有效培训内容而体现出来的。

读到这里,你可能有点疲倦,下面就让我们一起分享《庄子》中的一个故事——"鲁侯养鸟"，结束本章内容的学习。

> **链接6-3　鲁侯养鸟**
>
> 从前，一只海鸟飞到鲁国都城郊外停歇下来，鲁国国君让人把海鸟接到太庙里，用美酒招待，奏《九韶》之乐让它高兴，用牛、羊、猪肉作为它的膳食。海鸟竟眼花缭乱，忧心悲伤，不愿吃一块肉，不愿饮一杯酒，三天就死了。这是按人的习性来养鸟，不是按鸟的习性来养鸟啊！按鸟的习性来养鸟，就是应当让鸟栖息于深山老林，游戏于水中沙洲，浮游于江河湖泽，啄食泥鳅和小鱼，随鸟群的队列而止息，从容自在地生活。[①]

教师培训的方法不是随培训师的喜好而定，而是要基于学员的学习需求和工作要求，要遵循成人学习规律、学科教育发展规律和教师培训规律，最终以培训效果来检验培训方法适合与否。

本章学习建议

一、学习目标

通过本章学习，你应该能够：

1. 了解教师培训方法的各自优点与不足。

2. 理解每种教师培训方法的应用条件和影响要素。

3. 根据实际应用需要选择和优化教师培训方法。

二、讨论题

1. 讲授法的优点与不足有哪些？请举例说明如何在教师培训中扬长避短地使用讲授法？

---

① 庄子.庄子[M].孙通海,译注.北京:中华书局,2007:274-275.

2.为什么我们在培训中组织学员参与体验式活动？

3.除本书提到的五类教师培训方法外,你认为还有哪些培训方法？或者其他培训方法分类方式？

三、应用题

1. 以最近你自己的一个培训公开课或现场参加的别人培训的公开课为例,分析培训师主要用到了哪些培训方法？这些培训方法为培训目标达成发挥的作用如何？还需要哪些完善改进？

2.分析包括自己在内的三位培训师在上一年对五类培训方法的应用频次或熟练程度,参照图6-7绘制一份教师培训方法应用风格对比雷达图,并相互切磋培训方法应用经验与改进方向。

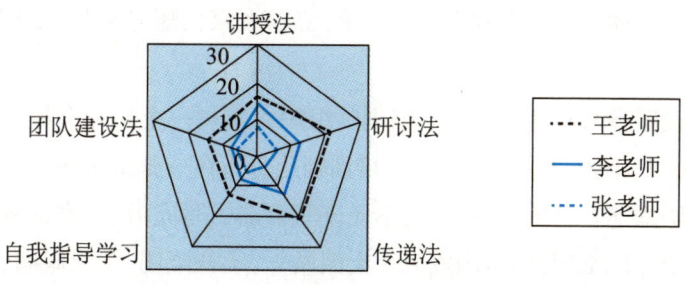

图6-7 教师培训方法应用风格对比雷达图

3.试为某个培训项目的学习成果转化设计一份行动学习方案。

四、本章培训活动示例

活动名称

沉默手势。

活动主题

培训活动组织工具的学习与体验。

活动概述

组织全班学员身临其境地体验"沉默手势"的训练方法。

活动目标

了解"沉默手势"的活动工具用途,体验"沉默手势"在参与式培训中的功能,掌握"沉默手势"使用方法。

参与对象

根据场地容量,人数可在10—50人。

活动流程

1.介绍沉默手势的用途。培训师简要介绍"沉默手势"活动用途:在参与式培训活动中,培训师举起一只手用来示意活动时间到,大家停止讨论。当有学员看到培训师举起一只手时,他也要举起一只手,同时保持安静。这样就会有越来越多的学员相继举起一只手,活动现场很容易得到控制。

2.初步体验。培训师举起一只手,要求大家也随之举起一只手,然后放下。

3.设置参与式活动情境。培训师组织大家玩一个比较有趣味的游戏活动,如"扔纸团、找朋友"游戏。培训师让每人在一张纸上用一句话或一幅简笔画描述自己的关键特征,不允许写真名。写完后,大家都将各自的自我介绍揉成纸团,然后围成一个大圈站立,手持纸团,闭上眼睛,培训师统一发出指令后学员同时把纸团扔出去,然后,睁开眼睛,在地上随意捡起一个纸团打开,开始根据纸团上的内容猜测、寻找这个纸团的主人。

4.检验沉默手势作用。培训师观察大家找朋友活动氛围,大约2分钟后,培训师举起一只手(不出声)用来示意游戏时间到,大家停止活动。通常情况下,大多数学员会专注在热闹的找朋友活动中,只有少部分学员会随之也举起一只手。如果较长时间后大家还停不下来,那么,培训师需要在举起一只手的同时开口用声音提醒大家注意手势,立即停下来。

5.培训师归纳。当大家都停下来时,培训师解释刚才"扔纸团、找朋友"游戏的目的是制作一个"混乱"情境来检验大家会不会领会和应用"沉默手势"。再一次强调"沉默手势"的功能。

支持条件

1.参与式场地,方便学员围成圆圈或两排面对面站立扔纸团和找朋友。

2. 活动时长 10 分钟,可根据需要调整和控制。

效果检测

1. 当堂课应用 2 次以上"沉默手势",检验和巩固学习效果。

2. 第二天在培训班应用 3 次以上"沉默手势",检验和巩固学习效果。

本章学习导语

制度的力量①

18世纪末，英国政府实行一项移民政策，决定把犯了罪的英国人统统发配到澳洲去。英国政府实行的办法是根据上船的犯人数支付船主费用。当时那些运送犯人的船只大多是用一些很破旧的货船改装的，船上设备简陋，没有什么医疗药品，更没有医生。船主为了牟取暴利，尽可能多地装人，使船上条件更加恶劣。一旦船只离了岸，船主按人数拿到政府的钱，对于这些人能否远涉重洋活着到达澳洲就不管不问了。

有些船主为了降低费用，甚至故意断水断食。3年以后，英国政府发现：运往澳洲的犯人在船上的死亡率达12%，其中最严重的一艘船上的死亡率竟高达37%。英国政府费了大笔资金，却没能达到大批移民的目的。

英国政府想了很多办法。每一艘船上都派一名政府官员监督，再派一名医生负责犯人的医疗卫生，同时对犯人在船上的生活标准做了硬性的规定。但是，死亡率不仅没有降下来，有的船上的监督官员和医生竟然也不明不白地死了。原来一些船主为了贪图暴利，贿赂官员，如果官员不同流合污就被扔到大海里喂鱼了。

政府花费了监督费用，却照样死人。政府又采取新办法，把船主都召集起来进行教育培训，教育他们要珍惜生命，要理解去澳洲开发是为了英国的长远大计，不要把金钱看得比生命还重要，但是情况依然没有好转，死亡率一直居

高不下。

一位英国议员认为是那些私人船主钻了制度的空子。而制度的缺陷在于政府给予船主报酬是以上船人数来计算的。他提出从改变制度开始：政府以到澳洲上岸的人数为准计算报酬，不论你在英国上船多少人，到了澳洲上岸的时候再清点人数支付报酬。

问题迎刃而解。船主主动请医生跟船，在船上准备药品，改善生活，尽可能地让每一个上船的人都健康地到达澳洲。一个人就意味着一份收入。

自从实行上岸计数的办法以后，船上的死亡率降到了1%以下。有些运载几百人的船只，经过几个月的航行竟然没有一人死亡。

这就是制度的力量。

这个故事告诉我们，绩效考核的导向作用很重要。英国政府开始制定了移民政策，花钱雇人输送人员出去，并且花费了监督费用，却还是无法降低死亡率。转而进行教育培训，结果情况仍然没有好转。这说明虽然"做了"，但并不等于产生了预期的"结果"。后来采取基于结果的支付政策和评估办法，问题才迎刃而解。

今天，我们开展教师培训活动也是如此。一项培训活动投入了大量的人力、财力和物力，但并不等于所有学员都很满意；学员对培训的满意度很高，但不等于掌握了必要的专业知识和技能；学员学习收获很大也不等于培训后能将所学内容全部有效地应用在教育教学工作实践中。

本章试图借鉴企业界培训评估已取得的经验，结合教师培训项目的运行与管理特征，与你共同进入教师培训师的第五项修炼——增强培训效果评估能力。

第一节   教师培训效果评估概述

教师培训师经常作为培训项目评审专家参与一些项目绩效评估工作,同时,也作为培训项目的负责人或直接实施者,成为被评审对象,接受外界评估。无论我们是何种身份,都需要正确认识教师培训效果评估的内涵、意义、功能、障碍和实施主体。

一、培训效果评估的内涵

(一)培训评估

"评估"的字面意思包括评议、估量和评价。英国的管理服务委员会(Management Service Council,MSC)将培训评估定义为:对一个培训体系、培训课程或社会方案以及财政状况的总价值所进行的评价。沃尔(Warr)、伯德(Bird)和拉克姆(Rackham)长期从事培训评估工作,他们认为评估在实际工作中的含义要比 MSC 的定义内涵广得多。他们认为培训评估应该包括投入评估和产出评估。投入评估主要考虑"什么样的培训方案最可能使学员发生变化"这样的问题,属于培训师在组织培训前要考虑的一系列问题,包括采用什么样的培训方法,使用内部的还是外部的资源,采用什么方式或者设计什么项目来实现培训,对什么人进行培训等;产出评估主要考虑"培训带来什么样的变化结果",属于培训过程和培训后要考虑的一系列问题,包括即期反应、即期产出、中间产出和最终产出①。可见沃尔等人不仅关注结果评估,而且重视培训前评估。

(二)培训效果

培训效果是指培训活动给培训对象、派送单位、培训委托方、培训机构、培训投资方等相关培训利益者带来的正面效应。

---

① 瑞.培训效果评估(第三版)[M].牛雅娜,吴孟胜,张金普,译.北京:中国劳动社会保障出版社,2003:3-5.

对于培训对象，即中小学幼儿园教师来说，通过教师培训，掌握了新的知识或提高了工作技能，促进了工作态度、能力和行为的积极变化与发展，在其专业化素质得到提升的同时，自身价值也得到提高。

对于派送单位，即学员所在学校来说，通过教师培训，学校可持续性发展需要的智力资源潜能获得了开发，工作效率和教育教学质量的提高得到了人力资源的保障，学校组织目标、岗位工作标准和学校组织文化也将会得到进一步认同。

对于培训委托方来说[①]，通过教师培训，各级政府在教育资源公平配置和优质资源开发方面的宏观调控与指导作用得到体现，教育为社会政治、经济、科技、文化发展服务的功能得到强化，教育改革与发展计划的实施所需要的人力资源得到补给和充实。

对于培训院校（机构）来说，每期培训项目、每次培训活动，都是培训经验积累的过程，可以提高组织地位，带来部门利益，提升培训师和培训管理者的专业化水平。

对于培训投资方来说[②]，通过教师培训，培训投资方得到利益回报，包括社会利益和经济利益两个方面。政府投资者既希望培训产生近期效果，又希望获得远期边际效益，因为教师培训体现的效果既有即时的，也有长期的——培训对教育、政治、经济、文化等社会发展带来的持久影响力。至于教师培训的经济利益，主要是通过社会利益间接实现的，而不同于企业培训直接关注培训投入带来的生产效率的提高和利润的明显增长。社会私营企业和非营利组织对教师培训的投资同样应该把社会利益的实现置于首位，因为这种投资行为多数为公益性的，而不是营利性的。如果参训者作为独立培训投资方，愿意个人承担全部培训费用而选择培训项目，那么，他们更加看重培训带来的远期工资回报。这类培训投资与

---

① 教师培训委托方通常包括各级教育行政机构，教育部、直辖市教育委员会、省教育厅、地方教育局分别是国家级、省级和地方教师培训项目的委托方。中小学校也有可能既是学员派送单位，也是教师培训直接委托方。

② 教师培训投资方通常包括代表各级政府管理公共资金的财政管理部门（国家财政和地方财政）、社会私营企业和非营利组织、学习者个人。

回报是在实现个人经济利益的同时也体现出了培训的社会效益。

不是所有培训都一定能产生培训效果的。有些培训没有效果甚至会产生负面效果。例如,有的培训项目由于培训方法和培训内容不适合学员学习需求,学员收获较少,同时学员对培训投入了时间、精力,却没有得到回报,往往容易产生不良情绪。有的培训项目帮助学员获得了新的知识和技能,但由于在学校工作中没有机会实践,久而久之就会衰竭和荒废。有的培训项目只是学员个体被独立派出,要么是学校管理人员的培训成果转化得不到未接受培训的教师的配合,要么是教师的培训成果转化得不到未接受培训的管理人员的理解,学校组织对培训成果转化缺少有效支持。此外,还有的培训项目可能会导致教师干部队伍的不稳定。

绝大多数教师培训都是有效果的。有的效果明显,有的效果平平;有的对教师本人素质提高效果明显,有的对学校工作和组织发展发挥作用;有的培训项目影响力大,有的项目影响力小。为了了解一个培训项目是否有效果,有哪些效果,效果有多大,就需要评估培训效果。

(三)培训效果评估

关于培训效果评估的内涵,不同时期的学者有不同的定义。泰勒曾认为,培训效果评估的过程就是将学员培训后的行为表现与培训目标所要求的行为规范进行比较,以判断学员行为改变的程度和培训目标实现的程度。海布林(Hamblin)1974年提出,培训效果评估就是对教育方案评估资料收集的过程,并分析和归纳影响培训的各种因素,将有关结论反馈到有关部门。戈尔斯坦(Goldstein)1986年提出,培训效果评估是针对特定的培训计划,系统地收集资料,并给予恰当的评价,作为甄选、采用或修改教育培训计划等决策判断的基础。克里格(Clegg)1987年提出,培训效果评估可以确定培训是否值得,指出需要改进的地方,审核目标达成的情况,决定培训项目是否继续保留,找出更好的训练方法并建立未来的培训指导方针。菲利普斯(Philips)1991年提出,培训效果评估是一种系统性的过程,用以决定培训方案的意义和价值,并对该培训方案的未来使用情况做出决策。①

综合学者们的观点，培训效果评估的概念可理解为：针对一个具体的培训项目，培训投资方、委托方或组织方等通过系统地收集和分析资料，对培训的投入情况、培训产出的效果、培训效果的价值及其价值的大小等做出判断，其目的在于指导今后的培训决策和培训活动。

作为培训师，无论培训效果及其评估有什么样的定义，我们理解其内涵，都需要通过培训效果评估来找到以下问题的答案。

◆培训满足学员的学习需要了吗？

◆培训达到既定的目标了吗？

◆培训结束后，学员的行为有所改变吗？

◆学员行为的改变是否是培训的结果？

◆学员将培训中所学到的东西运用于实际工作中了吗？

◆学员在培训中所学到的东西使他的工作更加有效了吗？

◆培训对学员的学校组织和学校同事产生积极影响了吗？

培训师正是借助培训评估活动来反思培训需求分析、培训方案设计、培训资源配置、培训活动组织实施和培训后追踪指导等培训输入环节的得失，并进一步反思培训本身和考虑培训成果转化应用问题，为今后培训做更好的准备。

二、培训效果评估的意义与功能

教师培训师要对自己主持的培训项目和组织的培训活动负责，并且能衡量、辨明自己的培训工作对中小学教师专业发展和学校工作改进所做出的贡献。培训师要从培训利益相关者的角度出发，看到培训效果评估的意义，换位思考"为什么要评估培训效果"和"评估究竟有哪些好处"。

（一）从培训投资方角度

培训效果评估如果能够进一步阐明培训对国民素质提高、国家经济发展、社会政治稳定等方面产生的直接或间接作用，那么，往往能使政府

---

① 许丽娟. 员工培训与发展[M]. 上海：华东理工大学出版社，2008：171 – 172.

的教育和财政主管部门——作为公立教师培训的投资方代表提高对教师培训的积极性和重视程度。另外,培训评估所反映的教师培训后业务水平提高、工作绩效改进、学校组织发展等情况,能充分体现教师培训是学校教育的有益投资,是为了促进社会进步与人的发展而进行的人力资源开发。

(二)从学员角度

培训效果评估是对学员学习的激励方式,也是培训活动的控制措施。有些评估活动是在培训过程中穿插进行的,内容涉及学员出勤、参与度、学习成果情况等。这些过程性评估一方面是鼓励表现好的学员,另一方面也是对表现不理想学员的约束。如果组织方能调动学员参与评估活动的热情,发挥学员对培训质量的监督作用,那么,培训效果评估也能激发学员的学习积极性和培训参与度,收获更多、更好的学习成果。

(三)从培训项目角度

培训效果评估可以帮助培训组织者获得如何改进培训项目的信息。这也是培训评估最直接、最普遍的意义。评估提供的信息是多方面的,如培训需求分析与项目定位是否准确,培训内容是否满足学员的要求,培训师甄选是否恰当,培训组织实施是否存在问题,培训目标是否得到有效实现,培训管理是否还需要改善等问题应对,都将对今后项目的改进提供建设性意见。

(四)从培训组织机构角度

培训效果评估虽然是投资方或委托方对培训组织机构的激励与控制方式,但是培训机构可借助培训效果评估结果向上级主管部门、投资方或委托方展示培训工作绩效,以便获得更多的支持。另外,培训组织方也可借助外部评估机制建立与完善组织内部机构培训质量监测制度。

(五)从培训师角度

培训效果评估可比较客观地评价培训师的工作。一般来说,培训效果反映了培训师的水平和对待工作的态度。对培训效果的检测评估,有助于培训师对自我工作进行反思和检查,进一步提高自己的培训专业化水平。

教师培训师在开展培训评估工作的过程中,要理解培训效果评估的意义,坚信培训效果评估对培训活动的所有利益相关方都是有益的。同时需要在整个教师培训系统中,认识到培训效果评估的以下三大功能。[①]

一是激励功能。无论是对学员还是培训师,培训效果评估不仅能够使他们更加明确培训的目标和努力方向,更能激发他们的凝聚力和朝着既定目标努力的意愿。培训效果评估在给参训双方带来压力的同时,更能使他们把外在压力变为自觉动力,进而保证培训的效果。

二是诊断功能。通过培训效果评估,可以掌握培训对象是否满意、检测培训方案是否科学、培训目标是否能够实现、培训方法是否恰当、培训内容是否适宜等。如果没有科学严谨、操作便捷的培训效果评估体系,培训工作的效果就难以得到保证。

三是导向功能。通过培训效果评估,可发现培训系统的各个环节存在的问题,为后续培训工作的改进提供依据,以便不断提高培训专业化水平。

三、培训效果评估的障碍

之所以要强调培训效果评估的意义与功能,一个现实的原因就是培训效果评估经常被忽视,或流于形式。阻碍培训效果评估的原因通常有以下几种。

(一)投入较大

培训效果评估需要投入大量的人力、物力和时间。如果培训效果评估的结果与培训机构及其人员的工作和利益没有直接关系,或该关系没有被充分认识到,那么,用于培训效果评估的经费通常会被取消,评估工作因此无法得到保障。

(二)难度太大

教师培训评估是一项专业化程度较高的工作。如果说学习反应和学习结果层面的评估比较容易把握的话,那么行为层面和结果层面的评估

---

① 参见:王冬凌.建构教师培训效果评估模式的内涵与策略[J].大连教育学院学报,2011(4):4.

操作便比较困难。如何收集评估需要的信息、资料和数据？哪些渠道提供的信息是安全可靠的？影响学员工作行为和组织绩效的原因是多方面的，哪些是培训导致的，哪些是其他因素影响的结果？有些培训效果需要经过一段时间才能显现，而评估通常在培训结束时或结束后不久就要开展。

（三）人际复杂

技术上的困难使评估结果不能完全反映培训的效果，无法令人完全信服，甚至产生人际纠纷和利益冲突。一方面，如果评估结论不能令人满意，那么此项目的决策者、组织实施者包括培训师会觉得不舒服甚至担心自己的利益受到损失。另一方面，评估方一般都是同事关系，因此评估时往往会照顾对方的面子，使评估流于形式。

（四）忽视结果

即使投入了大量资源、牺牲了人际关系后获得的评估结果是比较客观和准确的，但是许多培训机构决策者在看过培训报告和结论后，就直接封存起来了，似乎是为了评估而评估，既没有认真研究评估结果对今后改进培训的启发，也没有把评估结果反馈给培训项目的相关人员进行培训反思。长期下去，大家会失去对培训评估的重视，乃至随便应付这项工作。

（五）制度障碍

一些教师培训项目或活动的评估工作没有得到足够重视是由于培训机构的制度所限。长期以来，教师培训管理者把教师培训活动简单理解为：发个通知把学员招进来，打几个电话请几位专家作报告，学员和专家一离场培训班就结束。在此培训观念指导下，培训机构既缺少培训质量监测和绩效评估制度，又没有对培训评估工作给予人力、财力的投入。即使培训师有开展培训评估的愿望，培训制度也不会支持。

以上障碍都是客观存在的。但我们分析以上五个障碍不是为忽略培训效果评估寻找理由，而是为了更好地消除这些障碍。教师培训师通过学习和掌握评估知识与技能、精心策划培训效果评估方案和促进培训管理机制变革等方式，均可在一定程度上消除以上障碍，实现评估在培训中的价值。

四、培训效果评估的类型

对培训效果评估类型进行分析，可帮助我们进一步理解其内涵与意义。我们可从不同角度划分培训效果评估类型。例如，根据评估主体不同，可分为内部绩效评估与外部绩效评估；根据评估方法不同，可分为定量化评估和定性化评估；根据评估目的不同，可分为激励性评估、控制性评估、审定性评估、改进性评估和决策性评估等。这里重点介绍根据培训评估活动时段所划分的五类培训绩效评估。

（一）培训开始时评估

培训启动时就对学员的知识、技能、态度、能力、行为等进行评估，类似培训的前测活动。可采用试卷测试、学员作品分析、工作访谈等方法，以了解学员培训时的起点与基础。其主要目的不是评估培训本身，而是为今后的培训效果评估提供参照物，便于在培训结束时开展培训前后的对比分析。

（二）培训过程中评估

对于较长期的培训项目来说，培训进行期间对学员学习情况和培训师教学情况通常要安排数次评估活动，常采用的方法包括项目组测试学员对课程满意度、组织质量自评研讨会、督学专家督导培训活动、撰写阶段性质量分析报告等。培训过程中评估的目的是掌握学员阶段性学习效果和对培训师的满意度，以便调整和改进培训安排，如更换培训师、调整培训内容、完善教学方法、加强培训管理和学员思想工作等。

（三）培训结束时评估

培训结束时进行评估是最普遍的。其内容一是由培训机构或培训师提出和实施的对学员学习效果的考核，对学员开展培训后测、收集学员结业设计或结业论文等；二是了解学员对整个培训项目的评价和建议，如测试学员对项目的满意度；三是对项目业务和财务的绩效情况进行综合评估，分为内部绩效评估与外部绩效评估。

（四）培训结束一段时间后评估

如果说培训过程中的评估和培训结束时的评估，主要评估学员的学习参与情况与学习成果，那么培训结束一段时间后评估主要是为了检验培训时的学习成果在教师教育教学工作中的应用和迁移情况。其主要评估方法通常采用360度访谈，即访谈学员工作所在学校的校长、同事、学生甚至家长，考察其培训后一段时间的工作行为变化，分析哪些变化主要是由培训引起的；也可以采用与学员合作研究的形式，以学员的课例或其他工作任务为研究对象，共同开展工作分析，发现过去培训对其产生的意义与价值。

（五）培训结束较长时间后评估

教师培训效果在时间上具有长期的滞后性。知识和观念的内化不是一蹴而就的，是在学习和工作的过程中反复消化的；其外化更是在工作中逐渐实现的。教师培训对学员产生的专业发展影响可能会持续很久，甚至终身；教师培训对学校组织发展、学生发展和教育发展的影响更是隐性的、复杂的。这就决定了在培训周期内，无论是过程评估还是终结性评估都很难把教师培训效果完整地体现出来。培训结束较长时间后评估与培训结束较短时间后评估相比，更加困难，成本也更高。

后两种评估目前还没有得到普遍关注，今后随着对教师培训组织绩效和社会影响力的关注，以及教师培训专业化程度的深入推进，教师培训效果的长期评估将会被提上培训工作的重要议程，至少在每一个五年计划结束后，一个培训项目需要在此方面做点尝试。

教师培训师需要对不同类型的培训效果评估有所了解，掌握其评估方法，以便针对不同的评估目的和任务要求设计评估方案并予以实施，或者准确理解评估机构的评估要求以顺利接受考评。

五、培训效果评估的主体

谁来进行培训效果评估，是影响评估质量的重要因素。一般来说，培训评估活动是由评估者和参与者共同完成的。

根据评估者与培训组织之间的关系，可以把评估者分为内部评估者和外部评估者两类人员。内部评估者隶属于实施培训项目的组织本身，可能是专门从事教师培训评估的部门，如教学督导室、项目办公室、教师培训中心、教务处等教学管理或培训管理机构，也可能是从几个部门抽调部分人员组成临时项目评估工作小组。外部评估者是来自实施培训项目组织以外的评估人员，如大学、研究机构、其他培训机构和中小学实践一线专家，或专门的教育评估咨询机构的专业人员。

通常选择评估者要综合考虑内、外部评估者各自的优势与劣势（见表7-1），取长补短、相互补充，而不是非此即彼。

表7-1　内部评估者和外部评估者的特征比较①

序号	比较项目	内部评估者	外部评估者
1	有关培训项目的知识	了解透彻	相对模糊
2	评估的技术知识	相对薄弱	比较丰富
3	项目人员的信任和合作	容易	困难
4	评估结果的利用	实际可行	易被接受
5	评估结果的客观性	相对主观	相对客观
6	适用范围	易引起抗拒心理，流于形式	建设性评估

培训评估不仅仅依靠评估者，在培训评估过程中还需要培训师、培训管理者、学员和培训组织的上级主管部门领导等人的参与。就教师培训项目的评估来说，项目负责人（经理）、培训师、学员、培训机构业务职能部门管理层、培训机构高级管理层、培训机构外的上级领导等评估参与者发挥着各自不同的作用（见表7-2）。

表7-2　评估参与者比较

评估参与者	作用与意义	弊端	对策建议
项目负责人（经理）	组织团队成员及时提供评估材料；参与项目答辩，介绍项目有关情况；理解评估过程，获得评估反馈后改进今后培训管理工作	提供的信息不完整或不真实，容易干扰评估专家判断，影响评估的信度	完善项目管理制度，加强评估方面的培训

①　汪群,王全蓉.培训管理[M].上海:上海交通大学出版社,2006:205.

（续表）

评估参与者	作用与意义	弊端	对策建议
培训师	补充提供有关评估需要的信息,以及有利于深入了解项目、活动的大量研究素材;理解评估目标、过程结果,获得评估反馈后改进培训教学工作	缺乏对培训管理的积极性,不愿意参加评估活动	加强培训,提高认识
学员	直接提供评估需要的信息;增强项目团队提供信息的信度	学员信息的信度控制成本较大;学员参与的评估内容受到限制	改进评估技术与手段,建立远程评估平台,及时获得学员对培训效果的反馈信息
培训机构业务职能部门管理层	承担评估组织工作,为培训评估提供支持保障;可能更了解项目管理过程,增强评估的效果;及时获得评估反馈,有利于改进管理工作	如无其他人员参与,培训信度无法得到保证	培训机构建立规范的评估制度,健全评估机制,避免业务职能部门管理层独立评估
培训机构高级管理层	获得组织高层支持,增强评估效果;帮助开展评估方案的顶层设计,有效指导评估工作;使评估结论更易被利用,推动培训转化工作;培训管理成绩与问题易被决策层及时了解,为培训机制和组织变革创造基础	可能没有时间;缺乏培训专业知识,可能干扰评估;容易主导培训专家的评估意见	评估组织部门提前做好培训评估的计划、协调和沟通工作;高层领导班子把培训评估列入工作任务之中

评估参与者	作用与意义	弊端	对策建议
培训机构外的上级领导	获得组织外领导支持,增强评估效果;主动建立外部监督机制,有利于提高评估信度;能及时让上级领导部门和培训委托方获得培训效果方面的信息,有利于培训机构在今后的活动中得到更多政策支持	可能没有时间;缺乏培训专业知识,可能干扰评估;容易束缚培训专家的广泛评估意见	评估组织部门提前做好培训评估的计划、协调和沟通工作;必要时在相关评估环节实施领导回避制度

　　调动培训利益相关方积极参与培训效果评估活动,其意义不仅仅在于发挥他们在评估中的积极作用,更重要的是通过他们参与评估活动,培训机构和项目将得到更多的政策支持、管理保障、民主参与、需求信息、工作理解与实践智慧,同时也有利于培训参与者更好地学习反思和改进各自工作。

　　有学者提出教师培训评估最好交由培训机构外的第三方来开展。坚持这种观点的人主要从评估的效果信度控制角度出发,希望借此提高培训评估的专业化水平。如果能够寻找到具有专业化水平的教师培训评估机构,且比较经济,那么,这的确是很好的选择。然而,就我国目前的教师培训评估来说,实现第三方评估可能仍需要历经一段时间和创造一些有效条件:包括建立专业化第三方评估机构,加大培训评估经费投入,完善培训机构机制体制以增强其对第三方评估的适应与配合,防止第三方评估机构功利性与不适当的行为等,以改善教师培训绩效评估机构本身之"绩效"。

　　教师培训师可能会以一种或多种角色成为培训效果的评估者或参与者,或者作为培训评估管理者,承担培训评估的组织任务;或者作为项目负责人接受外界评估;或者作为培训评估专家去评估其他项目。这都要求培训师能正确认识自己在评估活动中的角色定位,在评估方案设计、组织管理、配合协作、专家咨询等方面发挥积极作用。

第二节 教师培训效果评估理论基础

教师培训效果评估的理论依据,至少包括培训评估理论、成人学习理论和教师专业发展理论三个方面。比较成熟的培训效果评估模型的建立多基于对企业培训案例的研究。虽然企业员工培训与教师培训有着差异,但是两者都属于成人教育与学习的范畴,存在一些共性,因此,我们不妨基于成人学习和教师专业发展特征,从企业培训评估模型中寻找一些启发。

一、企业培训评估模型对教师培训评估的启示

培训评估模型是对评估内容的基本结构和基本程序的反映。由于不同研究者的研究背景和角度不同,其培训评估观也存在区别,至少有三种不同观点。其一是"整体评估"观,认为培训评估模型不仅仅是对培训产出和效果进行评估,而且是对整个培训项目的各个方面和环节进行评估,至少包括培训投入、过程和产出三个方面的评估。其二是"层次评估"观,认为培训评估模型就是对不同层次的培训产出和效果进行归纳、整理。其三是"成果评估"观,认为培训评估模型是建立在衡量认知成果、技能成果、情感成果、绩效成果及投资回报率等五类培训成果的基础上的,而不主张分层开展。

(一)整体评估模型[①]

"整体评估"观认为,由于培训项目的主要要素和培训过程的主要环

---

① 参考:许丽娟.员工培训与发展[M].上海:华东理工大学出版社,2008:182 – 183.

节得到质量保障从而导致培训结果的有效,因此,培训整体评估模型的特点在于对整个培训项目的各个方面和环节进行评估,而不是仅对培训项目的产出或效果进行评估。常见的整体评估模型有以下几种。

1. CIPP 评估模型

美国学者斯塔弗尔比姆(Stufflebeam)1967年在反思泰勒行为目标模式的基础上提出了 CIPP 评估模型。CIPP 评估模型包括四项评估活动:(1)背景评估(Context Evaluation),(2)输入评估(Input Evaluation),(3)过程评估(Process Evaluation),(4)成果评估(Product Evaluation)。该模型认为培训评估涉及的基本内容包括以下方面。

◆背景评估。CIPP 模型对背景评估的内容界定为:了解相关环境,诊断特殊问题,分析培训需求,确定培训需求,鉴别培训机会,制订培训目标等。其中确定培训需求和设定培训目标是主要任务。

◆输入评估。输入评估包含的事项有:收集培训资源信息,评估培训资源,确定如何有效使用现有资源才能达到培训目标,确定项目规划和设计的总体策略是否需要外部资源的协助。

◆过程评估。过程评估的目的是为负责实施培训项目的人提供信息反馈,以及时地、不断地修正或改进培训项目的执行过程。

◆成果评估。成果评估的主要任务是对培训活动所达到的目标进行衡量和解释。特别需要认定的是,成果评估并不限于培训结束以后,它既可以在培训结束后进行,也可以在培训中进行。

CIPP 评估模型有着显著的特点。尤其重要的是它的全程性、过程性和反馈性特点。

所谓全程性特点,就是它真正将评估活动贯穿于整个培训过程的每个环节。或者说,它与培训活动的任何一个步骤都发生连接:背景评估对应于确定培训需求和确定培训目标环节;输入评估对应于决定培训战略和设计与计划培训步骤;过程评估对应于执行培训的步骤。

所谓过程性特点,其集中表现是提出对培训项目的执行过程进行监控。从而使培训项目实施过程中可能导致失败的潜在原因、不利因素以及培训目标之间尚存的距离等情况变得清晰明朗,也使培训项目在执行过程中能够不断据此做出适时适当的战略、策略调整或方式、方法改进。

所谓反馈性特点,即 CIPP 模式明确提出了成果评估既可以在培训后进行,也可以在培训中进行。也就是说,CIPP 模式不仅希望培训以后进行成果评估,使其反馈意义更多地作用于后续的培训项目,同样还希望在培训中进行成果评估,以使其反馈意义更多地作用于正在实施的培训活动。实践表明,培训执行中的成果评估一方面将再次为改善和促进培训进程提供更多有益的依据和动力,另一方面将有助于充分挖掘学员的学习潜能和强化学员的学习动机。

2. 布林克霍夫模型

布林克霍夫(Brinkerhoff)构建的评估模型更加详细,他将评估分为六个方面。

◆培训目标设定评估,如培训目标是否为组织发展和学员工作所需要的。

◆培训项目策划评估,如培训内容和培训方法是否匹配。

◆培训项目实施评估,如培训计划在多大程度上得到了贯彻执行。

◆培训即时结果评估,如培训结束后学员得到了什么,得到了多少。

◆培训使用结果评估,如学员是否将培训中学到的知识、技能运用到工作中,即培训有没有改变学员的工作行为和工作状态以及改变的程度有多大。

◆培训影响和价值评估,如培训对组织绩效提高、工作质量提高等方面产生了哪些影响。

3. 布什内尔模型

布什内尔(Bushnell)提出的模型将培训评估内容分为四个阶段。

◆投入, 这里的投入是广义的,还包括学员的资质和培训师的能力。

◆过程,包括培训项目的策划和实施。

◆产出,包括学员满意度、获得的知识和技能、工作能力的提高。

◆结果,指培训对组织的影响,包括培训对利润、生产率和客户满意度的影响。

以上三个培训评估模型从培训投入到培训产出全过程的角度关注评估培训效果,使评估结果能体现出"既知其然,又知其所以然",这无疑对培训前期准备、过程调整和今后培训工作改进都有帮助。

虽然整体评估模型主要应用在企业培训领域，其中一些评价内容，如利润、生产率、服务质量等不适用于教师培训项目的评估，但是，他们提出的培训评估的基本概念和若干内容维度，如需求评估、方案评估、实施评估、资源评估、效果评估等，对教师培训项目的质量监测和绩效评估有重要启发意义，非常值得方兴未艾的教师培训项目评估工作借鉴。

（二）层次评估模型

柯克帕特里克（Kirkpatirck）于1967年提出培训效果四层次评估模型，简称"柯氏评估模型"，属于培训评估领域最有影响的理论，其培训评估内容限定在四个层次的产出，即"学员反应""学习成果""行为改变""业务结果"，每个评估层次都侧重不同的评估内容（见表7-3）。在这四个级别的评估中，每个级别都是极为重要的，都会对下一级别产生一定的影响。当我们从一个级别进入另一个级别时，评估程序会变得相对复杂一些，所需的时间也相对多些，但与此同时，我们可以从中得到极其重要的信息。①

表7-3 柯氏评估模型

评估顺序	评估层次	评估重点内容
1	学员反应	学员满意度
2	学习成果	学员在知识扩充、技能提升、态度转变等方面的学习结果
3	行为改变	工作行为的改进
4	业务结果	学员的经营业绩、组织的生产率和绩效变化

1. 学员反应

"学员反应"简称"反应"，是指学员对培训项目的主观感受，如对培训材料、培训师、培训方式、培训设备和培训场所等的看法和满意度。多数

---

① 柯克帕特里克,等.如何做好培训评估:柯式四级评估法(第3版)[M].北京:电子工业出版社,2015:22-82.

培训师和培训管理者对学员反应评估时会借助反应评估表做出判断。我们应用反应评估表时要注意以下原则。

◆确定自己需要了解的事项。

◆设计一份能够量化学员反应的表格。

◆鼓励学员提交书面的意见和建议。

◆即时得到学员 100% 的意见反馈。

◆得到学员真诚的回答。

◆确定大家认可的评估标准。

◆根据标准衡量培训反应,并采取相应措施。

◆对培训反应进行恰当的沟通。

做好学员反应评估之所以重要,是因为上级领导和高层管理人员可能会根据他们听到的对培训项目的只言片语做出决策。因此,拿出实实在在的数据,说明学员对培训有良好反应非常必要。同时,由于参训学员的兴趣、侧重点和动机与其学习过程有着密切关系,做出反应评估无论是对其他几级的培训效果分析还是对持续赢得"顾客"积极支持,都有重要意义。

2. 学习结果

"学习结果"简称"学习",是测量学员对培训所涉及的原理、事实、技能、技术的掌握程度和态度转变情况。学习结果评估要回应和确定三个基本问题:学员学到了哪些知识,学员掌握或提升了哪些技能,学员在哪些态度上发生了转变。相对于学员反应的评估来说,学习结果评估要更加复杂一些,需要投入更多的时间。下面列出的学习结果评估指导原则可供参考。

◆如果可能,借助对照组进行分析。

◆在培训项目前后对知识、技能或态度进行评估。

◆通过笔试对学员学习的知识和技能做出测试。

◆通过学员作品分析和工作绩效测评衡量学员学习的技能。

◆尽可能让学员全部参加测试,以获得足够数量的分析样本。

◆培训师要做好反思和自评。

学习结果评估介于一级反应评估与三级行为评估之间。虽然学员反应积极或满意度高为学习结果创造了有利条件，但是并不是所有良好反应的培训项目都能产生相应的良好学习结果的，比如有的项目可能哗众取宠地"讨好"学员，但是实际上学员根本没有达到预期的学习结果。因此，学习结果评估是在一级评估基础上进一步"问效"。另外，学习结果评估是三级行为评估的效果"溯源"。有时，学员培训后不能在行为方面发生转变，可能是由于知识、技能或态度差距阻碍了行为转变，也可能是工作环境和条件差距导致的。不经过学习结果这一环节的评估，学员行为转变与培训项目中知识、技能或态度等学习成果的关系就难以衡量与判断。

3. 行为改变

"行为改变"简称"行为"，是测量学员所学知识、技能和态度转化为工作行为的程度。学员参加完培训、离开培训教室，回到工作岗位时，结果会怎样呢？他们是否运用了所学的知识和技能？有多少应用到具体的工作中？是否愿意学以致用？是否有机会用？对于这些问题的回答，要比前两个层级的评估面临更为复杂与艰巨的挑战。学员培训后的行为改变与获得的两种培训回报紧密相关。一种是培训内在回报，是指学员培训后根据培训课程内容或学习结果采取新的行为时，内心体验到满意、自豪、自我实现和幸福感的感觉。另一种是外部回报，是指学员在自身行为发生改变后，随之而来的肯定和赞扬、更大的自由度、更多的授权、更多的奖金以及其他形式的外部认可。

与第一、第二级评估相比，行为改变评估不能在培训后立即进行，需要评估人员付出更多的时间和努力。以下七个关于行为改变评估的指导原则可供参考。

◆ 如果可能，借助对照组进行分析。

◆ 留出充足时间，促使行为改变。

◆ 如果可能，在培训项目前后都要进行评估。

◆ 对以下一类或多类人员进行调查或访谈：参训学员、学员的直接主管和学员的下属。

◆经常观察参训人员行为的其他人员。

◆对所有参训人员进行评估或选择部分人员作为调查样本进行评估。

◆在适当的时间范围内进行多次评估。

◆比较评估成本和成本收益。

做好行为改变评估并非一件容易的事情。除了遵循以上原则外,进行评估时需要对以下问题做出决策和判断:确定应该与哪些人取得联系,何时进行评估,多长时间评估一次,是否需要借助面谈或调查问卷方式,是否需要借助对照组。这些问题叠加起来,会让多数培训人员望而生畏,甚至根本不想进行第三级评估。但是,培训毕竟就是改变人的行为的教育活动,行为改变评估有助于我们认清培训中所学到的知识、技能和态度是否能够转化、应用到实际工作中。否则,我们就不能确定培训项目对学员工作中行为改进究竟有何影响,培训的实效性得不到进一步验证。越是复杂的问题越需要以研究的态度与方法去解决。开展行为改变评估与其说是一项复杂的评估工作,不如说是一个针对培训项目效果的行动研究活动。如果我们长期从事培训工作,或者一个培训项目在今后还要举办多次,那么,将行为改变评估与培训研究结合起来会引导我们步入培训专业化轨道,并能逐渐揭开培训实效性的神秘面纱。

4.业务结果

"业务结果"简称"结果",是评估培训带来的组织绩效,对于企业来说,组织绩效目标通常指向节约了多少成本、减少了多少事故、提高了多大效率、增加了多少利润、获得了哪些回报等。教师培训项目绩效目标大多设定在课堂教学质量、学校管理改进、教师发展和学生发展表现等方面(见表7-4)。

表7-4　教师培训项目业务结果评估指标举例

课堂教学质量	学校管理改进	教师发展	学生发展
（1）省级优质课增长数量	（1）减少家长投诉量	（1）骨干教师晋升数量	（1）学生违纪行为下降率
（2）市级优质课增长数量	（2）教师离职率的降低	（2）新教师基本功大赛优秀率、合格率	（2）学生学业成绩增值度
（3）县级课堂优秀率	（3）教职工的工作积极性提高	（3）优秀班主任队伍增长量	（3）学生发展关键指标达成度
（4）县级课堂合格率	……	……	……
……			

结果评估需要测量这些绩效指标与培训项目的相关程度，比较培训取得的结果与培训项目经费的成本，以及找到充足证据证明培训项目所取得的结果。有关资料显示，结果评估在培训评估中被使用得最少，因为有些项目不适于结果评估外，其主要原因还在于其可行性较差。结果评估的困难在于影响组织绩效的变量复杂而多变，其信息收集也相对困难，评估方案设计和资料分析在技术上有较高要求。[①] 下面是关于结果评估的指导原则。

◆如果可能，借助对照组进行分析，并考虑"多因一果"的实际现状。

◆留出充足时间，促成培训业务结果的实现，并对影响结果的相关因素进行分析。

◆如果可能，在培训项目前后都要进行评估。

◆在合理的时间范围内进行多次评估。

◆比较评估成本和评估收益。

◆为培训结果提供"优势证据"和实实在在的事例。

如果培训项目旨在实现一些有形的结果，而不是传授一些管理概念、理论和原则，那么最好能够从培训结果方面对培训进行评估。一般来说，

---

① 许丽娟.员工培训与发展[M].上海：华东理工大学出版社，2008：193.

比较容易进行结果评估的培训项目是新教师的岗位入职培训、骨干教师能力提升的专题类培训、学校改进的管理类培训和校本培训。这些项目比较容易设计出结果评估的具体指标。

柯克帕特里克认为,这四个层次之间既有明确的区别,又有内在的联系,主要有以下几个特征。

第一,评估顺序依次为"学员反应""学习成果""行为改变""业务结果"。一般来说,不了解学员"学习成果"和"行为改变"的改善,是很难进行"业务结果"层面的评估的。

第二,各层次评估表现为前者是后者的基础。各方面都让学员感到不满意的培训项目,不可能带来理想的学习收获和行为改善。

第三,评估难度逐渐加大。较后的评估建立在较前的评估基础之上,需要在原有的信息基础上收集进一步的信息和资料,数据越来越多,变量间的关系越来越复杂,评估结果的可靠性越来越难以把握。

第四,评估的普遍性是递减的。"学员反应"评估使用最为广泛,而"业务结果"评估由于可行性问题,在实践中很少使用。

第五,评估的价值是递增的。如果说评估"学员反应""学习成果""行为改变"是手段的话,那么,"业务结果"层面的评估是培训评估的终极目的。

"柯氏评估模型"是影响最大、使用最普遍的一种培训效果评估模型。后来,人们在此基础上把评估内容范围扩大到第五层"投资回报率"(Return on Equity,ROE)和第六层"无形收益",进一步发展了"柯氏评估模型"。唐纳德·柯克帕特里克的后人进一步延展和优化了柯氏四级评估模型,成为如今全球推崇的"柯氏业务合作伙伴关系模型"①(见图7-1)。

"柯氏评估模型"启发了我们如何对教师培训效果进行分层评估。

---

① 柯克帕特里克,凯塞.柯氏评估的过去和现在:未来的坚实基础[M].崔连斌,胡丽,译.南京:江苏人民出版社,2012.

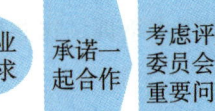
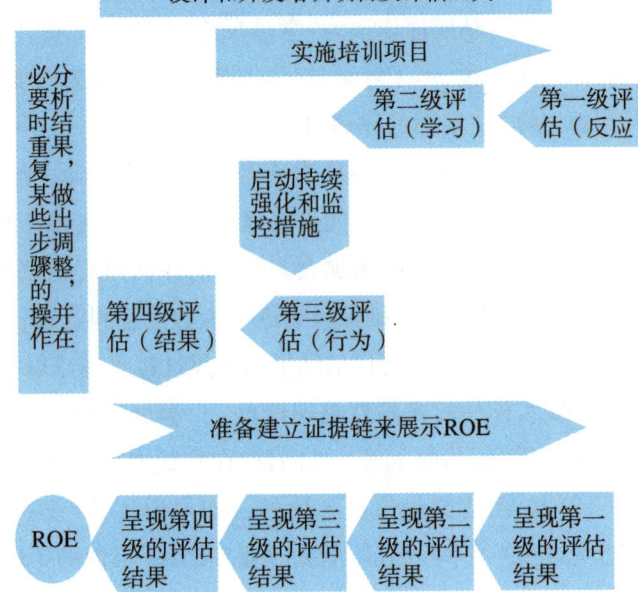

图7-1　柯氏业务合作伙伴关系模型

第一,在"学员反应"方面,通过考勤方式记录学员的出勤状况,作为培训评价的基点;利用课堂观察把握学员的学习状态和学习心理,评价学员的外在表现;开展问卷调查与访谈活动,测评学员满意度,收集学员对培训的意见与建议,深入了解学员对培训的态度与反应。

第二,在"学习成果"方面,通过纸笔测试来了解学员的知识掌握情况;还可以通过分析学员提交的培训作业或作品,进一步评估学员的知识应用能力。

第三,在"行为转变"方面,教师培训师经常组织的课堂观摩、课例研修、同课异构等实践研修活动,既是一种有效的学习研修方式,也是"问效"于学员行动或行为之中的评估方法。学习结果能否迁移到工作行为中以及迁移程度的大小,是培训效果评估的重要层面。

第四,在"业务结果"方面,通过360度访谈、学校组织发展因素分析、重要事件分析等方式,评估教师培训对学校组织发展、学生发展、教师团队建设等方面的影响力,从而在深层次上评估教师培训的有效性。

"柯氏评估模型"说明培训效果可以通过逐层分析的方式评估出来,但并不意味着每个培训项目都会自然产生四个层次的培训效果。对教师培训来说,最有效的培训是能逐层生成培训效果,特别是将培训迁移到学员工作实践中的效果,而不是仅仅停留在课堂学习状态上,更不是只关注培训师的输出。最理想的培训结果应该是培训师的一份输出能唤起和催生学员的两份参与、三份生成、四份行动和无限持续的变化与发展,如图7-2中的培训效果倍增线所示。最糟糕的培训体现是相反情况:培训师的过多无效输出导致学员缺少参与机会,学习成果生成困难,培训成果迁移缺乏执行条件,培训输出对学员行为改变和业务结果很少起到积极作用,甚至产生负向影响力,如图7-2中的培训效果衰竭线所示。

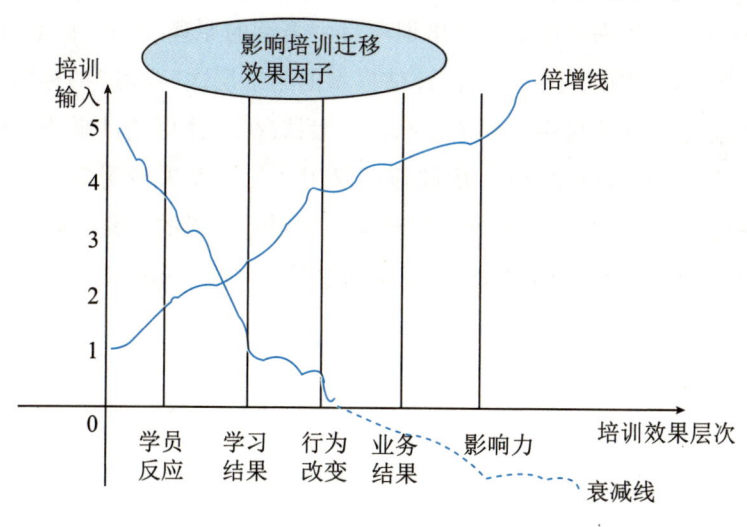

图7-2 教师培训效果迁移曲线

(三)成果评估模型

柯氏评估理论尽管在培训界具有很大影响,但是,也受到了一些质疑,主要体现在以下三个方面:第一,研究并没有发现框架中每一个层次的成果都是由前一个层次的成果所引起的,也没有证据表明各个层级的重要性是不同的。第二,柯氏评估模型没有考虑培训效果评估的目的。培训评估所用的成果必须与培训需求、项目学习目标以及培训战略出发点相联系。第三,运用这种方法意味着成果可以而且必须以一种有序的方式来收集,即必须先衡量"反应"才能依次衡量"学习""行为""结果"。事实上,业务结果和学员反应的收集大致在同一时间段进行。

由于这些质疑的存在,无论是培训实践人员还是理论研究人员都认为需要一个更全面的培训标准模型。诺伊(Noe)关于培训成果的评估模型即是一项新的探索。

诺伊于 1999 年提出五类培训成果,即认知成果、技能成果、情感成果、绩效成果及投资回报率。他认为培训评估模型是建立在对五类培训成果的衡量基础上的(见表 7 – 5)。[①]

认知成果用来衡量学员对培训项目中强调的原理、事实、技术、程序或流程的熟悉程度,还包括柯氏评估模型的第二层次"学习"的标准——衡量的是学员从项目中学到了什么。一般情况下,使用笔试来测量认知成果。例如,在教师培训中,培训师可以用一份试卷来检测学员们关于"新课标中三维目标的基本含义""教学方案设计模板的主要元素""小学教师专业标准的 60 条基本要求"等培训中需要掌握的知识点。

---

① 诺伊.雇员培训与开发(第三版)[M].徐芳,译.北京:中国人民大学出版社,2007:168.

表 7 – 5　评估培训项目使用的成果

成果	举例	测量方式	测量内容
认知成果	●安全规则 ●电子学原理 ●评估面谈的步骤	●笔试 ●工作样本测试	●获取的知识
技能成果	●使用拼图 ●倾听技能 ●指导技能 ●飞机着陆	●观察 ●工作样本测试 ●等级评定	●行为方式 ●技能
情感成果	●对培训的满意度 ●对其他文化的信仰	●访谈 ●焦点小组 ●态度调查	●动机 ●对培训项目反应 ●态度
绩效成果	●缺勤率 ●事故发生率 ●专利	●观察 ●从信息系统或绩效记录中收集数据	●公司收益
投资回报率	●收益值	●确认并比较项目的成本和收益	●培训的经济价值

　　技能成果用于评价技术性或运动性技能和行为的水平,包括技能的获得与学习及技能在工作中的应用两个方面,与柯氏评估模型的第二层次"学习"和第三层次"行为"有关。技能成果主要通过观察法和工作样本测试来评估。例如,培训师通常采用面批审阅方式来检核学员关于"教学方案设计技能"的掌握程度,或者通过课堂观摩形式来评估学员进行培训后所设计新方案的课堂教学技能。

　　情感成果包括态度和动机,是学员对培训项目的反映或感性认识,包括对培训内容、培训方式、培训环境、培训师等方面的满意度。这些感觉可能从一开始参加培训就会产生,持续存在很久,甚至项目结束后很长一段时间都不会消失。因此,情感成果可能体现在柯氏评估模型的每个层次结果中。人们一般通过态度调查、访谈的方式评估学员对培训项目若干方面的满意度。在教师培训实践中,学员的满意度不一定与学习和培训成果转化完全成正比,甚至两者关系不大,也就是大家通常所说的"培训前激动,培训中感动,培训后不动"。之所以出现这种现象,并不是说情感成果在培训中没有价值,而是表明培训评估要关注和评估培训后的行为转化条件及其成果。

绩效成果对于企业来说就是培训所带来的收益情况,包括雇员的流动率与事故率的下降引起的成本降低、产量的提高、产品质量提高和服务水平改善等。对于教师培训来说,绩效成果主要体现在教学方法改进、学生学习质量提高、学术研究氛围加强、学校学习型组织获得新的发展等。然而,由于学校教育工作的成效具有滞后性、间接性、隐藏性和复杂性的特征,所以,教师培训绩效成果难以在培训结束后很快地被全面测量出来。如何有效评估教师培训的绩效成果,是今天教师培训师面临的一个重要课题。

投资回报率是指培训的货币收益与培训成本的比较。这对企业经营来说非常重要。然而,教师培训是属于非营利性公共事业,一般不考虑投资回报率问题,从评估角度来说更多关注的是培训经费投入后的活动行为和活动结果产出,以及培训对学校组织发展、教育发展和社会发展的影响力等因素。

成果评估模型对我们建立基于培训目标与结果导向的教师培训项目评估带来启发。如果我们从认知、技能、情感、绩效等维度来确定教师培训目标,那么,我们应该在培训结果或培训方面关注这些维度的目标达成情况,找出培训目标与培训效果的前后内在逻辑关系。

以上三种企业培训评估模型为教师培训效果评估标准提供了三种不同的维度,可供教师培训师根据评估目的和需要予以选择与借鉴。

二、基于成人学习特征的培训评估焦点问题

基于成人学习理论，如果我们以教师培训的目标、内容、形式、结果和评估方式建立评估维度，那么，可以考虑每个评估维度与成人学习特征的切合性，全面分析教师培训项目可能产生的效果和实际产生的效果（见表7-6）。

表7-6 基于成人学习特征的教师培训评估框架

学习特征	评估维度				
	培训目标	培训内容	培训形式	培训结果	评估方式
自主学习	是否和多大程度体现学员自主学习需求	是否和多大程度提供学习内容选择	是否和如何发挥并调动学员学习主动性与积极性	是否和多大程度是学员在培训中自主生成的	将定量、定性的多元评估方式结合起来
经验学习	是否和多大程度关照学员的基础与能力	是否和多大程度体现学员过去的经验	是否和如何组织实践性、体验式的案例学习	是否和多大程度体现经验改造与升华	
任务学习	是否和如何设置明确的学习任务	是否和如何设置问题解决情境	是否和如何组织任务驱动的行动学习	是否和多大程度体现问题解决或任务完成	
角色学习	是否和如何体现学员的专业发展需要	是否和多大程度结合学员工作内容	是否和如何利于学员过程参与和培训后迁移	是否和多大程度促进学员角色变化与发展	

教师在职培训属于成人学习范畴，既不同于中小学的素质教育，又有

别于普通高等院校的学历教育,因此教师培训效果的衡量标准有其特殊性,在培训目标、内容、形式、结果和评估方式等评估维度都要基于成人学习特征来考虑。

三、基于教师专业发展阶段特征的培训评估依据

(一)教师专业发展阶段特征

教师作为专业教学人员,要经历一个由不成熟到逐渐成熟的专业发展过程,学者们提出了不同的教师专业发展阶段划分观点(见表7-7)①。

表7-7 教师专业发展阶段划分

序号	专家	教师专业发展阶段划分
1	富勒	职前关注、生存关注、教学情境关注、学生关注
2	利思伍德	迷信权威、墨守成规、自我觉醒、自主有效
3	莱赛	蜜月阶段、取经阶段、危机阶段、突围阶段
4	费斯勒	职前期、入职期、能力建构期、热情与成长期、职业挫折期、职业稳定和停滞期、职业衰退期、职业退出期
5	伯林纳	新手、高级新手、胜任者、精熟者和专家
6	邵宝祥	适应阶段、成长阶段、称职阶段、成熟阶段

如果我们以其中某个教师专业发展阶段理论为基础而开发一个具体的教师培训项目,或者从其他角度重新划分阶段并将其作为教师培训项目设立的依据,那么,我们有必要针对该理论视域下的特定发展阶段的教师培训项目研发一个培训质量监测和效果评估办法。例如,以富勒理论为例,对于"职前关注期""生存关注期""教学情境关注期""学生关注

---

① 参见:教育部师范教育司. 教师专业化理论与实践[M].北京:人民教育出版社,2003:68-72. 申继亮,王凯荣,李琼. 教师职业及其发展[J].中小学教师培训,2000(3):4-7. 邵宝祥、王金保. 中小学教师继续教育基本模式的理论与实践[M].北京:北京教育出版社,1999.

期"等不同阶段的教师培训项目,在开展培训效果评估时,需要我们考虑其阶段差异性。

(二)教师培训阶段特征

教师在专业化过程中一般要经过就职前培训、就职培训和在职培训三个教师培训阶段。"就职前培训"主要是指大学生中获得规定学历者接受的教师资格训练,培训目标和内容侧重于系统的知识获得;"就职培训"是获得教师资格证书者进入教学工作岗位,接受有经验的同行的指导和引领,培训重心在技能训练和习得;"在职培训"是在就职前教师培训、就职培训基础上的专业继续教育,培训任务呈现多样化特征,包括知识补偿性学习、技能更新式训练、基于问题解决的能力培训、师德素养提升、思维拓展和情感态度转变方面培训等。

因此,在不同阶段、不同任务下的教师培训效果评估标准、评估内容和评估方法存在差异。比如,对于就职前培训、就职培训,我们借鉴诺伊的培训成果评估模型,可以分别从认知成果和技能成果的角度开展培训效果评估;对于教师在职培训的效果,我们更适合借鉴柯氏层次评估模型,从"反应""学习""行为""结果"四个方面逐级分层评估。

(三)教师专业标准

教师专业标准是指国家教育机构依据一定教育目的和教师培养目标制订的有关教师培养、培训和教育工作的指导性文件。它具体规定了教师专业素质结构的核心要素、基本要求,以及实施准则和方法。

我国由教育部 2012 年制定的《中学教师专业标准(试行)》和《小学教师专业标准(试行)》(以下统称教师专业标准),都是基于"师德为先、学生为本、能力为重和终身学习"的基本理念,从"专业理念与师德""专业知识""专业能力"三个维度,提出关于教师专业素养的若干条基本要求。文件明确指出该教师专业标准是中小学教师实施教育教学行为的基本规范,是引领中小学教师专业发展的基本准则,是中小学教师培养、准入、培训、考核等工作的重要依据。

教师专业标准对于教师培训效果评估来说,提供了培训效果评估参照标准。第一,教师专业标准提出的中小学教师专业标准的"维度""领域""基本要求"，可以为建构教师培训效果评价指标体系提供参考。第二，教师专业标准提出的教师专业发展的应然目标与教师专业素养现状之间的实际差距，可以成为教师培训需求评估的主要依据，因为评估的重要内容就是发现预期目标与实际结果之间的差距大小及差距产生的原因。第三，教师专业标准关于教师专业素养的具体要求，既是教师培训方案设计、培训目标设置、培训课程开发的重要依据，又是培训方案、培训目标和培训课程等培训项目纳入评估的内容。第四，避免把教师培训效果评估标准按照教师专业标准的维度和内容生搬硬套，毕竟两类标准的内涵和功能不同，而且，教师专业标准只是教师培训效果评估标准研制的参考依据之一。

四、教师培训效果的特殊性

虽然企业培训评估为我们提供了可供借鉴的评估模型，但是，我们必须特别关注教师培训效果的特殊性。教师培训既不同于物质生产，又不同于企业中基于技能形成的培训，其培训效果的特殊性主要体现在以下三个方面。

第一，教师培训效果在时间上具有长期的滞后性。知识和观念的内化不是一蹴而就的，而是要经过学习和工作过程中的反复消化，其外化更是在工作中逐渐实现的。教师培训对学员产生的专业发展影响力可能会持续很久甚至终生。这就决定了在培训的周期内，无论是过程评估还是终结性评估都很难把教师培训效果完整体现出来。

第二，教师培训效果在内容上具有多样复杂性。教师培训的效果体现为教师情感、态度、价值观、知识、技能、能力等许多方面的变化与发展。知识、技能、能力能够在一定程度上开展量化测量和评估，而情感、态度、价值观等非智力的因素则很难量化评估。这就决定了对教师培训效果的评估需要把定量分析和定性分析结合起来，并借助和开发科学的评价标准与工具。

第三，教师培训效果在表现形式上具有多方主体性。教师因得到有效培训而产生教育教学行为方式的变化与发展，其行为对多重对象产生积极影响，主要包括学生、同事、校长、家长乃至培训师；还包括他（她）所在的教研室、年级组和学校等不同层级的组织机构。因此,对教师培训效果的评估可以参考 360 度评价法,通过对教师培训对象相关利益方,进行深度访谈,发现培训的边际效果。

第三节　教师培训效果评估主要环节

如何开展教师培训效果评估?从哪里开始着手?具体如何操作?这些是培训师最为关注的问题。一般来说,有效的教师培训效果评估应该包括以下主要环节(见图 7-3)。

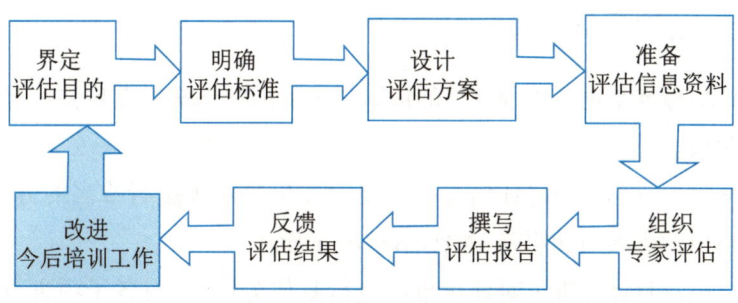

图 7-3　教师培训效果评估流程

培训讲师和培训管理师在培训效果评估环节中的工作职责不同,培训讲师主要从培训教学效果角度去理解与开展评估,而培训管理师则是从整个培训项目的绩效角度出发予以评估。下面假设培训师作为培训效果评估的培训管理师角色,要组织一次项目评估活动,我们一起探讨如何把握教师培训效果评估的八个主要环节。

一、界定评估目的

在培训评估实施前,培训师必须界定好评估目的。这不但影响数据收集方法和所要收集的数据类型,而且有利于统一培训效果评估相关利益方的意见,使评估有个良好开端。教师培训效果评估的目的包括以下几点。

◆评估培训项目的可行性。即对是否实施培训项目的决策提供参考的评估，涉及培训方案中培训目标与组织需求的一致程度、培训内容适合学员需求的程度、各种成本结构和资源分配情况等内容，主要以评估培训方案的合理性为主要评估目的。

◆评估培训项目的针对性。即对正在进行的项目进行修正的评估，涉及培训课程实施进度、学员学习状态与反馈、项目管理与服务质量等内容，主要以监测实施质量和改进培训活动为目的。

◆评估培训项目的有效性。即对完成项目效果的评估，涉及学员的学习成果及其在工作中转化情况、培训对学员所在组织的影响等内容，这是最常见的评估目的。

二、明确评估标准

评估标准是进行培训评估的依据。一般的评估标准制定要经过以下几个阶段。

◆目标分解。制定评估标准前要对评价的事项进行恰当的分解，要求分解出的事项内涵明确，外延清晰，便于操作。

◆拟订具体标准。对评价事项进行具体分解后，对各子项进行广泛调研，收集和明确评价要素，然后进行比较分析，筛选合理要素，应用通俗易懂和量化的可操作标准。

◆标准讨论。评估标准制订后，不应急于实施，而是要组织相关人员进行讨论、审议，充分听取大家的意见与建议，尽量让使用者理解和接受标准的内容。

◆实验调整。为稳妥起见，可先在小范围内试行，根据出现的问题对标准进行完善和修正。

三、设计评估方案

评估方案是围绕评估目标制订的评估工作详细计划。一般从回答以下几个问题着手：为什么要评估，评估什么，谁来评估，哪里评估，何时评估，如何评估等。在制订评估方案时最好由培训项目的实施人员、培训管理人员、培训评估人员和应用人员共同研制,如有可能,最好邀请外部专业评估顾问参与指导,以确保培训评估方案的科学性和可操作性。

评估方案内容设计要服务于评估目的。如果为了获知培训绩效,证明学习者通过该培训项目在知识、技能、态度、能力、行为等方面的变化、改善或提高,那么,可以应用行为分析方法,通过前测、后测、设立参照组等方式,设计培训评估方案(见表7-8)。

表 7-8　培训效果评估方案设计类型

	方案设计类型	评估对象	培训前是否评估	培训后是否评估
1	仅有后测,无对照组	受训组	否	是
2	既有前测,又有后测	受训组	是	是
3	有对照组的后测	受训组	否	是
		对照组	否	是
4	有对照组的前后测	受训组	是	是
		对照组	是	是
5	所罗门四小组设计	受训组 A	是	是
		对照组 A	是	是
		受训组 B	否	是
		对照组 B	否	是
6	时间序列设计	受训组	是	是,多次

(一)仅有后测、无对照组的设计

这种评估只收集培训后的学员成果,即仅在学员参加培训后对其进行测量。它可以了解学员的学习成果,但由于不知道培训前学员的学业水平如何,所以很难判断出学员的学习成果有多少是这次培训的成效。

(二)既有前测、又有后测的设计

这种设计是通过前测与后测的对比分析,发现学员培训前后变化程度来说明培训的效果。前后测的方式可以有作品分析、问题访谈、面试、工作观察、水平考试等多种形式。这种评估的不足之处在于很难排除培训外其他因素对学员变化的影响。

(三)有对照组的后测设计

这种设计仅在后测设计基础上增加对照组,目的在于用对照组来比较和受训组之间的差异,用来恒定一些培训外的干扰因素,但与第一种设计存在同样的问题,即对学员以往水平没有测定,很难评估真正的学习效果。

(四)有对照组的前后测设计

这种设计采用对照组和受训组进行比较,并且对两个组都进行培训前和培训后的测量,这样可以排除一些因素对学员变化的影响,更加明确地评估出培训的效果。

(五)所罗门四小组设计

这种设计综合前三种设计,分别对受训组 A 和对照组 A 进行培训前后的成果对比分析,然后再对受训组 B 和对照组 B 只进行培训后测定,由此可以把干扰培训效果的其他因素的影响降到最低。

(六)时间序列设计

时间序列设计是指在培训前后每隔一段时间就检测一次培训成果。它的假设前提是如果学员在培训后持续地表现某种变化,则认为这种变化就是培训引起的。

以上六种培训效果评估设计都存在一定局限。如何选择培训评估的设计方案,是选择投入大、评估结论精确可靠的方案还是选择投入相对较小但评估质量也较低的方案,一般要根据实际需要来决定。培训师需要充分考虑培训项目的培训目标、学员规模、评估人员专业技术状况、评估费用、评估时间等因素,根据评估目的和条件选择合适的评估方案。以下情况通常需要或可以考虑采纳正式的、规范的、高成本的评估。

◆需要利用评估结果进一步改进培训项目。

◆需要利用评估结果比较不同的培训项目。

◆需要证实培训的实效性。

◆培训项目规模较大、投入较大,需要延续开展必要的研究。

◆评估有足够的技术、时间和资金的保证。

四、准备评估信息资料

培训评估要依据一定的资料信息,既包括需求分析报告、培训项目申报书和实施方案、在项目实施过程中经费使用的支撑材料、学员对培训课程满意度、学员培训成果等培训历史资料,又包括评估期间收集的现场信息。这些资料信息根据不同的评估目的、评估标准和具体内容要求,可以采用不同的信息收集方法,这里将其归纳为资料收集、观察收集、访谈收集、问卷调查收集四种(见表7-9)。

表7-9　教师培训评估的信息收集方法举例

方法	内容	渠道
资料收集	上级部门立项批示 培训机构相关管理文件 培训需求分析报告 培训项目申报书和实施方案 在项目实施过程中经费使用的支撑材料(会议记录、现场记录、视频资料、照片等) 学员对培训课程满意度 学员培训后提交的培训成果 ……	培训管理机构 项目管理团队
观察收集	培训组织准备工作的观察 培训实施现场的观察 学员出勤情况的观察 学员培训现场反应情况的观察 培训后一段时间学员变化的观察 学员将培训成果应用在工作中的观察 ……	培训管理部门 培训评估组

(续表)

方法	内容	渠道
访谈收集	访谈学员 访谈培训讲师 访谈培训管理者 访谈学员单位的校长、其他同事和学生 ……	培训管理部门 培训评估组
问卷调查收集	培训需求调查 培训组织调查 培训内容和形式调查 培训教师水平与能力调查 培训效果综合调查 ……	培训项目组 培训管理部门 培训评估组

信息收集完毕后,需要按照培训评估要求对信息资料进行整理分析并对分析结果进行解释。需要特别关注这些信息资料对培训效果评估质量的影响,如相关度、信度、效度和可行性。

(一)相关度

相关度是指培训评估收集的信息资料所反映的培训成果与培训项目所强调的培训预期目标或成果之间的相关程度。培训成果是学员学习或培训效果的有效衡量尺度,因此,我们需要根据培训实施方案设定的培训目标和学员学习目标来收集相关资料与信息。例如,我们的培训目标设定的是"帮助学员掌握以学生为本的教学方案设计技能",如果要为培训评估收集学员培训后学习成果的资料,那么,该资料就要符合本次培训与学习目标的要求,体现"以学生为本"和"教学方案设计"的内容。如果这里提交的不是"以学生为本的教学方案设计"或与本项目的培训目标和学习目标不紧密相关的学员论文,那么,信息资料的不足就会导致培训成果评估缺少相关度。

(二)信度

信度是指用于收集评估资料和信息的衡量工具的准确性与精确性，即在不同时间点重复衡量相同的事物和个人，两次或多次评估结果的相同程度。例如，如果对同一项目的全体学员运用同一项目满意度评价工具在两次不同时间和场合进行相同的满意度调查统计，满意度评价结果却大相径庭，则说明这种评估方式缺乏信度。

(三)效度

效度是指评估手段能否将所要评估的对象的属性和特征反映出来以及反映的准确程度。例如，如果学员培训前后对"以学生为本的教学方案设计"方面的知识理解、工作技能和工作态度都有了很大提高或改善，但收集的资料信息却不能反映出来，或反映的指数与实际情况差距很大，这样就会影响评估的效度。

(四)可行性

可行性是指收集评估资料信息的难易程度。一些教师培训项目绩效评估中没有包括学员培训后的工作行为和组织成效方面的培训成果，就是因为收集这些信息资料需要消耗太多时间、精力和财力。

五、组织专家评估

培训项目一旦结束，就要执行评估方案，包括确定评估时机、告知评估对象、组织评估专家团队、决定评估方法等。

(一)确定评估时机

评估时机最好既要考虑便于项目的及时评估，又要考虑评估对象的准备时间与条件。一般来说，在项目结束后一段时间内，因项目周期长短不同而选择不同评估时机。项目周期在一个月以内的短期集中培训项目，宜于项目结束后1—2周内开展评估；而1年以上的长期项目则宜于项目结束后1—2个月内开展评估。如果一个项目既要进行内部评估，又要进行外部评估，那么，内部评估需要提前开展，以便运用内部评估的反馈结果帮助项目组完善评估信息，更好地接受外部评估。

（二）告知评估对象

评估对象的积极参与和配合是做好评估工作的必要条件。项目评估管理部门需要提前告知评估对象，明确评估要求、配合准备事项、具体时间地点、评估当天活动流程等情况。评估对象在评估活动中通常承担着提供必要评估材料、简要汇报培训成效、接受评估专家问询等任务。

（三）组织评估专家团队

如本节前文所述，通常选择评估者要考虑内、外部评估者各自的优势与劣势，取长补短、相互补充。此外，还需要考虑评估专家团队的以下四个特征。

◆专业结构搭配相对合理，包括教师教育、学科教育、培训管理三个领域。

◆具有教师培训评估经验，理解教师培训评估目的、评估标准、评估方法。

◆比较了解培训评估项目，最好前期参加过该项目的申报方案和实施方案评审、质量监测、教学督导与咨询等活动。

◆能客观公正地评价每个项目。

（四）决定评估方法

教师培训效果评估方法一般包括培训档案材料审核分析、项目接受专家质询、实地现场审核等。在内部评估中，评估对象甚至可以参与评估专家的讨论活动，通过与评估专家的深入对话和交流，共同总结和反思培训效果，这样会有利于双方工作的开展与改进。

六、撰写评估报告

培训评估报告是对整个评估过程的反映，也是向评估对象反馈评估结果的重要内容与形式。教师培训效果评估报告通常包括导言、评估实施过程与方法、评估结果、分析评估结果、评估结论、附录等内容要素。

（一）导言

导言要求简明扼要，内容不宜过长，一般包括被评估项目概况、评估目的与预期目标、评估类型、评估内容重点、预期评估结果等。

(二)评估实施过程与方法

该部分主要说明制订和实施评估方案的主要过程,它主要包括以下几点内容。

◆培训评估工作方案的依据。

◆评估工具的来源(自编还是统一编制)。

◆数据收集和信息调查的内容及范围。

◆调查测试方法,对问卷质量进行信度、效度、难度、区分度的评估说明,以表明本次测试结果的可靠性;简要说明评估者的情况。

(三)评估结果

阐明评估结果是培训评估报告的主要部分,它主要包括以下几点内容。

◆简要说明评估调查结果与期待目标之间关系,并将有关客观数据作为客观事实列出。例如,针对实施方案中若干培训目标,可以逐项指出结果达成程度,并注明评定依据。针对培训经费使用合理性的期待目标,可以列出经费使用非常合理、比较合理、不合理的主要事项,并附上相关数据分析表。

◆定量分析与定性分析相结合,严格核实有关数据资料,注意图表的正确格式,采用统计分析技术,从数量变化中说明结论。例如,对培训项目的实效性评估结果,可以从学员学习效果的前后测对比分析结果和学员满意度测评结果中开展定量分析,同时对深入学员所在单位访谈的反馈情况做质性分析,将两者分析结合起来以更有说服力。

◆以陈述事实为主,突出强调评估结果的客观性和准确性。

(四)分析评估结果

这个部分是评估报告的最关键的内容。报告撰写者既要解释评估得出的结果,又要回应导言中提出的问题。一份高质量的评估分析就是一项有价值的研究,一份好的评估报告就是一项较好的科研成果。分析评估结果一般包括以下几点内容。

◆解释评估结果,针对上述评估结果,逐条解释其含义,以便评估委托方和被评估方都能理解这些结果的意义,并从中认识到其对改进培训项目的价值。

◆依据结果进行综合分析，多重比较，特别注意评估结果与预期目标不符或相差很大，甚至出现相反结果的情况，并尽可能找出导致这种差异的原因。

◆提出本次培训评估的意义及价值，并通过讨论分析指出其应用价值，以作为评估委托方和上级的决策依据。

◆客观地分析培训项目中存在的问题和局限，指出不足之处，并提出项目改进的建议、对策、方法等方面的意见。

（五）评估结论

这是培训评估报告正文的最后一个部分。主要是概括全部评估结果，使报告阅读者对本项目评估的结果有一个简明而全面的认识。一般定性评估结论要求语言准确、客观、精练，切忌夸大事实和模糊不清。有的培训项目评估要求按评定等级给出明确结论。评定等级可根据评估方案要求设定为"优秀""良好""合格""不合格"四个等级，也可设定为"合格"和"不合格"两个等级。还有的项目评估方案设定了分值，并根据分值设定了不同的评定等级。

（六）附录

这是评估报告的末尾部分，主要是将评估所使用的资料附在报告正文后以备查，包括调查问卷、访谈提纲、参考文献、评估工具、补充说明等。

七、反馈评估结果

培训评估不是为了"通过验收"，也不是将评估结果提交给培训管理部门或领导决策机构就算完成任务，而是要为培训计划的有效执行和为今后培训工作的改进提供相关信息。因此，建立培训评估结果反馈机制非常重要。

（一）评估结果反馈到所有相关利益方

在教师培训项目管理系统中，培训项目的所有利益相关方都兼任着评估方和被评估方双重角色。学员有权评价培训师的课程与管理，由培训组织部门将满意度及时反馈给培训师，同时学员也要接受培训师和培训组织部门的评价,及时获得学习结果的评估信息;培训组织部门既是评估的参与者,也是被评估者,其培训管理情况也是评估的重要内容,需要得到评估结果反馈以进一步改进培训管理工作;学员所在单位将学员的工作表现和组织绩效反馈给培训机构,指出培训工作的优点和不足,以帮助培训机构改进培训工作;培训政策决策者可从学员、学员所在单位、培训机构获得培训效果的信息,也可从评估报告中直接了解情况,为今后决策提供参考。因此,培训评估报告应该传递到学员、培训师、培训项目负责人、培训决策人手里。

(二)评估结果反馈贯穿培训全过程

培训前的需求评估结果反馈给项目具体实施者和培训师,便于把握学习者需求,以完善培训方案和为即将开展的培训活动做好充分的准备;培训中的评估反馈是把学员阶段性学习效果与对培训师的满意度告知培训管理者和培训师,有利于及时调整和改进培训安排,如调整培训内容、完善教学方法、更换培训师、加强培训管理和学员思想工作等;培训后的反馈更加重要,旨在帮助项目管理与实施的所有相关者改进今后的培训工作。

(三)评估结果反馈方式要畅通、及时、便捷、高效

培训机构要建立畅通的评估结果反馈渠道,以便相关人员及时获得培训评估反馈的信息。同时,只有便捷、高效地寻找和提取评估反馈信息,培训评估的结果才能得到最充分的利用。目前,很多教师培训机构和管理部门都建立了教师培训远程管理平台,从技术上改进了培训评估结果反馈方式,但是,人们对教师培训评估及其结果反馈的重视程度仍然不够,这也是教师培训专业化过程中亟待解决的问题。

八、改进今后培训工作

培训效果评估的终极目的是改进今后的培训工作。从培训效果评估目的确定到评估结果的反馈构成了一个完整的培训评估系统。每个系统螺旋式地把培训质量推向前进。因此,持续开展评估,并将评估结果及时应用在下一个培训周期项目的改进中,是培训评估的真正意义和价值所在。

本章学习建议

一、学习目标

通过本章学习,你应该能够:

1. 了解教师培训效果评估的内涵和类型。

2. 理解教师培训效果评估的意义、功能、模型及其理论依据。

3. 掌握教师培训效果评估方案的设计方法和工作流程,并能够应用到评估实践工作中。

4. 会设计规范的培训效果评估设计方案和评估报告框架。

5. 能以一个具体的教师培训项目为例,开发相关评估工具。

二、讨论题

1. 当前开展教师培训效果评估的必要性和迫切性是什么？为什么培训效果评估工作得不到重视？其主要原因有哪些？

2. 你在参与教师培训效果评估工作中承担着何种角色？你遇到的主要挑战是什么？

3. 试对比分析整体评估模型、层级评估模型和成果评估模型的异同。你在工作中更多偏向应用哪个模型？为什么？

4. 鉴于教师培训效果评估的特殊性,如何增强培训效果评估的科学性？

三、应用题

1. 以某一类型教师培训项目(如校本培训项目、短期专题培训项目、名师工作室项目等)为评估工作任务,构建其三级评估指标体系,并以图表形式呈现。

2. 结合本章学习内容和实际工作需要,开发教师培训效果评估的管理工具表单,如满意度调查表、360度访谈表、评估资料证据收集清单、评估工作操作流程图、评估设计方案格式、评估报告格式等。

3.以自己最熟悉的教师培训效果评估工作实例为分析对象,找出其工作亮点和有待改进之处,探究教师培训效果评估的专业化走向。

四、本章培训活动示例

活动名称

出门条。

活动主题

培训反馈与评估活动工具的学习与体验。

活动概述

组织全班学员应用"出门条"记下本节培训后希望教师解答的疑难问题,并在下课时将出门条反馈给培训师。培训师课后整理出门条上的问题,并在合适时机答疑。

活动目标

了解"出门条"的活动工具用途,理解及时反馈的价值,掌握"出门条"的多种用途,强化及时开展学习反馈和评估的培训教学意识。

参与对象

没有特殊要求,人数不限。

活动流程

1.发布任务。在每节或每单元培训课结束时,培训师发给每人一张即时贴作为"出门条",要求学员写下在本次培训课中自己还未解决的一个最重要的疑难问题。

2.完成"出门条"。留出 1—3 分钟供学员思考和书写。

3.收取"出门条"。培训师下课前站在教室门口,学员逐一提交"出门条"后方可走出教室。

4.分析"出门条"。培训师利用课后时间把"出门条"上的问题进行分类,分析这些问题的特征,对每个或每类问题尽力给出答复意见或建议。

5.反馈"出门条"。培训师可以根据实际人数、培训时间、场地条件等采取多种方式反馈"出门条"上的问题、意见或建议。在学员人数不多的情况下可以用"进门条"方式,把意见或建议写在"出门条"背面,在下一次课前逐一反馈；在参与式教室环境中，培训师可把"出门条"问题贴在各组学习园地或集中贴在墙上，组织学员分组或集体讨论这些问题及其意见或建议；在学员人数较多的情况下还可以采取网络在线反馈的方式，将问题的意见和建议分类发布在网上，如果再加上视频反馈效果会更佳。

支持条件

条件不限，因地制宜，培训师发挥自己的创造性。

效果检测

1. 尝试一下不同反馈方式，对比学习效果。

2. 抽样问询学员哪种反馈方式最佳。

后记

梳理培训管理思绪，反思培训教学问题，分享培训研究成果，请教培训研修同仁，共寻培训专业规律，为本书写作之缘由。

人到中年，本该不惑。然而，近几年我对教师培训管理与教学工作的职业兴趣日趋浓厚，并发现了一些问题，也进行了思考。这些问题因在北京教育学院期间的不同工作岗位调换而产生，这些思考因受北京教育学院教师培训事业的蓬勃发展而启发。

1995—2001 年，我带着 6 年中学英语教学工作经历和 3 年教育学硕士研究生学习经历，来到北京教育学院的中小学校长培训工作岗位，主要工作任务是向中小学校长讲授比较教育学和外国教育史两门成人学历教育课程并担任班主任。20 世纪 90 年代，我们这些刚刚毕业的硕士生从未接受过成人教育法和培训专业化训练，一出校门就登上成人高校讲坛，并能顺利度过"职业生存期"，其主要缘由是学员们对成人学历补偿教育如饥似渴的学习态度，以及教育管理系老教师们对青年教师们的业务引领和扶持。今天回忆起来，仍令我感动和怀念。

2001—2003 年，我被北京市教委和北京教育学院公派留学美国，攻读 MBA 学位，学习非营利组织管理。在留学期间，无论是 MBA 课程内容，如项目管理（Project Management）、筹资学（Fundraising）、申报书写作（Grants Writing）、市场学（Marketing）、人力资源培训与开发（Human Resource Training and Development）等，还是美国教授们基于结果的成人教育理念与方法，都对我如今从事的教师培训管理工作帮助很大。记得教筹资学的两位教授当时就是美国红十字会筹资专家，他们的教学目标不仅是要求学生掌握筹资策略与方法方面的理论，而且要求学生学完后具备实际应用能力，要求 3 人一组共同完成一份项目筹资方案。教授评判作业的主要标准是判断这个筹资方案能否成功地筹集到项目资金，而不是去欣赏学生们作业中虚无缥缈的宏伟计划。他们喜欢用案例分析、课堂文稿演示、小队教学、练习指导等适合成人学习特征的教学方法，帮助学生们不断完善各自设计的筹资方案，通过同学小组辩论与专家点评的学习方式来检验和评价每组学员设计的筹资方案的可行性。留美期间，就国内中小学校长教师培训问题，我时常默默追问自己：我们用什么样的培训才能促进中小学教师和校长解决问题、学会工作和提高绩效，而不是仅仅局限于向他们传授知识和讲述道理。

2004—2007年，我转岗到学院外事办公室，从事外事管理的行政工作，并连续几年承担"北京市中小学校长中英合作培训项目"协调组织和教学实施任务。这个项目由北京教育学院与英国使馆文化处合作举办，对中小学校长开展为期两周的短期集中培训，培训师都是获得教师培训师资格认证的英国大学教授或中小学校长。当时有两件事给我留下的印象最深：一是培训前英国培训师列出了一个参与式活动用品清单，要我开班前准备好；二是培训教室的"圆桌课堂"和"参与式"学习情境。我和学员们被英国培训师组织的角色扮演、游戏活动、案例研讨等培训活动所吸引，每天下午从1点培训到5点，大家毫无倦意。为什么培训师的课堂令这些年过半百的校长学员们学习起来兴奋不已，而传统讲授课堂往往使他们听起课来昏昏欲睡？可以说，在这4年内，我深深感受到培训教学有着很大的创新空间，成人院校教师不仅需要一般课堂教学能力，而且应该具备培训师的专业培训能力。我们既要重视研究培训内容是否适合中小学教师干部工作需要，更要重视研究培训方法是否符合成人学习者的心理特征和发展规律。

自2008年以来，我被安排到学院教务处处长岗位，直接涉足教师培训的管理、研究和教学工作，并连续几年承担北京市中小学教师培训团队培训项目负责人。从2009年开始，在北京教育学院院长李方教授、副院长钟祖荣教授等培训专家引领下，我带领教务处的同事们连续几年成功举办了"教育部'国培计划'——培训管理者团队研修项目"，同时还承担过来自吉林、辽宁、陕西、河南、天津、湖北、湖南、浙江、广东、海南等省、市的培训团队研修委托培训项目，培训效果得到近千位来自全国各地的教师培训同行的一致好评。几年的教师培训与管理工作使我更加坚信：教师专业化需要教师培训专业化，教师培训专业化则需要教师培训师资的专业化，而教师培训师资的专业化有必要借鉴企业培训师的培养模式，开展有关培训方面的专业训练和学习，创新教师培训理念与方法，不断修炼成为合格的教师培训师。

时下，教师培训师资根据职业角色和来源分为兼职与专职两类。前者来自普通高等院校、研究机构、行政决策部门和中小学一线，主要是以客串讲师身份参与教师培训活动，后者主要来自省市教育学院、地方教师进修机构和普通高等院校的继续教育学院。在专、兼职的每类教师培训师资中，就其培训专业能力来说，都存在专业与非专业两类人员，培训专业化水平参差不齐。

非专业教师培训者的工作缺陷表现为培训内容理论脱离实践需求，实践经验缺少理论升华和引领示范；培训方法单一，不会调动学员的学习兴趣；培训目标不清晰，培训效果缺少针对性、实效性和发展性。专业的教师培训者即为教师培训师，其工作特征则表现为从精通学科教育教学，转向既精通学科教育教学又精通培训与项目开发；从课堂教学的单一性工作，转向课程开发、教学实施和培训管理的综合性工作；从关注培训方案、课程资源、教学活动等输入点，转向关注学习状态、学习结果、工作应用效果、组织绩效提高等输出点。

牧师、医生和律师属于古老而又典型的职业，而培训师如工程师、建筑师、会计师、经理人等职业那样，是近现代社会产生的新职业，对应的是各种各样的新专业。无论是老专业还是新专业，都是需要特殊智能来完成的职业。

一般教师（或教授）通过传递知识，帮助学生理解和掌握知识，学生经过长期教育的培养阶段才能体现出变化和发展；教师培训师的工作不但离不开传递知识，而且更能体现"自己要教会其他教师们会教"的职业能力特征，自己不仅会教，还能根据具体目标在相对较短的时限内完成规定的培训任务，达到预期的培训效果。可以说，一般教师（或教授）往往局限于"教学"本身，尽管是普通中小学或大学的合格教师，甚至是优秀教师，但不一定都是能胜任培训工作的专业化培训师资；因为教师培训师不仅要是合格教师或优秀教师，还要是专业的培训专家，更加关注"教学"后的效果层面，即培训后教师们的变化、发展以及带来的工作绩效改进情况。

教师培训师，顾名思义，特指培训教师的培训师，其专业属性具有跨界特征，至少包括学科专业、教育教学、培训管理三大领域，这个乘积公式寓意三者之关系：教师培训师＝学科专家×教育专家×培训专家。也就是说，教师培训师不仅要是学科才能精湛的学科专家，而且是能理解和把握教育教学规律的教育教学专家，同时能够认识和遵循成人学习规律与教师专业发展规律，具备专业化培训能力，成为培训专家。在教师培训专业化起步时期，一位培训者可能很难在短时间内达到教师培训师这样的标准，但是，只要我们以敬业、专业、乐业之心做培训，并整合项目团队的力量，标准便近在咫尺。

回顾到这里，我不得不"Hold"住思绪，借此机会表达我的由衷感谢。这本书稿的完成，虽然是自己工作与学习的思考结果，但更重要的是得益于很多人的帮助，得益于很多团队的支持。

首先要感谢北京教育学院领导和各部门同事共同为我营造了良好的专业发展空间！马宪平书记多次激励我完成专著，李方院长专业引领我一路向前，钟祖荣副院长悉心指导我精益求精做好培训，刘枫云副书记、郭世安副书记、卢晖书记、许志矛副院长、张彦春副院长和杨志成副院长给予我培训管理工作很多支持，教务处和其他部门的同事们，通过点点滴滴的事件都在积极影响着我去不断思考教师培训管理问题。我虽然没有"吸功大法"，但是，我的确从他们身上汲取了很多培训管理方面的精神食粮和智慧营养。北京教育学院的同事们成为这本书成稿的一大法宝，更是重要思想来源。

其次要感谢全国中小学和幼儿园干部教师培训同行、学员们为我提供的业务交流与学习机会！他们有的来自北京市各区教师培训机构，有的属于我院承办的"国培计划"——培训管理者团队研修项目学员，有的参加过学院承办的教师培训团队培训委托项目，有的在当地听过我的培训团队培训讲座或参加过我主持的其他培训活动,还有 1 万多名是我从未见过面的网络培训项目学员。每次备课都是同他们跨越时空的神交,每次上课都是与他们愉悦对话,每次下课都能从他们那里获得培训灵感。本书很多内容就是他们带给我的学习收获和工作反思。实际上,成人学习最有效的方法是自己认真做讲师。赠人玫瑰,手有余香。可以说,全国教师培训同行、学员们成为这本书稿的另一重要思想来源。

再次要感谢本书引用文献的所有作者们给予的启发!我经常在一些培训管理情境中遇到各种现实问题,不知道如何解释其原因、如何表达其概念、如何归纳其方法,大家的文献往往会给出令我惊喜的启示与答案;我既喜欢研读管理学、心理学和教育学领域的一些名著,也喜欢漫步于非专业"闲书杂文",可能是某个章节、某句话语、某个故事、某个观点,经常启发我的培训灵感,使我从中找到专业思想共鸣。我期望掬起他们的智慧,通过此书把这些共鸣与全国教师培训同行们分享。

最后,我要特别感谢教育科学出版社的刘灿主任和闫景编辑为本书出版付出的辛苦与智慧!无论是本书选题策划,还是封面设计,以及文中字句斟酌和页面编排,都体现了他们精益求精的专业态度。

本人在本书第一版首次提出"教师培训师"概念后,既诚惶诚恐,又满怀期待。此前很少有人对培训师与教师教育开展跨界研究。把企业经验引入教师教育领域是否科学,还要进一步通过教师培训实践来验证。教师培训师的职业理念还处于萌芽阶段,期盼有更多的教师培训同行能加入教师培训师修炼行列,在培训政策改进、培训制度机制完善、培训实践创新、培训理论探究和培训文化发展等方面,给予教师培训师队伍建设更多的支持与呵护,为进一步探寻我国教师教育创新和发展之路做出更大的贡献。由于本人水平与精力有限,书中一定存在不足和尚待完善之处,恳请读者批评指正。

余 新
2022 年于北京亦庄

出 版 人　李　东
策划编辑　闫　景
责任编辑　闫　景
版式设计　京久科创　郝晓红
责任校对　贾静芳
责任印制　叶小峰

图书在版编目（CIP）数据

教师培训师专业修炼／余新著 . —2 版 . —北京：教
育科学出版社,2022.4
　（教师培训师丛书）
　ISBN 978 - 7 - 5191 - 3044 - 2

　Ⅰ.①教… 　Ⅱ.①余… 　Ⅲ.①教师培训—研究 　Ⅳ.
①G451.2

　中国版本图书馆 CIP 数据核字（2022）第 051109 号

教师培训师专业修炼（第 2 版）

JIAOSHI PEIXUNSHI ZHUANYE XIULIAN（DI 2 BAN）

出 版 发 行	教育科学出版社	
社　　　址	北京·朝阳区安慧北里安园甲 9 号	邮　　编　100101
总编室电话	010 - 64981290	编辑部电话　010 - 64989593
出版部电话	010 - 64989487	市场部电话　010 - 64989009
传　　　真	010 - 64891796	网　　址　http://www.esph.com.cn
经　　　销	各地新华书店	
制　　　作	北京京久科创文化有限公司	
印　　　刷	保定市中画美凯印刷有限公司	版　　次　2012 年 9 月第 1 版
		2022 年 4 月第 2 版
开　　　本	720 毫米×1020 毫米　1/16	
印　　　张	21.75	印　　次　2022 年 4 月第 1 次印刷
字　　　数	314 千	定　　价　68.00 元

图书出现印装质量问题，本社负责调换。